Adolescentes trans

Adolescentes trans

Manual para familias y profesionales que apoyan
a adolescencias transgénero y no binarias

Stephanie Brill
y Lisa Kenney

Aᴅᴏʟᴇsᴄᴇɴᴛᴇs ᴛʀᴀɴs

Título original: *The Transgender Teen. A Handbook for Parents and Professionals Supporting Transgender and Non-Binary Teens*

Edición original en inglés publicada por Start Midnight LLC 221 River Street, 9th Floor, Hoboken NJ 07030, USA, publicada en español por acuerdo con DropCap Inc.

Portada: Julieta Bracho-estudio Jamaica
Traducción: Gabriela Vallejo Cervantes

Primera edición en Terracota: noviembre 2023
Primera reimpresión: enero 2024

© 2016, 2024, Stephanie Brill, Lisa Kenney
© 2024, Editorial Terracota bajo el sello Pax

ISBN: 978-607-713-583-8

EDITORIAL
TERRACOTA

DR © 2024, Editorial Terracota, SA de CV
Av. Cuauhtémoc 1430
Col. Santa Cruz Atoyac
03310 Ciudad de México

Tel. +52 55 5335 0090
www.terradelibros.com

2028   2027   2026   2025   2024
  6   5   4   3   2

Esta experiencia de criar a un niño trans ha sido un camino muy impresionante, y uno de los grandes regalos de mi vida. Es un mundo increíble, mucho más rico y complejo de lo que yo creía.

Todavía no me reconcilio con las dificultades adicionales a las que sometí a mi valiente hijo. Pero puedo decir esto: aceptar por fin su realidad, dedicarme a defenderlo a él y su derecho a ser él mismo, a pesar de lo duro que es el mundo en que vivimos, es mucho, mucho mejor que luchar contra la verdad y estar en desacuerdo con él.

Índice

Prólogo

Este no es un libro sobre la condición transgénero. Stephanie Brill y Lisa Kenney nos obsequian con *Adolescentes trans* un manual sobre el amor.

Con excelente pedagogía, esta obra nos enseña a construir vínculos nutritivos entre adultos y personas que están en esa etapa de la vida frecuentemente subestimada y descuidada que llamamos adolescencia. Es un libro para aprender a conectar al adulto-padre/madre, al adulto-maestro, al adulto-proveedor-de-servicios-de-salud y al adulto-que-una-vez-fue-adolescente con la persona que cursa por el vertiginoso periodo de transformación física y mental que ocurre entre los 10 y 20 años de vida. La incorporación de testimonios es de enorme valor para acercarnos tanto a las vivencias de las personas transgénero como a las de sus familias. Esas voces nos recuerdan que el primer paso para acompañar es escuchar.

Como buen manual, *Adolescentes trans* es una caja de herramientas para enfrentar una multiplicidad de situaciones específicas que se pueden encontrar al acompañar al adolescente en este viaje de autodescubrimiento. Aborda temas relacionados con la comunicación padres-hijos, con el ambiente escolar, con los hermanos y con la familia extendida en el marco del llamado "estrés de minorías". Ante el enorme reto de ser un adulto con la responsabilidad de acompañar a un adolescente que lleva consigo otra condición compleja, además de la ya de por sí compleja pubertad, este libro hace parecer sencillo lo intrincado; pues, ante la aparente infinidad de situaciones difíciles, nos remite siempre a un mismo principio de comunicación respetuosa y amorosa que debe prevalecer en toda relación humana y de la que todas las demás acciones son corolarios.

Quienes trabajamos en el ámbito de la salud de infancias y adolescencias sabemos que la salud de estas personas no se entiende sin el abordaje de la familia como un todo. Dice un padre:

Ahora que sabemos que tenemos hijos trans, tenemos nuevos miedos. Eso es cierto, pero ¿no es cierto que siempre vamos a preocuparnos por nuestros hijos de una forma u otra? Ello es inherente al ser padre o madre.

Adolescentes trans aborda de una manera honesta y ampliamente documentada los riesgos a los que se exponen los jóvenes con identidades no normativas en nuestra sociedad. También nos muestra, con datos rigurosamente analizados, que las agresiones que sufren son consecuencia de múltiples formas de violencia externa e internalizada, y que la mayor protección ante estos riesgos es el apoyo familiar.

Esta es una valiosa guía para madres, padres, maestros, profesionales de la salud o cualquier adulto involucrado en el bienestar de los adolescentes que busquen formar equipo en el acompañamiento de estos jóvenes doblemente vulnerables, ya sea por su condición no normativa o por su etapa de desarrollo.

Al igual que las personas, las sociedades atraviesan por periodos críticos del desarrollo. Mientras escribo estos párrafos, los legisladores de mi ciudad discuten si los adultos que promovemos acciones de afirmación de género en personas menores de edad debiéramos ser condenados a prisión. Prefiero creer que todas las partes involucradas en la discusión desean el mayor bien para las infancias y adolescencias, y que únicamente diferimos en cómo llegar a ello.

Stephanie Brill y Lisa Kenney honran el miedo legítimo que tenemos madres y padres y todos aquellos que deseamos velar por el bienestar de las infancias y adolescencias. También nos recuerdan que el miedo, por sí solo, puede conducir a tomar decisiones con base en mitos, desinformación y violencia. En cambio, a partir del reconocimiento de los riesgos reales, las autoras proponen estrategias de eficacia probada para disminuir los temores y construir resiliencia ante estos. Confío en que las sociedades hispanohablantes encontraremos en la edición en español de *Adolescentes trans* el esbozo de un camino para enfrentar nuestros legítimos miedos a lo desconocido, con humildad, conocimiento y amor.

En el espacio circunscrito de la consulta médica, he tenido la oportunidad de recibir grandes lecciones de amor y valentía de parte de las familias con niños y adolescentes trans, y me siento profundamente agradecida con todos ellos.

Este libro es uno más de los valiosos regalos que la comunidad de personas trans y sus aliados nos brindan para aprender a ser adultos significativos

y positivos en la vida de los jóvenes en el camino que recorren del autodescubrimiento y de la consolidación de su identidad. Han sido lecciones cuyo
aprendizaje va más allá de los límites del ámbito de la consulta médica, pues
han trascendido los temas relacionados con el género y han repercutido
en mi crecimiento como persona, madre y miembro de las comunidades a
las que pertenezco. Agradezco por ello a las autoras y a las familias que lo
hicieron posible.

María Fernanda Castilla Peón
Médica pediatra
Ciudad de México

Palabras del padre de un chico trans

En los tiempos actuales, continuamente descubrimos que no solo los cambios ocurren en el nivel tecnológico, sino que la sociedad de igual modo se transforma. Cada día más personas desean vivir como quienes son realmente para completarse, ser felices, sin tener que someterse al dictado de la sociedad. Sin embargo, ¿estamos preparados para estos cambios? ¿Estamos preparados si alguno de nuestros hijos es una persona LGBTQ+? ¿Es una moda? ¿Qué va a pasar con la vida de mi hijo?

Un sinfín de preguntas, miedos, desafíos y mucho aprendizaje aparecieron cuando mi hija adolescente de 14 años me comunicó que no era quien yo veía porque realmente era un hombre. No entendí entonces qué me estaba diciendo; tampoco sabía qué me quería decir. ¿Tenía conocimiento de qué era ser una persona trans? Realmente no. Había escuchado en mi país sobre las mujeres trans, pero nunca había dedicado ni un segundo a comprender por qué esas personas, aquí en Uruguay, habían decidido transformar su cuerpo y su imagen. No sabía que existían los hombres trans ni tampoco que había personas trans adolescentes. Más y más preguntas no me dejaban dormir. ¿Están enfermos? ¿Necesitan ayuda médica?

Hoy mi hijo cumple 21 años. ¿Cómo fue el camino que transitamos juntos? ¿Si hubiéramos tenido mejores herramientas, más información, todo sería diferente: sus estudios, su vida social, la atención médica y psicológica? En dicho sentido, un libro específico sobre adolescencia trans es una herramienta invaluable para entender y explicar a otros lo que estamos viviendo y necesitamos.

Más aún, es una guía tanto para las familias como para los profesionales que trabajan o podrían trabajar con adolescentes trans o de género diverso, ya que aborda de manera clara y con empatía aquellas situaciones en las que podemos encontrarnos mientras apoyamos y acompañamos a nuestros hijos trans en tan peculiar camino; situaciones en las que muchas veces nos hallamos inundados de preguntas y –por qué no decirlo– también de miedos y preocupaciones.

Sin duda, gracias a esta obra, muchas madres y padres dejarán de sentirse solos y encontrarán la fuerza interior para seguir apoyando y amando a su hijo trans incondicionalmente.

Eduardo Cheda
Padre de un chico trans
Junta Directiva de la FDS y de TBU-Trans Boys Uruguay,
Niñes, Adolescencias y Familia

Introducción

¿Te resulta familiar alguno de estos escenarios?

- Tu hija te acaba de decir que es transgénero y tú no tenías ni idea de que esto iba a ocurrir.
- Tu hijo te ha pedido recientemente que no utilices pronombres de género cuando te refieras a "él", prefiriendo que uses "elle".
- Tu hijo gay ha anunciado a los niños del colegio que siempre se ha sentido como una chica y que ahora va a transicionar a ser mujer. Después de todo, no es gay; en realidad es heterosexual.
- Tu nieta se ha vuelto muy depresiva y se ha aislado mucho, y apenas sale de casa cuando vuelve de la escuela. No estás seguro de lo que pasa, pero crees que puede deberse a lo diferente que es y se comporta de las demás chicas.
- Tu hija ha utilizado un término que nunca has oído para describirse a sí misma —*neutrois* o neutrés, agénero, no binario, *genderqueer,* andrógina— y, como no sabías a qué se refería, se fue de la habitación y ahora no quiere hablarte de ello.
- Un alumno de tu clase te ha confiado que siente que no tiene un género.
- Tu escuela te ha informado de que los jóvenes transgénero pueden jugar ahora en el equipo deportivo que entrenas y estás intentando averiguar qué significa eso en cuanto al uso de los vestidores y la gestión de los alojamientos para los torneos y otros partidos fuera de la ciudad que requieren dormir en otro lugar.
- Tu adolescente transgénero ha vivido en consonancia con su identidad de género desde que era un niño, pero ahora ha llegado la pubertad y tienes dudas sobre cómo proceder médicamente.

- Tu adolescente transgénero quiere salir con alguien y estás nervioso porque nadie en su escuela sabe que es transgénero.
- Un adolescente con el que trabajas ha acudido a su cita y ha anunciado que ahora entiende por qué "no se siente bien": es porque es *genderqueer*. Quieres ayudarlo y apoyarlo, pero este es un territorio nuevo para ti.

No estás solo si hay un adolescente en tu vida que siente con todas sus fuerzas que algo de su género no le sienta bien. Hemos escrito este libro para ayudarte, como madre, padre, cuidador, miembro de la familia o profesional, a profundizar en la comprensión de lo que puede estar ocurriendo con tu adolescente y para apoyarte a recorrer este camino tan poco familiar junto a él o ella.

Hay una gran variedad de reacciones que una madre, padre o cuidador puede tener cuando su hija o hijo adolescente empieza a hablar de explorar su identidad de género. Puede que te preguntes si se trata de una etapa o de una forma de llamar tu atención o la de sus compañeros. Quizá sientas un gran deseo de apoyarlo en su camino de género, pero no tienes idea de cómo hacerlo de forma práctica y cotidiana. Puede que te preguntes si alguien tan joven puede tener esto claro sobre sí mismo y que tengas miedo de que inicie un camino en el que se enfrentará a la discriminación y a la posible violencia. Puede ser difícil en este momento imaginar un futuro feliz para ella o él.

Para los que tienen un adolescente en su vida que llevó a cabo una transición de género hace años, tal vez ahora se enfrenten a nuevas preguntas, preocupaciones y decisiones. Tal vez vuelva a cuestionar su género, cuando creías que ya lo había superado. Puede que te encuentres en desacuerdo con el otro progenitor de tu hijo sobre las decisiones que quiere tomar. O tal vez te vaya bien y solo quieras asegurarte de que eres capaz de apoyar a tu hijo adolescente mientras entra en nuevas etapas de desarrollo.

Algunos de ustedes pueden estar preocupados por la salud psicológica y el bienestar de sus hijos, ya que muestran señales que pueden resultar preocupantes, como trastornos alimentarios, cortes a sí mismo o no querer salir de casa. Tal vez tu hijo de género neutro esté a punto de entrar en la pubertad, y te enfrentes a la difícil decisión de decidir qué es lo correcto para él, ya que ni la pubertad masculina ni la femenina coinciden con lo que él experimenta ser. Tal vez tu propia educación, tus creencias religiosas o tus expectativas culturales estén en desacuerdo con el sentido de género de tu hijo. Te preocupa cómo tu familia y tú serán vistos por los demás miembros de la familia y tu comunidad. O tal vez te preocupa que esto sea culpa tuya y crees que si empiezas con una educación diferente, esto desaparecerá.

Criar a un adolescente es un reto; cuando el adolescente es transgénero o no binario, la tarea se vuelve mucho más difícil. Sin embargo, como ya sabes, la crianza de los hijos es una improvisación; lo resolvemos lo mejor que podemos sobre la marcha y lo que parece inicialmente difícil y abrumador acaba siendo manejable. Este reto de la paternidad no es diferente en ese sentido. La crianza de los hijos es una tarea que requiere crecimiento, compasión y valor.

Después de haber acompañado a miles de personas en este camino, podemos ayudarte a comprender lo que puede estar ocurriendo con tu hijo adolescente, cómo responder mejor y qué pasos a dar a continuación. Aunque no hay respuestas sencillas y únicas, hay estrategias que puedes utilizar en el camino. No estás solo. Te ayudaremos a aclarar las cuestiones que se plantean para que puedas volver a centrar tu atención en la totalidad de tu hijo y no solo en su género. Te ayudaremos a pasar de la preocupación, la incredulidad, el miedo, la confusión o el recelo a un lugar en el que puedas convertirte en un aliado eficaz de tu hijo, independientemente de donde esté en el espectro de género. Queremos ayudarte a avanzar o a volver a un lugar en el que tu hijo adolescente sepa que puede contar contigo y recibir apoyo, donde puedas amarlo y ayudarlo a superar las dificultades de la vida, tanto en estos años como en los venideros. Nada de lo que hayas hecho ha creado el género de tu hijo y no puedes controlarlo, pero puedes y harás una tremenda diferencia (positiva o negativa) en la forma en que su género afecta su sentido de sí mismo y en cómo sentirá que es una persona valiosa digna de amor.

Este libro es para todos los adultos que quieran comprender mejor a los adolescentes y el género. Este libro es para ti.

La comprensión del género está en continua evolución

A menudo pensamos en el género como algo fijo e inmutable, pero cada uno de nosotros, a lo largo de su vida, puede pensar en cómo las ideas sobre el género han cambiado. Las nociones de género se expanden continuamente en nuestra sociedad y varían en todo el mundo.

A medida que profundizamos en nuestra comprensión tanto del propio género como de los procesos de desarrollo que lo conforman, el paisaje del género se vuelve mucho más bello y variado. Podemos ver que las dos categorías de hombre y mujer, basadas exclusivamente en la presencia de un pene o una vulva, son inadecuadas. También sabemos que los estereotipos de género que se les han asociado a estas categorías no funcionan para la mayoría de nosotros. Sin embargo, la exploración del género puede ser un territorio delicado, ya que las cuestiones que se derivan de ahí afectan algunos de los aspectos más personales de nuestra existencia social y emocional.

Nuestra sociedad, está ampliando nuestra comprensión de este aspecto fundamental de lo que somos. En el momento de escribir este libro, hay películas y programas de televisión con destacados personajes transgénero y de otros géneros; el ejército estadounidense ha anunciado su intención de permitir que se enrolen personas abiertamente transgénero, y el Departamento de Educación de Estados Unidos ha declarado inequívocamente que los jóvenes transgénero y de género expansivo tienen una importante protección gracias a la ley federal. No es raro ver a músicos, actores y otros famosos con ropa que no se ajusta a las normas de género "tradicionales", incluidos los que se identifican como varones con vestidos y faldas.

Cuando Facebook anunció en Estados Unidos que daba a los usuarios cincuenta y una identidades de género para elegir, muchos se preguntaron cómo era posible que hubieran identificado cincuenta y una opciones —el número de opciones de género que ofrece Facebook varía según el país (un interesante tema de debate para otra ocasión)—. Al poco tiempo de lanzar estas opciones, anunciaron que habían subestimado el abanico de identidades de género y ofrecieron a los usuarios la posibilidad de personalizar su propia identidad de género. Cuando Fusion publicó los resultados de su encuesta Millennial de 2015, en la que entrevistaron a mil personas de entre 18 y 34 años y les preguntaron si creían que solo hay dos géneros (masculino y femenino) o si creían que el género forma parte de un espectro, 50% dijo que creía que el género está en un espectro, 46% opinó que creía que hay dos géneros y 4% dijo que no lo sabía.

Tu adolescente no es el único que ve y experimenta el género de una manera más amplia, y es probable que sus compañeros tengan una mayor comprensión y aceptación de la identidad y la expresión de género que los adultos que los rodean. Aunque este libro no te ponga inmediatamente en la misma línea en la que están tu hija o hijo adolescente o sus compañeros, esperamos que te dé nuevas perspectivas para ampliar tu comprensión del género y, en última instancia, te ayude a dormir mejor por la noche.

El género es personal

A medida que más y más personas se resisten a aceptar categorías de género en las que no encajan y eligen en cambio expresar sus propias y auténticas identidades de género, están abriendo un mundo en el que puede entenderse que el género es algo personal.

Esto da lugar a una variedad cada vez mayor de lo que se pensaba. La variedad de género es una parte natural de la humanidad. Tenemos pruebas de ello a través de las culturas, de las distintas especies y de la historia registrada. La diversidad de género, incluidas las identidades transgénero, no es nueva; pero es cierto que hay nuevas formas de expresarla, así como un nuevo lenguaje, terminología, opciones médicas y un conjunto de respuestas a la diversidad de género en constante evolución, pero en realidad la variedad de género no es nueva.

A medida que la diversidad de género se hace más visible y los roles de género rígidamente definidos se vuelven menos obligatorios, un número cada vez mayor de personas se sienten más cómodas al poder expresarse con autenticidad. A medida que nos exponemos a una mayor variedad de expresiones e identidades de género, es comprensible que se cuestionen nuestras suposiciones sobre el género. ¿Es realmente cierto que la biología manda tanto sobre nuestras capacidades e inclinaciones físicas, psicológicas y cognitivas? ¿Qué tanto está el género realmente influido o está ya prescrito culturalmente hablando? ¿Cómo influyen nuestras culturas personales (familia, religión, etnia, raza, orientación sexual, etc.) y cuál es la repercusión de los cruces entre estas culturas? ¿Dónde empieza la influencia física y termina la influencia social? Si el género es "innato", ¿por qué se expresa de forma tan diferente en todo el mundo? ¿Y si nuestros genitales no llegasen a dictar el género en absoluto? En cualquier caso, ¿qué es el género? ¿Por qué nos asusta tanto (nos incomoda, nos inquieta, nos angustia…) la idea de que puede ser una cuestión más grande de lo que pensamos? ¿Y qué significa todo esto para la forma en que intentamos criar a nuestros adolescentes para que estén seguros, felices y sanos?

Aunque la diversidad de género sea más visible que nunca no creemos que se deba a que el porcentaje de personas no binarias y transgénero haya aumentado en los últimos años. Más bien, a medida que los tiempos aceptan más la diversidad cultural en general, un número cada vez mayor de personas explora el género y lo expresa más abiertamente, desafiando las expectativas sociales. Cada vez más personas eligen la autenticidad en lugar de la represión, y esperamos que cada vez más personas elijan la autenticidad en lugar de la autolesión. A medida que más personas son abiertamente ellas mismas, se convierte en un reto para nuestra sociedad permitir un lugar para todos en una mesa que valore la diversidad por encima de la conformidad consciente o condicionada.

Por desgracia, tenemos muchas pruebas de que actualmente la recepción de esta alternativa es funesta. Los índices de violencia hacia los que expresan su género de una manera no conforme con las expectativas de la sociedad son en verdad terribles, pues los índices de suicidio e intento de suicidio de los adolescentes transgénero y no binarios llegan a 40% o más. Todos debemos salir de nuestra zona de confort y aprender a comprender y aceptar la divergencia de género por el bien de nuestros hijos y por la salud de nuestra sociedad en general.

Algunos adolescentes experimentan un nivel insostenible de incomodidad con las limitaciones de la anticuada y restrictiva suposición binaria de género, y todos los jóvenes se ven afectados por esta. El problema de los roles y expectativas de género simplistas, binarios, de masculino-femenino, es que desalientan intrínsecamente la expresión fuera de las dos opciones presentadas. Las cajas, aunque quizá sean más grandes que en tiempos pasados, todavía existen. La presión social para ajustarse a las expectativas de género dicta, consciente e inconscientemente, cómo debe ser y actuar cada miembro de la sociedad para ser aceptado.

La noción binaria de género se enseña y se aprende, y la vigilancia del género comienza desde la infancia. Estas nociones restrictivas nos impiden a todos saber cuál sería nuestra verdadera expresión en ausencia de esas opciones limitadas y también sirven para impedir que las personas exploren su género y se expresen de la forma que les resulte más natural.

Todo el mundo tiene dificultades para encajar en estas cajas de hombre y mujer de una forma u otra; para algunos, encajar en ellas es tan incómodo que simplemente no pueden hacer que funcione. No hay nada malo en ellos, simplemente el sistema de género actual es demasiado limitante. Para los adolescentes no binarios y transgénero puede haber una gran y dolorosa brecha entre lo que se espera de ellos y cómo se experimentan a sí mismos.

Puede ser difícil, al principio, imaginar el género como algo complejo y no binario. Puede ser un reto alejarse de la idea que se tiene desde hace mucho tiempo de dos géneros fijos asignados al nacer y vinculados intrínsecamente a los genitales. Estas nociones han funcionado bien para muchas personas durante mucho tiempo. Tu hijo se ha convertido en un catalizador para hacer evolucionar tu pensamiento. Puede ser difícil entender y aceptar la lucha con su género si tú no has pensado mucho sobre tu propio género desde antes.

El lenguaje evoluciona para describir las variadas experiencias de las personas que no se identifican con las identidades y roles de género tradicionales. Utilizamos una serie de términos que pueden resultarte desconocidos. Ten en cuenta que hay un glosario al final del libro. Conocer algunas de las palabras que se utilizan para describir el género es muy útil para poder comprender este tema de forma eficaz. Para comunicarte mejor con tu hijo adolescente y con otras personas de su vida, puede resultarte útil hacerle preguntas como "¿Qué lenguaje te gustaría que utilizara al referirme a tu género?" o "¿Qué significa esta palabra para ti?". Es importante reconocer que las personas transgénero, no binarias y otras personas que tienen un género expansivo no comparten la misma experiencia de género o de lenguaje. La curiosidad y la apertura te ayudarán a comprender el género de tu hijo sin intentar encasillar su identidad. En el proceso, puede que descubras que empiezas a pensar en tu propio género de formas que no habías hecho antes.

Como todos nosotros, los adolescentes transgénero y no binarios quieren ser vistos y reconocidos por todo lo que son, no solo por un único aspecto de su identidad. Por muy fundamental que sea el género, todos somos más que nuestro género. De hecho, nuestra comprensión de él está inextricablemente ligada a nuestras comunidades y experiencias —raza, etnia, religión y clase—, lo que la hace aún más compleja y rica.

No proponemos ni buscamos una sociedad sin género. Ni mucho menos. El género es una parte fundamental de lo que son las personas. Si tienes un niño o un adolescente que se identifica y se siente cómodo con una concepción "tradicional" del género, es estupendo; debe valorarse y respetarse. Simplemente creemos que el valor, el respeto y el apoyo deben estar disponibles para todos. Queremos un mundo en el que todos, incluidos los niños y adolescentes de tu vida, puedan expresarse con seguridad. En pocas palabras, creemos que la identidad de género y la expresión de género son cuestiones de derechos humanos.

Tu papel

Estás leyendo este libro porque quieres a tu hijo o te preocupas por un adolescente en tu vida. El reto a considerar es cómo ese amor y ese cuidado se traducen en el apoyo a tu adolescente en relación con su género. Como padres y cuidadores, hay muchas preguntas, miedos y preocupaciones que compaginamos con nuestra responsabilidad como cuidadores. Nuestro objetivo es ayudarte a identificar tus miedos para que no dirijan tus interacciones con tu hijo, responder a tus preguntas y abordar tus preocupaciones para que puedas criar con claridad y compasión.

Ser una persona de género no binario o transgénero no es una elección. Independientemente de que un joven tenga compañeros y adultos que lo apoyen en su vida, vivir al margen de las expectativas de la familia, la comunidad y la sociedad sobre quién debe ser y cómo debe expresarse tiene un costo. Nuestra experiencia, sin embargo, es que cuando un adolescente habla de su identidad de género con uno de sus padres, ya ha decidido que los costos de intentar conformarse son mucho mayores para él que los costos asociados a vivir con autenticidad, lo que hace que sea aún más importante para tu hijo o hija poder contar con el amor y el apoyo de sus padres.

Estos adolescentes se enfrentan a menudo a graves riesgos por vivir fuera de las expectativas sociales de conformidad de género.

Elegir ser uno mismo no debería conducir a la discriminación o la violencia. Tampoco debería significar tener que enfrentarse a la falta de respeto o al ridículo en casa. Tu papel es ayudar a tu hijo a estar seguro. Aunque no puedes garantizar su seguridad en el mundo, puedes ayudar a crear condiciones en las que sentirse seguro sea más probable, y sin duda puedes garantizarlo en tu propia casa.

Las investigaciones demuestran que el apoyo de la familia es el factor más importante en la configuración de la vida de los jóvenes transgénero y no binarios. Esta coyuntura es un momento crítico en la vida de tu hijo y en tu relación con él o ella. Si no eres capaz de apoyar a tu hijo adolescente de forma eficaz en este momento de su vida, las posibilidades de sufrir daños —para él y para tu relación con él— aumentan de manera considerable. Mantenerse conectados durante estos años es fundamental y nuestro objetivo es ayudarte a hacerlo.

Esperamos que *Adolescentes trans* sea un gran recurso y fuente de apoyo para cualquier adulto que tenga un joven transgénero o no binario en su vida. Aunque está escrito principalmente para los adultos que crían también será útil para los profesionales que trabajan con ellos. Esperamos poder proporcionarte las herramientas y el apoyo que necesitas para centrar tu atención en el amor que sientes por tu hijo, independientemente de su género.

Nota bene

En el texto original, todos los testimonios son de familias de Estados Unidos y Canadá. Para la edición en español, hemos agregado nuevos testimonios de familias y proveedores de Latinoamérica, los cuales se indican claramente en el libro con sus respectivos países.

UNA NOTA SOBRE EL LENGUAJE

El vocabulario del género está siempre en evolución. Sabemos que los términos utilizados en este escrito pueden quedar desfasados o adquirir nuevos significados, pero los temas siguen siendo los mismos. Aclara siempre con tu hijo las expresiones que utiliza para hablar de género y lo que esas palabras significan para ella o él.

En nuestra traducción al español hemos tratado de usar un lenguaje inclusivo de género donde es pertinente hacerlo y, al mismo tiempo, permitir que la lectura siga siendo fluida. Reconocemos que el idioma español está cambiando para responder a la necesidad de ser más incluyente y que esto es un trabajo continuo y perfectible.

Las citas y testimonios mantienen las palabras utilizadas por cada familia, lo que demuestra algunas de las diversas formas en que las personas emplean el lenguaje para expresar una mayor inclusión y manifestar su género.

Por otro lado, en los distintos países de habla hispana se emplean diferentes términos para referirse a la misma persona o condición y, en este sentido, hemos decidido utilizar las palabras *transgénero* y *trans*. Sabemos que en algunos lugares los términos *transexual* o *travesti* son los más utilizados, pero optamos por aplicar transgénero y trans en todo el texto porque describe con mayor precisión lo que queremos comunicar. Para conocer más sobre estas y otras expresiones y conceptos, puedes consultar el glosario al final del libro.

Capítulo 1

Ser madre o padre de un adolescente transgénero o no binario

Sin saber siempre supe que mi hija era diferente.

❖

Lo que supe por primera vez sobre los adolescentes trans me aterrorizó. Tengo que ser sincera, sentía que me estaba derrumbando. Pero entonces me di cuenta de que este no era mi propio problema y que perderlo no mantendría a mi hijo a salvo. Era solo una evasión. Entonces me recuperé y empecé a educarme a mí misma y a todos los que me rodeaban... Sé que puedo marcar la diferencia. Tengo que marcar la diferencia. Mi hijo, tu hijo, todos nuestros hijos necesitan saber que son amados y valorados y que su existencia tiene valor.

❖

Lo más difícil [hablar con mis padres sobre mi identidad de género] fue saber que no podrían entender cómo me sentía.

¿Cuál es tu historia? ¿Cómo te enteraste de que tu hijo está intentando comprender y lidiar con cuestiones relacionadas con su género? Hemos escuchado miles de historias a lo largo de los años y, aunque diferentes temas siguen saliendo, lo que siempre es conmovedor es el deseo de un niño de ser visto y aceptado por las personas que más quiere y necesita: su familia.

Algunos han escuchado quizá no pocos comentarios de sus hijos desde que eran pequeños. Aunque el hecho de que un niño pequeño te diga o te haya dicho que su género es diferente del que tú creías es algo que tiene en sí sus propios retos, hay una simplicidad que también puede hacer las cosas un poco más sencillas (al menos en ese momento). Los problemas de desarrollo que experimentan los niños más pequeños suelen ser menos desconcertantes para los padres y existe la sensación de que hay tiempo suficiente para resolverlos todos juntos. Con los adolescentes es más complicado: su comprensión suele tener en cuenta las identidades de género fuera del binario y quieren encontrar la que mejor englobe lo que son. Además de esta exploración de género, están atravesando los retos de desarrollo de la adolescencia. Con los adolescentes, el tiempo se siente como algo muy breve, como un reloj que marca cuenta atrás hasta que se van de casa, cuando ya no será posible reflexionar juntos sobre lo que sucede, teniendo la comodidad de un techo compartido sobre la cabeza. Por último, el tiempo también tiene una sensación de urgencia porque los adolescentes no dependen de sus padres para tomar medidas en su nombre del mismo modo que los niños pequeños. Como madre o padre de un adolescente, eres muy consciente de que si no actúas con la suficiente rapidez, tu hijo tomará las riendas del asunto en sus manos, por eso los riesgos parecen mayores cuando se trata de cuestiones de género en un adolescente.

¿Cómo te planteó tu hijo la cuestión de su género? ¿Habló contigo en persona? Algunos padres que conocemos recibieron una carta (en un par de casos, dejada encima de las galletas o de los *brownies* que les hizo su hijo, ¡lo cual nos encanta!). Conocemos a padres a los que se lo dijeron en el coche de camino al colegio, o en un correo electrónico, mientras hablaban por Skype o FaceTime, o a través de uno de sus otros hijos, con un "por cierto" mientras salían de casa, e incluso por medio de un mensaje. Independientemente de cómo te hayas enterado, tu hijo adolescente lo pensó mucho antes de decírtelo. No lo hizo por capricho. Fue un acto de valentía al hacerse vulnerable ante ti, porque desea y necesita tu amor y aceptación con desesperación.

Si acabas de descubrir que tu hijo es transgénero, no binario o que se cuestiona su género, sabemos lo mucho que tu mundo está girando a tu alrededor en este momento. Entender la identidad de género de tu adolescente puede ser un reto; es potencialmente confuso y estresante tanto para los adolescentes como para sus familias. Te ayudaremos a entender qué es lo más importante en este periodo inicial tras conocer su identidad de género. Todos los padres que tienen adolescentes que se enfrentan a cuestiones relacionadas con el género tienen preguntas (y han sido cuestionados por otros) sobre lo que significa todo este asunto, por qué le sucede esto a su hijo y qué hacer al respecto. Como este es el lugar por donde todo el mundo empieza, hemos pensado en empezar aquí también. Así que, tanto si llevas un día como una década hablando con él o ella sobre el tema del género, este es un buen lugar para analizar los temas, las preocupaciones y las preguntas que probablemente formen parte de su proceso.

Más que nada, tu objetivo como madre o padre de un adolescente transgénero, no binario o que se está haciendo preguntas al respecto es asegurarle que lo quieres y mantener la comunicación entre ustedes. Tranquilízalo diciéndole que, aunque tengas algunas cosas que aprender, estás comprometido a hacerlo. Hazle saber que no está solo y que quieres ayudarlo y apoyarlo.

Tu hijo prestará especial atención a lo que *hagas* después de esta revelación, no solo a lo que digas. Ten en cuenta que te está observando —e interpreta tus acciones— con mucha más atención que de costumbre. Asegúrate de comprobar con tu hijo adolescente que sabe que has entendido la importancia de lo que te ha contado, que estás trabajando para comprender la información relacionada y que él no está llegando a conclusiones incorrectas basadas en sus propios miedos o preocupaciones sobre cómo podrías reaccionar después de haber compartido contigo quién es.

Si te sientes desequilibrado, confundido, asustado o incluso enfadado con esta noticia, date cuenta de que muchos padres se han sentido igual. Es posible que sientas muchas cosas a la vez, incluido un cierto entumecimiento de las emociones en respuesta a la revelación de tu hijo, y estas emociones pueden cambiar rápidamente. Esto es normal. Lo mejor será encontrar formas de expresar estos sentimientos a otras personas que no sean tu hijo; por ejemplo, con amigos que te apoyen, miembros de la familia y profesionales de la salud mental. Intenta, en la medida de lo posible, ser paciente y no juzgarlo. Recuerda que probablemente también esté asustado y buscando tu apoyo.

Suele haber muchos sentimientos, incluido el miedo, en todas las partes implicadas, sobre todo en los primeros días de la conversación. Es probable que tu hijo tenga miedo de que dejes de quererlo o de que lo rechaces de algún modo fundamental a causa de su identidad de género. Le preocupa que te sientas decepcionado con él o que desapruebes lo que es. También puede temer que no lo apoyes en los cambios que quiere hacer para sentirse congruente, y que posponer estos cambios hasta que tenga 18 años y pueda decidir por sí mismo le parezca un retraso imposible. Tú, por supuesto, tienes tu propio y complejo conjunto de reacciones.

Lo ideal es que mantengas una actitud paciente, comprensiva y sin juicios de valor al entablar conversaciones con tu hijo adolescente y con tu familia sobre cuestiones de género. Si crees que tu respuesta inicial fue negativa, mal recibida, o simplemente no comunicó suficientemente tu amor y compromiso con él o ella, puedes cambiar tu enfoque a uno que te haga sentir mejor y que también apoye a tu hijo adolescente. *Nunca es demasiado tarde para hacer ese cambio.*

Asumir la información

Puede que te hayas enterado de la identidad de género de tu hijo adolescente en cualquier momento de su camino de autodescubrimiento, desde antes de que fuera consciente de ello, o hasta después de que haya estado trabajando con esta comprensión de sí mismo durante algunos años.

Tal vez la escuela te haya convocado a una reunión para hablar acerca de sus ideas sobre tu hijo adolescente o para compartir observaciones sobre lo que ellos consideran cuestiones relacionadas con el género. O tal vez ocurrió cuando dejaste a tu hijo en el colegio y anunció casualmente al salir del coche: "Adiós, mamá. Por cierto, en realidad soy una chica. ¿Me pagarás la cirugía durante las vacaciones para que pueda volver al colegio como una chica?". Quizá el terapeuta de tu muy deprimido hijo acaba de decirte que sospecha que tiene un género no binario y que los cambios físicos de la pubertad están desencadenando su depresión, por lo que recomienda la supresión hormonal inmediatamente como una medida que puede salvar su vida. O tal vez tu hijo te dejó una larga carta sobre la mesa cuando se fue de campamento en la que describe cómo se siente con respecto a su género y te recomienda este libro, una conferencia u otros recursos para que te pongas al día y puedas apoyar plenamente su transición de género cuando vuelva a casa.

Dependiendo de las circunstancias de tu familia, puede que necesites algún tiempo para ponerte al día con tu adolescente. Una estrategia que resulta especialmente útil durante este lapso es simplemente escuchar y hacer preguntas. Es posible que tengas la tentación de hablar más que de escuchar, de decirle todas las razones por las que las cosas pueden ser diferentes de lo que cree, cómo no podría saber realmente esto sobre sí mismo a su edad, o que lo conoces mejor de lo que se conoce a sí mismo. Esto no es sorprendente, ya que intentas frenar lo que parece un tren desbocado. Sin embargo, aunque la información que tu hijo compartió sobre su género te resulte totalmente chocante, es fundamental que lo escuches de verdad y resistas la tentación de descartar lo que te está diciendo.

Los demás seguirán tu ejemplo

Este periodo inicial de comunicación es un momento muy importante. Incluso mientras te enfrentas a tus propias emociones, es una oportunidad para establecer el tono de las conversaciones que tendrán de ahora en adelante. A menudo hemos comprobado que los demás —tu hijo adolescente, otros miembros de tu familia y tu comunidad— seguirán tu ejemplo. Si pareces frenético y muy angustiado, los demás responderán de la misma manera. Si puedes adoptar una postura centrada y reflexiva, los demás se inspirarán en ella para desarrollar su propia fortaleza.

Reconocemos plenamente que no es una tarea sencilla, pero te aseguramos que es imprescindible; este es uno de esos momentos en los que, como madre o padre, debes intentar fingir hasta que lo consigas.

Tómate el tiempo necesario para reconocer lo que tu hijo adolescente está diciendo sobre su identidad, incluso si tienes miedo, confusión, preocupación o dudas. Puedes empezar por escuchar y validar lo que te dice. Por ejemplo:

"Has dicho que sientes que tu género es diferente de lo que suponíamos y esto ha sido muy difícil para ti. Quiero que sepas que estoy aquí para ti y que haré todo lo que pueda para educarme, para que ya no estés solo con esto. Gracias por compartirlo conmigo. Tal vez me lleve algún tiempo adaptarme y tal vez cometa errores en el camino, pero quiero que sepas que a partir de este momento mi intención es escucharte y apoyarte. Te quiero y espero que nunca lo olvides".

Puede ser conveniente que en este momento hagas declaraciones afirmativas, tan a menudo como puedas, sin hablar de tus preocupaciones ni expresar juicios, sino solo simples declaraciones de apoyo y seguridad:

"Te quiero pase lo que pase".

"Saldremos adelante".

"Estoy aquí para ti; no estás solo en esto. Te ayudaré".

Al dejar claro que estás de su lado, estás construyendo y reforzando activamente el puente de conexión con él o ella. Esto lo mantiene anclado a ti en un momento muy vulnerable de su vida.

Temores habituales de los adultos sobre los adolescentes no binarios y transgénero

Hay muchos sentimientos que surgen cuando te enteras de que tu adolescente es transgénero o no binario. Puede ser un momento desestabilizador para toda la familia y quizá sientas que nunca más habrá un momento en el que el género no sea el centro de atención.

La siguiente sección cubrirá algunos de los temores y preocupaciones más comunes que sienten los adultos cuando descubren que su adolescente es no binario o transgénero.

Antes de continuar, sin embargo, debes saber que, aunque tu nueva conciencia sobre el género nunca desaparecerá (felizmente), la cantidad de tiempo y espacio que ocupa en tu familia cambiará con el tiempo: encontrarás una nueva normalidad que te resulte cómoda.

No se trata solo de las vacilaciones y preocupaciones que experimentan los padres y cuidadores, sino de las preocupaciones y aprensiones que expresarán todos los adultos bienintencionados de tu vida. Puede resultarte útil comunicar la siguiente información como parte de las primeras revelaciones que tendrás con otras personas sobre el género de tu hijo.

La mayoría de los padres experimentan numerosos miedos y preocupaciones cuando están en el proceso de aceptar la posibilidad de que su hijo sea transgénero o no binario. El periodo en el que los adolescentes están resolviendo su género puede ser un momento de angustia para toda la familia. Puede poner en tensión todas las relaciones, ya que cada miembro de la familia resuelve las cosas a su manera.

Para seguir proporcionando a tu hijo adolescente el amor y el apoyo que necesita y merece, intenta contener tus preocupaciones, inquietudes y creencias para mantener un vínculo estable con él. Si estás pasando por un momento difícil, es mejor que intentes abordar tus luchas al margen de tu hijo. Acude a un consejero, investiga en internet y consigue el apoyo que necesitas para poder estar plenamente presente para él o ella.

Esto no significa que no puedas tener sentimientos o estar en desacuerdo con el enfoque que quiere adoptar tu adolescente (o que ya está adoptando), pero sigue amándolo activamente a pesar de todo. Da prioridad a tu relación intacta sobre todo lo demás. Intenta abstenerte de criticar y juzgar para no alejarlo. El hogar debería ser el lugar más seguro. Si no es así, acudirá a otra parte en busca de apoyo y puede que te encuentres sin información sobre lo que hace o sin la conexión necesaria para influir en sus acciones.

Más adelante en el libro, compartimos las prácticas específicas de crianza que han demostrado crear los resultados más positivos para los adolescentes transgénero y no binarios. Pero, por ahora, este capítulo explorará las preguntas, los miedos y las preocupaciones que suelen tener los padres cuando se enteran de que su hijo tiene un género distinto al que siempre habían inferido.

¿Qué tan comunes son los adolescentes transgénero y no binarios?

En realidad, no hay forma de saber, ni siquiera de estimar, cuántas personas transgénero y no binarias hay. La variabilidad de género es real. En la actualidad se rastrea de diferentes maneras en varias sociedades de todo el mundo. Hacerlo es una tarea complicada, ya que hay muchos puntos de variabilidad. Sin embargo, podemos afirmar sin temor a equivocarnos que en todas las escuelas hay jóvenes que no se identifican con el género que se les presupone o que consideran que hay que ampliar las opciones de género disponibles. Lo que es fundamental que sepas como madre o padre es que la experiencia de tu hijo forma parte de la asombrosa variación que existe en los seres humanos de todo el mundo.

¿Mi hija/hijo es realmente transgénero o no binario?

¿No es simplemente gay mi hijo?

❖

Realmente esperaba que fuera gay, porque eso sería más seguro.

❖

No tenía ni idea. La cabeza me daba vueltas y sentía como si todo el aire hubiera salido de la habitación.

Como las identidades transgénero y no binarias no son bien conocidas en nuestra sociedad, es habitual que los padres den por sentado que su hijo es gay o lesbiana y no transgénero. Esto es especialmente cierto en el caso de los padres que reconocen desde el principio que el género de su hijo no se ajusta a lo establecido.

En nuestra cultura, los individuos con una expresión de género fuera de las normas típicas suelen ser estereotipados como gays, lesbianas o bisexuales. Por supuesto, en la realidad, las personas lesbianas, gays, bisexuales y *queer* (LGBQ) son como todo el mundo; algunas encajan en las ideas tradicionales de género y otras no. Dados los estereotipos predominantes, es natural que hayas asumido que tu hijo con una expresión de género no tradicional sería LGBQ.

A veces, cuando un adolescente insiste en que su identidad de género no es lo que se asumió al nacer, los padres intentan decirle a su hijo que en realidad es gay o lesbiana. En este momento, la trayectoria de una persona LGBQ suele estar menos estigmatizada que la de una persona transgénero. Así, muchos padres se encuentran con la esperanza de que su adolescente sea gay y no transgénero o no binario, porque creen que así enfrentará menos discriminación y será más comprendido y aceptado.

Para complicar aún más la situación, algunas personas transgénero y no binarias confunden inicialmente su estado interno con la orientación sexual y luego se dan cuenta, con el tiempo, de que la identidad de género —y no la orientación sexual— es el verdadero problema. Hay muchas razones para ello.

Los adolescentes no son inmunes a la confusión general sobre el género y la orientación sexual. Los debates sobre la orientación sexual han sido cada vez más frecuentes en las últimas décadas, por lo que la sensación del adolescente de que es de alguna manera "diferente" puede estar asociada a la orientación sexual.

Sin embargo, es mucho menos frecuente que alguien se sienta transgénero y descubra que en realidad es gay o lesbiana. Por supuesto, hay que comprender que algunos jóvenes son tanto transgénero como LGBQ.

Que tu hijo te diga que es transgénero o no binario puede ser un *shock* mucho mayor cuando viene de un niño que siempre ha parecido tradicional en su expresión de género. Tu incredulidad puede ser mucho mayor que la de las familias con un hijo que siempre ha estado fuera de su caja de género prescrita.

Si este es el caso de tu familia, ten en cuenta que puedes necesitar algo más de tiempo para procesar la nueva información. Hazle saber a tu hijo que necesitas asimilar lo que ha compartido contigo, pero que eso no significa que no lo quieras y lo apoyes; solo necesitas ponerte al día.

Si alguien en la vida de tu hijo ha compartido contigo que cree que es transgénero o no binario, no lo descartes. Intenta mantener la mente abierta. Considera seriamente sus observaciones y escucha sus razonamientos. Puede que haya algo que tú no sepas o que no hayas querido ver.

¿Ser transgénero o no binario es una elección?

Algunas personas me odian por algo que no puedo cambiar y no lo entiendo. Soy inteligente, guapa y humana y me tratan como si fuera basura (HRC y Gender Spectrum, 2014).

Las personas no eligen su género. Muchos padres sienten una mayor compasión hacia su hijo adolescente una vez que comprenden y aceptan esta idea crítica. Las personas son lo que son. Tu hijo adolescente no ha elegido su género, como tampoco tú has elegido el tuyo. Si bien es cierto que tu hijo adolescente decide hablar sobre su identidad de género contigo, no es una elección sobre cuál es esa identidad.

Hay elecciones que están en juego

La cuestión de la "elección" es importante. Tu hijo tuvo la opción de compartir su identidad de género y abordar los problemas de su vida que esto va a plantear, en lugar de negárselo a sí mismo y a los demás. Ha elegido compartir contigo lo que es, en lugar de ocultarlo; ha escogido ser vulnerable y arriesgarse a la intimidad y a la conexión contigo con la esperanza de que lo veas y lo quieras tal como es. Ha tomado la decisión de vivir con autenticidad a pesar de todas las presiones para no hacerlo.

Tú puedes elegir cómo responder a lo que tu adolescente ha tenido el valor de compartir contigo. Tienes que elegir cómo esperas que los demás lo traten. Puedes elegir si lo apoyarás o no en relación con su identidad de género. Puedes elegir cómo expresar tu cuidado, amor y apoyo.

Por muchas razones —convicciones religiosas, educación, costumbres culturales, tradiciones familiares— los padres sienten que es su responsabilidad decirle a su hijo que está mal vivir como su auténtico *yo*, o que no lo "permitirán". Considerar el género de tu hijo adolescente como una elección puede hacerte sentir más cómodo tratando de imponer la conformidad, pero tratar de controlar la forma en que este expresa lo que es no cambiará su identidad de género.

Hemos trabajado con muchas familias que han seguido este enfoque y, por desgracia, han creado un gran daño en el camino, que requiere una importante curación una vez que se percatan de que nunca fue una "elección" de su hijo. Los padres de todas las culturas y confesiones han encontrado formas de conciliar las cuestiones de género con sus tradiciones; estamos seguros de que tú también puedes hacerlo. No eres el único que intenta encontrar formas de conciliar la identidad de género con otras partes importantes de su identidad; tu hijo está intentando hacer lo mismo. Habla con tu adolescente sobre los conflictos que percibe con diferentes aspectos de sí mismo. Juntos pueden pensar en formas de resolverlos.

¿Por qué una niña/niño es transgénero o no binario?

A continuación exploraremos algunas de las ideas más extendidas sobre los motivos por los que un niño puede identificarse con un género diferente de aquel con el que ha sido criado. Aunque muchas de las preguntas que abordamos pueden rondar por tu cabeza, intenta tener en cuenta que lo más importante no es por qué tu hijo es "como es", sino que simplemente es quien es. Lo que verdaderamente importa es lo que vas a hacer a continuación.

¿Qué ha provocado esto?

Muchos padres se preguntan si ellos han "causado" la identidad de género transgénero o no binaria de su hijo. Tener un hijo transgénero o no binario no se relaciona con una mala crianza, un divorcio, una negligencia o un abuso. Parece ser una característica innata del individuo. No es una elección ni un estilo de vida. Y cuando se trata de la identidad de género, no es algo que pueda cambiarse realmente. Se puede reprimir y ocultar, pero no sin un gran daño. El género forma parte de lo que somos. Ser transgénero o no binario es simplemente parte de la experiencia humana.

¿Se debió a nuestra crianza?

Los padres suelen culparse a sí mismos o a los demás de los problemas que experimentan sus hijos. Cuando un niño expresa su género de forma no tradicional, con una identidad de género menos común o una expresión de género inesperada, los padres suelen sentirse culpables. Es frecuente el temor de que tal vez tu estilo de crianza lo haya provocado. Puedes temer que hayas sido demasiado restrictivo o permisivo con lo que tu hijo podía usar, con qué juguetes podía jugar o en qué actividades se le animaba a participar. Algunos padres creen que tener un padre ausente, un padre demasiado presente o con valores distintos hizo que su hijo se volviera transgénero o no binario. No hay absolutamente ninguna prueba que se relacione con estas cosas. Es importante que, mientras estés trabajando con tus sentimientos, evites las declaraciones a tu hijo, tu pareja, tu cónyuge (o a todo el mundo en realidad) que intenten culpar a alguien. No te servirán cuando intentes apoyar a tu hijo adolescente.

¿Es un signo de enfermedad mental?

A los adultos que forman parte de la vida de un adolescente transgénero o no binario puede preocuparles que la identidad de género expresada por su hijo sea en realidad un signo de enfermedad mental. Es un error fácil de cometer, sobre todo si el adolescente ha mostrado signos de depresión o ansiedad graves, una experiencia desgraciadamente común. Una madre o un padre bienintencionado o un terapeuta desinformado pueden suponer que el verdadero problema es la depresión o la ansiedad y que la cuestión de género es más bien un efecto secundario o una petición de ayuda. Por lo general, ocurre lo contrario; la depresión o la ansiedad suelen ser el resultado de una lucha con una identidad de género o una expresión de género que es menos común y a menudo se encuentra con la desaprobación y el desprecio. A veces la vergüenza interna por ser "diferente" es la que desencadena la depresión. La depresión y la ansiedad no provocan que alguien piense que es transgénero o que tiene una identidad de género diferente. Más bien, la depresión y la ansiedad pueden ser una respuesta a cómo se siente esa persona sobre su género o una respuesta a cómo la tratan los demás.

¿La causa fue un trauma o una pérdida?
Algunos adultos en la vida de un adolescente transgénero o no binario perciben que su identidad o su expresión de género no conforme está relacionada con un trauma pasado, una pérdida o incluso un abuso sexual. Esto no es así. Aun cuando las personas responden a los acontecimientos traumáticos de diferentes maneras, muchas personas experimentan traumas en distintos momentos de la vida que no dan lugar a cambios de identidad de género. Definitivamente es importante procesar los acontecimientos traumáticos de la vida de uno, pero la resolución de esos traumas no hace que una persona deje de ser transgénero o no binaria.

¿Es una táctica para llamar la atención?

> Mi padre me dice que estoy fingiendo para llamar la atención. ¿Por qué iba a fingir lo que siento de mí? Simplemente no lo entiende.

Ser transgénero o no binario es un camino difícil de recorrer. Los costos potenciales son muy elevados y tu adolescente lo sabe. Si solo quisiera molestarte o intentar conseguir tu atención exclusiva con su identidad de género, probablemente haría lo que los adolescentes han hecho durante generaciones y utilizaría la expresión de género para afirmar su individualidad e independencia (piensa en el pelo, el maquillaje, los estilos de ropa).

La identidad de género es interna y, por lo tanto, es mucho menos probable que provoque una respuesta de los demás que la forma en la que se expresa el género públicamente. Exploraremos estos elementos en el siguiente capítulo.

¿No son demasiado jóvenes para saberlo?

Una de las respuestas más comunes que los padres y otras personas tienen ante un niño que expresa que es transgénero o no binario es el miedo a que sea demasiado joven para saber esto sobre sí mismo. Muchas veces existe el temor de que tomen decisiones que tengan implicaciones permanentes y que no estén preparados para este nivel de toma de decisiones.

Aunque esta preocupación es comprensible, está basada en la falta de información. Según la Academia Americana de Pediatría (AAP), "antes de su tercer cumpleaños, la mayoría de los niños es capaz de etiquetarse a sí mismo como niño o niña. A los 4 años, la mayoría de los niños tiene un sentido estable de su identidad de género".

Los adultos se equivocan de debate cuando se preocupan si un niño de 13, 16 o 19 años es lo suficientemente maduro para conocer su género. En general, no nos preguntamos si todos los adolescentes son demasiado jóvenes para conocer su género; solo cuando un adolescente afirma una identidad de género distinta de la que se supone que tiene, cuestionamos su capacidad para conocerse a sí mismo.

Estar "seguro"

Cuando la gente me pregunta si estoy segura... ¡claro que lo estoy, si no, por qué te lo diría!

Es importante desglosar la pregunta sobre estar "seguro" en porciones más pequeñas. Aclara lo que estás cuestionando específicamente: ¿te preguntas si tu hijo adolescente está seguro de que algo de su género no le parece bien? ¿Te preguntas si tu hijo adolescente está seguro de que experimenta incomodidad con su género? ¿Te preguntas si está seguro del lenguaje que utiliza para identificarse y si siempre querrá utilizar ese término? ¿Te preguntas si está seguro de querer compartir con los demás lo que siente por sí mismo? ¿O estás nervioso porque no sabes si está seguro de tomar decisiones médicas más permanentes sobre su cuerpo?

Es más fácil para la mente adulta simplificar las preocupaciones dividiéndolas en partes manejables. Te animamos a que empieces por separar tu nueva conciencia sobre el género de tu hijo de tus pensamientos y preocupaciones sobre las decisiones médicas permanentes y tus temores por su futuro. Cuando separes su identidad de género de su deseo de modificación corporal, puede que descubras que te resulta más fácil. Casi todos podemos reconocer el sufrimiento y empatizar con la lucha. Centrarte en la experiencia vivida por tu hijo adolescente y honrarla te permite pensar con claridad en cualquier decisión compleja para toda la vida.

Tu adolescente no decide qué género ser, sino que comparte contigo cuál es su género. Rara vez alguien está seguro al cien por cien de algo en la vida, y esperar que tu hijo adolescente tenga esa certeza no es realista. Preguntarles si están "seguros" de que son transgénero o no binarios los pone en un aprieto. La pregunta en sí misma puede resultar poco convincente y de rechazo. Intenta ser comprensivo y abierto en tus exploraciones para que tu hijo no sienta que tiene que defenderse ante ti. Al necesitar que esté 100% seguro para que lo tomes en serio, puedes estar, inadvertidamente, acorralándolo y poniéndolo en una posición que de otro modo no sentiría la necesidad de ocupar.

¿Y si solo es una fase?

Cuando mi hijo salió del armario, lo abracé y hablé con él, le dije que lo quería y lo apoyaba, y luego salí de su habitación y me derrumbé por el miedo y el shock. Aunque apoyaba a quienquiera que él fuera, me aferré a la esperanza de que se tratase solo de una fase temporal. Que simplemente estaba "confundido". Que se le pasaría y recuperaría a mi hijo. Tener un hijo trans me aterrorizaba.

La preocupación más común que expresarán los adultos en la vida de tu hijo es que probablemente solo esté pasando por una fase. Merece la pena tomarse un momento para señalar que los adolescentes son muy conscientes de que vivir auténticamente como alguien con una identidad o expresión de género menos común conlleva marginación, posible acoso y otros conflictos, junto con una cantidad aparentemente insuperable de logística para cambiar públicamente de género. De nuevo, la gente no decide someterse a una transición de género por capricho.

Sin embargo, por un momento, supongamos que se trata de una fase; aunque lo sea, sigue siendo real y válida para tu adolescente en este momento y, por lo tanto, sigue siendo digno de tu amor, apoyo y aceptación. Nunca podemos saber realmente lo que cambiará y lo que no cambiará en nuestra vida o en la de nuestro adolescente.

Dadas las nociones sobre la naturaleza estática y vitalicia del género con las que todos hemos crecido, la revelación de un adolescente sobre su comprensión del propio género puede parecerte monumental. Es natural que te cueste mantenerte en el presente. Por un lado, quieres ser capaz de mirar atrás en el tiempo para saber desde cuándo este patrón ha estado ahí; ver algunas señales que conduzcan a este momento puede hacer que parezca más válido. Por otro lado, puede que intentes saltar hacia adelante, con el deseo de tener una bola de cristal para saber cómo se sentirá tu hijo dentro de cinco, diez, veinte o treinta años.

Puedes estar temeroso por la posibilidad de apoyar a tu hijo adolescente para que tome decisiones "equivocadas". Pero demos un paso atrás por un segundo. Si partimos de la premisa de que la identidad de género no es una elección o una decisión repentina que tomamos sobre nosotros mismos, sino una comprensión interna y una denominación de lo que somos, entonces no hay forma de que apoyar a tu hijo adolescente pueda ser un error. Tanto si lo ves como una fase o como algo permanente, tu hijo adolescente necesita tu apoyo. Ha sido valiente al sacar esta parte de sí mismo; ahora te toca a ti ser valiente y responder con amor en lugar de con miedo.

Desear que tu hija/hijo espere

> Mi padre no lo entiende. Dice que tengo que esperar a tener 18 años y entrar en una buena universidad. Entonces podré hacer la transición. No se da cuenta de que no llegaré a los 18 años.

Muchos padres con los que nos encontramos creen que los cambios relacionados con el género, incluyendo el nombre y el pronombre, las peticiones médicas, quirúrgicas, legales y otras relacionadas con la congruencia, deben posponerse hasta que su hijo sea adulto. Consideran que se trata de un enfoque neutro, porque no están cambiando nada. Además, los padres a veces declaran que no van a discutir más el asunto; están decididos. Debes saber que no se trata de una decisión neutral. No hacer nada es, sin duda, una decisión con consecuencias potencialmente muy graves.

Aunque los padres a menudo se centran en los riesgos de seguir adelante, los riesgos suelen ser mayores al no hacerlo. Vivir una mentira, no ser tu auténtico *yo*, tiene un costo tremendo. No puedes tener conexiones verdaderas con los demás porque la intimidad en las relaciones se basa en la autenticidad. Pedir a tu hijo adolescente que espere hasta los 18 años para buscar congruencia con su género puede significar estar pidiéndole que acepte el aislamiento, el engaño y la falta de intimidad y conexión con los demás. Negarse a explorar siquiera las posibles opciones puede hacer que tu hijo adolescente se sienta atrapado de forma desesperada y sin esperanza. Eso tiene un precio psicológico tremendo. ¿Qué estás comprando a ese precio?

Si le pides a tu hijo adolescente que espere para expresar auténticamente su género y así poder decir que fue su decisión legal y no la tuya, tienes que aceptar los riesgos asociados a la espera. La desesperación interna de los adolescentes transgénero y no binarios puede alcanzar niveles insoportables. Los riesgos de la espera pueden ser catastróficos: tu hijo puede irse de casa para ganar independencia y un nivel de control en su vida, o puede hacerse daño. Incluso si esperan hasta los 18 años, es probable que se produzcan daños importantes en tu relación con ellos, así como daños en su salud mental y bienestar general.

Es un paso muy importante aceptar que las intervenciones necesarias para que tu hijo prospere pueden implicar avanzar a un ritmo más rápido del que creías y para el cual no estás preparado.

Considera también que puede que no haya mejor momento para pasar por las dificultades de tomar decisiones sobre qué cambios son los adecuados para tu hijo adolescente, para capotear las reacciones iniciales de otras personas ante sus cambios, o para someterse a tratamientos y procedimientos médicos incómodos o dolorosos, que cuando todavía está en casa en tu red de seguridad.

Si te sientes abrumado por la enormidad de las decisiones que tienes ante ti, hay un enfoque que puedes considerar y que te permitirá tener un poco de tiempo para resolver las cosas mientras demuestras tu apoyo. Existen opciones médicas que permiten al cuerpo adolescente de tu hijo pulsar efectivamente el botón de pausa en los cambios puberales. Estos supresores hormonales (tu hijo adolescente puede llamarlos "bloqueadores") son totalmente reversibles y no producen cambios permanentes. Estos medicamentos pueden utilizarse mientras ambos tienen las conversaciones necesarias para sentirse cómodos con su género.

Miedo al daño

Recuerdo una conversación que tuve con otro padre que tiene un adolescente transgénero. Le conté lo preocupado que estaba por mantener a mi hijo a salvo y su respuesta se me quedó grabada. Me dijo: "Claro, tenemos algunas preocupaciones nuevas y específicas ahora que sabemos que tenemos hijos transgénero. Eso es real, pero ¿no vamos a preocuparnos siempre por nuestros hijos de una forma u otra? Es lo que conlleva ser padre". Esa conversación no ha hecho que me preocupe menos, pero al menos no me siento el único con esos temores.

Gender Spectrum celebra conferencias para jóvenes transgénero, no binarios y de otros géneros, sus familias y los profesionales que los apoyan. Cada año, uno de los talleres más concurridos se titula "¿Qué me mantiene despierto por la noche?". Cuando los padres, abuelos y otros familiares y amigos nombran los miedos que viven en su interior al criar a un niño transgénero o no binario, hay un par de temas recurrentes, uno de los cuales es: "¿Será mi hijo perjudicado —por otra persona o por su propia mano— a causa de su género?".

No es de extrañar que existan estos temores. Escuchamos innumerables historias de adolescentes y adultos que han sufrido violencia o acoso debido a su género. ¿Cómo puedes sentirte seguro enviando a tu hijo a un mundo que no lo entiende? ¿Cómo puedes protegerlo de cualquier daño? Es una preocupación tan abrumadora que te llega directamente al corazón. ¿Cómo puedes permitir que sea quien es y se exprese libremente cuando también tienes la sagrada tarea de mantenerlo a salvo?

También oímos hablar de los asombrosos porcentajes de autolesiones y suicidios al interior de esta comunidad. Puede que pienses que tu hijo adolescente podrá evitar estos riesgos si simplemente no le permites expresar su género abiertamente. Esto no es así. De hecho, cuando un adolescente no puede expresar su género con autenticidad, aumenta considerablemente el riesgo de depresión, suicidio, autolesiones y abuso de sustancias. Las investigaciones han demostrado que el rechazo o la falta de apoyo de los padres aumenta estos riesgos de forma significativa. Tu apoyo y afirmación del género de tu adolescente es lo más importante que puedes hacer para reducir su riesgo de autolesión.

Tu apoyo es primordial para disminuir riesgos y aumentar su capacidad para capotear los retos que le depara la vida. Tienes el poder de hacer que las cosas mejoren significativamente para él. Ninguno de nosotros puede controlar tantas cosas como nos gustaría para nuestros hijos y seres queridos, y tus acciones por sí solas no podrán controlar si el daño llega a tu hijo; esa es la terrible verdad. Sin embargo, hay muchas cosas que puedes hacer para influir positivamente en la seguridad, la salud y el bienestar de tu hijo adolescente. Las compartiremos a lo largo de este libro.

Temes que tu hija/hijo no encuentre a alguien que lo quiera

Solo quiero saber que el amor sigue siendo posible, que no estarán solos.

El segundo temor más común que escuchamos es que los padres tienen miedo de que, cuando sea adulto, su hijo esté solo. Temen que no encuentre a alguien que lo quiera, que se pierda algunos de los aspectos de la vida que a muchos nos dan alegría y sentido, como la pareja y los hijos.

El mundo está lleno de adultos transgénero y no binarios que tienen parejas que los quieren. El matrimonio y la familia pueden formar parte de su vida, si así lo desean. Muchas personas transgénero y no binarias eligen tener hijos, tanto biológicamente como a través de la adopción. Las personas transgénero y no binarias tienen las mismas vidas, amores, carreras, amigos y comunidad que las personas con otras identidades de género. La identidad de género de tu hijo no le cerrará el futuro; todavía hay una vida plena que vivir.

¿Qué significa esto para mí?

Cuando alguien de una unidad familiar sale del clóset, todos se ven afectados. La transición de esa persona se convierte en la transición de una familia.

Algunos de tus miedos y ansiedades en torno al género de tu hijo adolescente tienen más que ver con la forma en que esto te afecta a ti a nivel personal, en lugar de la preocupación por tu hijo adolescente. Esto es natural. Puedes sentirte como si toda tu vida estuviera siendo revisada, como si todo lo que considerabas cierto ya no lo fuera. Si se cuestiona el género de tu hijo, ¿con qué puedes contar en la vida? Se puede desencadenar una crisis personal en tu interior bastante importante. Pueden ser sentimientos poderosos, y es importante reconocerlos.

Pero son tus problemas personales; por muy difíciles y reales que sean, es mejor que encuentres lugares para procesar tus sentimientos lejos de tu hijo adolescente. Esto no significa que no puedas expresar tu necesidad de informarte y comprender mejor algunas de las cuestiones que se plantean. Como hemos dicho, demostrar que intentas aprender y comprender su experiencia es un poderoso testimonio de que estás "en ello" con tu adolescente. Pero esto es muy diferente de hacer tu trabajo de curación emocional con él.

La situación puede parecer abrumadora e incluso insoportable ahora, pero sigue con ella. Resiste el impulso de huir de tu familia, de recurrir a sustancias o de rechazar a tu hijo. Ten en cuenta que pocos padres son capaces de aceptar todo lo relacionado con el "nuevo" género de su hijo de inmediato, sin importar cómo respondan a él o ella en el mundo exterior. Es normal que necesites tiempo para aceptar plenamente que no va a vivir la vida que habías imaginado. Necesitas tiempo para adaptarte a una realidad nueva y diferente en tu vida. Hay un gran apoyo ahí fuera: búscalo para facilitar y acelerar tu periodo de adaptación. Puede ser difícil de creer ahora, pero esto puede traerte una relación mucho más profunda y fuerte que la que tenías antes, y una nueva visión de ti mismo.

No vamos a intentar decirte que este es un camino fácil, puede que no lo sea. Todos tenemos suposiciones sobre lo que les espera a nuestros hijos a lo largo de su vida en función de su género. Esto puede reventar esa burbuja. El ritmo de adaptación de cada progenitor a este cambio es único para ella o él. Muchos pasan por un proceso muy parecido a las etapas del duelo: *shock*, ira, negación, culpa y pérdida. Es perfectamente comprensible si estos son los sentimientos que experimentas, pero, junto con ellos, puede que también te esperen otros. La sorpresa, la comprensión, la aceptación, la celebración y la defensa pueden estar también en tu horizonte si te sostienes. Puede que veas en tu hijo (y en ti mismo) un valor, una fuerza y una determinación para vivir la vida con autenticidad que antes no estaban ahí de la misma manera.

Cuando decimos que no solo transiciona la persona, sino toda la familia es porque la transición de un hijx adolescente influye en todos las aspectos de la vida cotidiana de una familia.

Yo me llamo Eduardo, de 47 años, y mi hijo Manuel, que hoy tiene 20 años, no siempre se llamó así y no siempre fue mi hijo. Él era mi hija que a los 14 años me contó que es un niño. Es difícil describir lo que sentí en ese momento, pues sobre todo sentí miedo e incertidumbre. La ignorancia, producto de mi edad, educación formal y religiosa, provocó que la transición para mí fuera un proceso de aprendizaje. Al descubrir que la sociedad estaba en mi misma situación, a medida que aprendía y pasaba internamente por un proceso de aceptación, debí asumir el rol de enseñar. Múltiples aspectos de nuestra vida cambiaron y esto hubiera sido más fácil si hubiéramos contado con herramientas para atravesar ese camino. En concreto, lo que más necesité en aquel momento fue conocer a algún papá o mamá con su hijx que me dijeran "Tranquilo, todo va a estar bien".

PADRE DE UN CHICO TRANS DE 20 AÑOS, URUGUAY

Vergüenza y bochorno

Es muy común, antes de pasar a la aceptación de su género, que te avergüences de tu hijo o sientas vergüenza personal. Puede que sientas que tener un hijo con un género menos común refleja de algún modo tu propio carácter. Quizá ya no quieras que te vean en público con tu adolescente visiblemente disconforme con el género. O te preocupa encontrarte con algún conocido que te pregunte por él. ¿Cómo vas a explicar que ya no está en el equipo de futbol del colegio porque quiere usar el vestuario de las chicas y el colegio no lo permite? Ninguna madre o padre quiere sentirse así y, sin embargo, aquí estás.

Por supuesto, tu hijo es digno de tu amor y afecto; tus sentimientos no tienen que ver con él. Tu reacción solo tiene que ver contigo: refleja tus miedos, incomodidades, sesgos, prejuicios y la forma en que fuiste educado socialmente en torno al género. Puedes tener sentimientos de transfobia, inseguridades sobre tu paternidad u otras partes de tu ser, así como miedo al rechazo; en otras palabras, hay mil cosas diferentes, ninguna de las cuales tiene realmente que ver con tu hijo. Puede que tengas que empezar a superar estos sentimientos antes de volver a sentir que tu amor fluye libremente hacia él o ella. Aunque estos sentimientos difíciles e incómodos pueden ser muy reales para ti, hazte a ti mismo, a tu hijo y a tu familia el honor de abordarlos activamente para poder pasar al otro lado. No pienses que tu hijo no puede ver o sentir tu reacción, aunque intentes ocultarla. Llevará tiempo, pero cuanto más te dediques a ordenar tus sentimientos, más estrecha será la relación entre ambos.

Resentimiento, ira y pérdida

No podía conciliar esta abrumadora tristeza y la sensación de que mi hijo había muerto mientras yo estaba delante de él.

❖

No me importa. Te quiero pase lo que pase. Vamos a resolverlo todo juntos. Lloraré mientras lloro la pérdida de mi hija. Eso no significa que no te quiera como eres. Solo tengo que llorar la pérdida de mis sueños por mi niña.

Algunos padres resienten la alteración en su vida que supone este asunto. Incluso pueden estar enfadados con su hijo por haberles estropeado las cosas o por ejercer tanta presión sobre la familia. Muchos sienten que están perdiendo a su hija o hijo. Sienten tristeza y pena como si hubiera muerto. Puede llevar tiempo darte cuenta de que lo único que has perdido es tu propia imagen de tu hijo, de los sueños que creaste alrededor de él o ella.

Tómate el tiempo necesario para llorar la pérdida, pero también pasa lo antes posible a abrazar lo que es. En realidad, nadie ha muerto; de hecho, sigue teniendo el mismo color favorito, los mismos gustos en la comida, las mismas experiencias compartidas y los mismos chistes favoritos. Son quienes han sido; solo que ahora comprenden y nombran quiénes son, y comparten lo que son contigo en el camino. Con el tiempo sustituirás la imagen de la niña o el niño que habías creado por una nueva y más clara.

¿Qué pensarán los demás?

A los padres les preocupa que el género de su hijo tenga una repercusión negativa en su vida. No quieren que se hable de él a sus espaldas. Temen perder su círculo social o su respeto dentro de la comunidad. Tienen miedo de ser discriminados. También tienen miedo de cómo decírselo a la gente y qué decirle. Son malestares comprensibles. Los primeros días en los que se abordan las necesidades de género de tu hijo afectarán muchas partes de tu vida cotidiana; puede resultar abrumador averiguar cómo navegar por este nuevo mundo. Con el tiempo encontrarás el camino.

Para muchos padres, tener un hijo transgénero o no binario los ayuda a dejar de preocuparse tanto por lo que piensen los demás. Desarrollan una piel más gruesa al saber que están haciendo lo correcto para su hijo independientemente de lo que piensen los demás. A través de esta experiencia, adquieren más confianza en su forma de ser padres y en sí mismos.

Como hemos dicho antes, la gente seguirá tu ejemplo. Si compartes con ellos quién es tu hijo desde un lugar de amor y compasión, y te sientes cómodo con el tema, es más probable que las personas con las que hablas respondan de la misma manera. Incluso puede ayudar que les pidas directamente su apoyo. Practica las palabras concretas que utilizarás para hacer esta petición. Explica que ahora estás entendiendo más sobre el género y que hay más de lo que creíste que había que saber. Te sorprenderá la gran cantidad de personas que te contarán sus propias historias de género, o la historia de alguien en su vida. Tu revelación puede ser justo la oportunidad que necesitaban. Algunos padres nos han contado que, cuando empezaron a hablar de la diversidad de género en las reuniones del consejo escolar y en la asociación de padres y madres, se quedaron sorprendidos por algunas de las respuestas. Claro que algunas reacciones son hirientes y difíciles de aceptar. Pero, como dijo una madre: "Creía que era la única madre de Lincoln, Nebraska, con un hijo transgénero. Pero una vez que hablé del tema, otros padres empezaron a hablar también de sus hijos. Ahora tengo gente que se pone en contacto conmigo de todo el país, amigos de amigos que quieren hablar de su hijo".

Consigue apoyo para ti mismo

Ama a tu hijo pase lo que pase. Es el proceso más difícil por el que puede pasar un padre, pero comparte tus miedos, tu dolor y tu pérdida con otras personas, no con tu hijo. Ellos necesitan tu apoyo y amor. Acude a un grupo de apoyo o encuentra a alguien en quien confiar para ti mismo… No es fácil dejar ir las esperanzas y los sueños que tenías para tu hijo, pero pueden surgir nuevas esperanzas y sueños.

Para poder apoyar a tu hijo adolescente, es increíblemente importante que obtengas la ayuda y el apoyo que necesitas, y que puedas conectar con otros padres que están pasando por el mismo proceso. Al hacerlo, te encontrarás con padres que van por delante de ti en este camino y podrás aprender de sus experiencias. Tal vez quieras unirte a un grupo de apoyo en línea para padres, ir a un grupo local o a una reunión de PFLAG (Organización de Padres, Familias y Amigos de personas LGBT, por sus siglas en inglés) o posiblemente acudir a un terapeuta. En Gender Spectrum, no solo celebramos conferencias y otros actos para familias, sino que también tenemos grupos de apoyo por teléfono y foros en línea para que los padres se pongan en contacto con otros y obtengan apoyo y conocimientos. Se trata de contextos seguros en los que puedes compartir tus miedos y preocupaciones con otras personas que realmente lo entienden y pueden ofrecerte consejos significativos.

Cada vez hay más grupos de apoyo en persona que surgen en comunidades de todo el mundo. Si no hay un grupo local, puedes considerar la posibilidad de crear tu propio grupo. Te sentirás mucho más fuerte cuando te des cuenta de que no estás solo en este camino. Padres de todas las clases sociales están pasando por las mismas experiencias en todo el mundo. Muchos están esperando para compartir sus descubrimientos contigo y puede parecer imposible ahora, pero algún día podrás hacer lo mismo por otra persona.

Cómo elegir tus próximos pasos

Sigue el ejemplo de tu hijo. Cuida de ti mismo para poder cuidar de tu hijo. Acompañarlo en su camino te llevará a lugares increíbles y a nuevos descubrimientos no solo suyos, sino de ti mismo.

No puedes controlar tus sentimientos iniciales ni lo que los demás pensarán sobre ustedes. No depende de ti ni se debe a ti que su género se desarrolle de una forma que nunca imaginaste. Pero tienes opciones sobre cómo vas a responder a este giro inesperado de los acontecimientos. Ha llegado el momento de apartar tu línea de interrogación de lo que pudo haber provocado esto y centrarte en lo que puedes hacer para apoyar a tu hijo en este momento difícil. ¿Cómo vas a ser su aliado y ayudar a fortalecer su resistencia interior? ¿Cómo puedes apoyar y alimentar la confianza en sí mismo y su autoestima? Es común enfrentarse a una circunstancia difícil con miedo y culpa, pero si te encuentras en esa situación, es esencial que cambies tu respuesta por una más útil, aceptante, curiosa y comprensiva.

Una vez que dejes de culpar, tus decisiones y acciones podrás dirigirlas, desde un lugar amoroso, que es el mejor para tomar decisiones importantes en la vida. Y el amor es, sin duda, el mejor ámbito desde el cual entablar conversaciones sobre el género con tu adolescente. Un sentido de bondad, compasión y profundo cuidado pueden guiarte a ti y al resto de tu familia. Es importante no solo para él o ella, sino para todos los que forman parte de su vida —familia, nuclear y extensa, comunidad y demás—, sentir que el amor y el cuidado guían el proceso. La culpa crea distancia; la compasión y el cuidado crean conexión.

Hemos visto cómo suceden cosas maravillosas para los padres y sus hijos en este momento en el que te encuentras. El futuro puede ser emocionante, satisfactorio y estar lleno de esperanza. Es hora de avanzar desde aquí y crearlo.

¿CUÁL FUE SU REACCIÓN Y CÓMO HA CAMBIADO CON EL TIEMPO?

Mi primera reacción fue amor, pero luego me eché a llorar desconsoladamente. La familia y los amigos en general lo han tomado mejor que yo (su mamá).

MADRE DE UN CHICO TRANSGÉNERO DE 24 AÑOS, CHILE

Nuestra reacción cuando nuestros amigos nos contaron fue buscar información al respecto y entender de qué se trataba para poder apoyarlos en lo que necesitaran. Ya pasado el tiempo lo entiendes, pero sobre todo ves lo feliz que es su hija. Es más fácil tomar una posición con respecto al tema sin importar lo que opinen los demás.

AMIGOS DE UNA FAMILIA DE UNA CHICA
TRANSGÉNERO DE 15 AÑOS, MÉXICO

Mi reacción fue de paz, al poder ponerle nombre a sus expresiones y comportamientos. Finalmente entendía qué pasaba. En un principio hubo gente cercana que no entendió, tomamos distancia y con el tiempo han ido entendiendo.

PADRE DE UNA CHICA TRANSGÉNERO DE 14 AÑOS, MÉXICO

De parte de nuestros familiares afortunadamente ha habido aceptación, acompañamiento, pero sobre todo respeto.

MADRE DE UNA CHICA TRANSGÉNERO DE 14 AÑOS, MÉXICO

En el caso de su papá, después de hablarlo con un psiquiatra, comprendió que no era una moda, que no era pasajero, que él ha sufrido y ahora lo acepta en todas sus dimensiones. Sin duda, su padre ha acompañado a mi hijo en su proceso.

PADRE DE UN CHICO TRANSGÉNERO DE 24 AÑOS, MÉXICO

Cuando lo expresó con nosotros estaba muy segura de sus palabras, con mucha entereza y muy dispuesta a iniciar la transición y a explicarnos, a ser paciente. Con el paso del tiempo, ha sido un vaivén, sobre todo al enfrentarse a la escuela, al resto de la familia, etc. Ha habido momentos de mucha frustración y tristeza, pero también en los que ella ha mostrado ser fuerte y segura de sí misma.

Madre de una chica transgénero de 14 años, México

Me impacté mucho, pero al mismo tiempo pensé que eran ideas suyas. Conocía de la experiencia trans, pero lo que mi hijo nos escribió sonaba como que venía de lo que otras personas habían dicho sobre él para hacer sentido de sus gustos y su manera de ser. Al mismo tiempo, estaba convencida de la necesidad de asegurarle que lo queremos como quiera que él sea.

Con el paso de los años y después de experimentar durante un tiempo corto con los pronombres femeninos y con una expresión de género femenina, él concluyó que no se identifica como mujer todo el tiempo y siguió explorando. Ahora se identifica como un joven gay a quien a veces le gusta presentarse de una manera que se considera femenina (usar vestidos, faldas y otras cosas sobre su arreglo personal). ¡Su padre y yo seguimos aprendiendo día a día!

Madre de un chico transgénero de 17 años
que primero se identificó como chica pero que actualmente
se reconoce como un joven gay, México

Siempre ha habido diferencias entre mi primer hijo y mis segundos hijos. Uno de ellos (Isandro) amaba las muñecas, las princesas y las sirenas. Al otro (Pablo) le encantaban los camiones, ensuciarse y los dinosaurios. Cuando Isandro tenía 3 años, solamente usaba vestidos. No importa cuánto lo intentara, encontraría una manera de robar una de mis camisas y ponerla encima de su ropa para que fuera un "vestido". Su primera frase fue "Yo niña bonita".

Su médico nos dijo cuando tenía 3 años que necesitábamos ser mejores padres y nos dijo que solo podíamos permitir colores y comportamientos de niños y castigarlo cuando quería rosa o princesas. No permitirle ver ninguna película con chicas como protagonistas. Debíamos castigarlo si nos decía que era una niña.

Esto fue tan dañino. Estoy muy enojada conmigo misma por haber escuchado ese consejo. Isandro se volvió retraído, no comía mucho y empezó a dejar de aprender cómo ir al baño. Hicimos esto hasta los 8 años y para entonces ya no jugaba con nadie, ni siquiera con su hermano. Él nunca sonreía; no nos miraba a los ojos. Estaba claramente deprimido y roto.

Cuando tenía 8 años trató de cortarse el pene. Ese fue el punto de inflexión para nosotros. Nos dimos cuenta de que teníamos que dejarlo ser él mismo, aunque todos los demás pensaran que estábamos locos. Cuando tenía 10 años finalmente encontramos un buen médico y un buen psiquiatra que nos ayudaron. Nos dijeron que realmente teníamos una hija y que teníamos que llamarla nuestra hija y usar su nombre y nuevos pronombres. Su nombre es Isadora. Ahora tiene 13 años y aún recuerda lo duros que fueron esos años para ella. Está en terapia no solo por su género, sino también para reparar su relación con nosotros, porque la obligamos a ser un niño durante tanto tiempo que ya no confía en nosotros.

Todos en nuestra familia han tenido que aprender todo sobre ser transgénero y que no es lo mismo que ser gay. Hemos aprendido qué hacer para ayudarla a sentirse bien consigo misma. Su médico y su psiquiatra nos han dicho que pronto será el momento de comenzar con las hormonas. Esta vez no lo vamos a hacer mal. La amamos mucho. Si tenemos un consejo, sería decirle a los padres que busquen un psiquiatra y un médico que puedan ayudarlos a comprender. Déjalos si te dicen que castigues a tu hijo para cambiarlo.

MADRE DE UNA CHICA TRANSGÉNERO DE 13 AÑOS, ARGENTINA

Capítulo 2

Entender el género y el espectro de género

Hay una curva de aprendizaje para los jóvenes trans y sus padres, y para cuando los jóvenes cuentan a sus padres su identidad, ya están completamente informados y esperan que nos pongamos al día.

A pesar de que interactuamos con el género todos los días, la mayoría de nosotros nunca hemos recibido ninguna educación formal al respecto. ¡Es realmente increíble darse cuenta de esto! Por desgracia, esta es precisamente la razón por la que hay tanta confusión y malentendidos sobre los adolescentes transgénero y no binarios. Sabemos que, como padre o madre, puedes sentirte abrumado y confundido en este momento. Te ayudaremos a caminar a través de estos sentimientos y a ser más capaz de apoyar a tu hijo adolescente a lo largo de esta etapa. Después de haber trabajado con miles de familias que crían a niños transgénero y no binarios, sabemos que lo que más te ayudará, antes de explorar las cuestiones que mayor preocupación provocan al tener un adolescente no binario o transgénero, es contar con una sólida comprensión fundacional del género. Ampliar tus percepciones sobre el género te permitirá conocer a tu hijo adolescente en el lugar donde se encuentra y te ayudará a estar mejor preparado para las discusiones y los desafíos únicos que se avecinan.

Sabemos que algunos de ustedes han pasado años apoyando a su hijo en su género auténtico. Si este es tu caso, te recomendamos encarecidamente que leas este capítulo, aunque tengas la tentación de saltártelo. Aquí también tenemos información para ti. La comprensión del género evoluciona y por mucho que lo ya hayas explorado, siempre hay más cosas en las que pensar. Cuando te abres a aprender sobre temas que crees conocer por dentro y por fuera, creas la posibilidad de obtener una revelación o actualización inestimable que puede ayudar a transformar tu comprensión o conducir a un inesperado momento "¡ajá!".

Comprender la diferencia entre sexo y género

Cuando alguien tiene un bebé, normalmente la primera pregunta que hace todo el mundo es: "¿Es niño o niña?". Esta pregunta aparentemente inocente refuerza la noción siempre presente de un sistema de género binario. ¿Qué es el sistema binario de género? Es el marco actual de nuestra cultura en el cual hay dos géneros, niño-hombre y niña-mujer, y que presupone que podemos conocer el género de alguien desde el momento en que nace. Sin embargo, esta forma de ver el género está demasiado simplificada. Se basa en tres suposiciones muy arraigadas, pero no por eso menos defectuosas:

1. El sexo y el género son lo mismo.
2. Solo hay dos opciones de género.
3. Este aspecto fundamental del ser se determina únicamente mirando los genitales del bebé cuando nace.

Esta comprensión limitada del género tiene una consecuencia importante y costosa. Las personas que no se ajustan a esta definición con frecuencia son marginadas porque se las considera diferentes. Con más de siete mil millones de personas en el planeta, ¿no es curioso que pensemos que podemos dividir a todo el mundo en solo dos categorías? Cuando nos sentimos incómodos con los que no encajan en estas dos opciones disponibles, nos arriesgamos, como sociedad, a perder el acceso a las contribuciones potenciales de muchos de sus miembros.

La idea de que el sexo y el género son lo mismo es tan común que rara vez se cuestiona. Cuando una persona nace, sus genitales se utilizan para determinar su género. Sin embargo, el sexo y el género no son intercambiables. El sexo asignado a una persona y su género no son siempre los mismos. Mientras el sexo se refiere a nuestra biología, el género incluye mucho más que nuestro cuerpo.

El género es la palabra utilizada para describir lo que consideramos "masculino" o "femenino". Sin embargo, lo que se espera de un "hombre" o una "mujer" puede diferir significativamente en las distintas culturas. Del mismo modo, lo que se considera masculino y femenino varía en función de los antecedentes, la edad y las culturas de una persona. Muchas de las ideas que tenemos sobre el género tienen que ver con características y comportamientos. Luego, asociamos esas características con "cuerpos masculinos" y "cuerpos femeninos", con lo que se define un género asociado al cuerpo.

Sin embargo, estas cualidades no físicas, que consideramos como el género, están en realidad separadas del sexo de una persona. El sexo de una persona refleja las características físicas de su anatomía (sus genitales), pero no refleja necesariamente sus preferencias personales, lo que le gusta hacer o lo que siente por sí misma, por lo tanto, aunque el sexo y el género parecen ser intercambiables, no lo son.

Para muchas personas, no es un problema que se haya asumido que, por los genitales con los que nacieron, fueron criados para ser una chica o un chico. Esto tal vez no nos haya causado ningún problema personal. Pero para las personas cuyo sexo y género no están alineados, la suposición de que deberían estar alineadas con su sexo de nacimiento puede ser una fuente de mucho conflicto.

Si el género no se basa solo en nuestros genitales, entonces ¿qué es el género?

El género es algo más complejo de lo que nos han hecho creer. El género forma parte de nuestra identidad personal y también de nuestra identidad social. Como cultura, utilizamos la palabra *género* para referirnos a la interacción entre el cuerpo de una persona, la forma en que se ve y se presenta, y la forma en que es percibida y reconocida por los demás.

Quédate con nosotros. No te preocupes si te sientes confundido. Todo esto se irá aclarando a medida que vayas leyendo este capítulo y el siguiente. Es completamente normal sentirse confundido cuando empiezas a comprender que algo que siempre pensaste que era una parte simple y sencilla de la vida no es tan simple después de todo.

¿Naturaleza o crianza?

Existe un debate continuo sobre si las diferencias que existen entre las personas son resultado de las diferencias biológicas o de las diferencias en la forma de educar a los niños. En otras palabras, ¿las diferencias de género son innatas (naturaleza) o aprendidas (crianza)? Este debate de naturaleza frente a crianza, aunque convincente, es otra forma binaria y demasiado simplificada de ver las cosas.

En realidad, hay muchos factores que influyen en el género y que no pueden separarse fácilmente. Cada uno de nosotros tiene características innatas y formamos parte de la sociedad desde el momento en que nacemos. Este cruce de naturaleza y crianza es lo que nos hace ser quienes somos de forma única. Cuando la gente se pregunta si las personas no binarias y transgénero nacen así o si de alguna manera se debe a la influencia de sus padres o a traumas pasados, se pierden la diversidad que es inherente a la vida.

La naturaleza se transforma en entornos propios y produce una hermosa y amplia variedad que es esencial para la supervivencia. La naturaleza (la biología) y la crianza (el entorno) tampoco son unidimensionales. La biología es compleja. Los seres humanos son, en general, 99.9% genéticamente idénticos, pero la pequeña variación biológica genera la tremenda diversidad que vemos a nuestro alrededor. Los ambientes en los que interactuamos contribuyen a formarnos, pero no es una cosa específica la que lo hace; son los millones de interacciones —y nuestras percepciones y experiencias de estas— las que dan forma a lo que llamamos "crianza". Así, intentar averiguar si el género de alguien —si se ajusta a lo que la sociedad espera o no— es una cuestión de naturaleza o de crianza es infructuoso. También limita nuestra capacidad de comprender, apreciar y valorar a los demás.

Nos encontramos entonces en una encrucijada temporal, en la que el pensamiento simplista sobre el género se sustituye por modelos que explican la diversidad que vemos cada día a nuestro alrededor. En lugar de ver el género como algo binario, en el que todo lo que no se ajusta se considera incorrecto y necesita corrección, es hora de adoptar un modelo de variabilidad natural que nos enriquezca e incluya a todos.

Hago memoria, hace 10 años ya, de cómo me sentía, qué pensaba. Y era igual que ahora desde el día en que me dijo: "Voy a coger a palos a la cigüeña que me trajo nena y soy varón". "¿No ves, mamá? ¿No te das cuenta?", me preguntaba y miraba mi reacción con sus grandes ojos negros. Solo atine a decirle esa noche: "Vamos a dormir. Es muy tarde. Hablamos mañana". Logré salir de esa habitación en donde me sentí como una hoja en blanco, sin información, sin saber qué hacer. Lo que sí sabia era que debía escuchar lo que me estaba diciendo. Tomar su mano y acompañarlo desde el más profundo amor.

Excelente estrategia, pero muy difícil de llevar en la práctica; en principio por mi propia ignorancia en el tema... Haciendo memoria, ¿qué sabia o conocía yo de lo que estaba pasando en mi familia? ¿Acaso una personita de solo 8 años podía ser trans?

Si lo único que se ve en los medios de comunicación son personas adultas, del espectáculo y mujeres, ¿dónde hay infancias? Es más, ¿dónde hay varones trans? Las horas de la noche fueron eternas. Mi primer error fue acudir a "San Google", donde buscando información terminé con más angustia que ideas claras. Interminables páginas que solo decían enfermedad mental, disforia, terapia de conversión, perversión, y como eso muchísimo más, cosa que jamás aceptaría.

Mi segundo gran error fue pedir una consulta con un médico, pensando que me iba a ayudar y acompañar en este nuevo universo, puesto que como "profesional" seguramente sabría más que yo del tema. La recomendación de este médico fue que ambos, yo y mi hijo, acudiéramos al psiquiatra, ya que yo era la culpable de lo que estaba pasando.

MADRE, ARGENTINA

Cómo se enseña, se aprende y se refuerza el género

Todo lo que quería para Hanukkah cuando tenía 6 años era un castillo de princesa rosa. En lugar de eso, mis padres me regalaron un aburrido castillo gris, creo que tenía algunos caballeros y dragones, no estoy segura, porque nunca jugué con él. Y sabes, no era una niña que llorara mucho, pero durante años recordaba haber sollozado cuando abrí aquel regalo. No era solo que no obtuviera lo que quería, es que de alguna manera ya sabía que las cosas que más quería no estaban bien para ellos.

El género nos rodea, los mensajes de género y las expectativas de género nos bombardean constantemente. La educación, la cultura, los compañeros, las escuelas, la comunidad, los medios de comunicación y la religión son algunas de las muchas influencias que conforman nuestra comprensión de este aspecto fundamental del ser. Prácticamente todo en la sociedad tiene asignado un género —juguetes, colores, ropa, peinados y comportamientos son solo algunos de los ejemplos más evidentes—. Los padres, los cuidadores y otras personas (influidos por su propio género y sus valores culturales) comunican sus expectativas sobre lo que es apropiado para cada género a través de sus interacciones con el niño (formas de contacto visual, qué juguetes se ofrecen, cómo se tocan). El niño integra estas expectativas. Esta es la socialización de género y, desde el momento en que nacemos, influye en muchas de las cosas que luego podemos considerar como preferencia personal. Por ejemplo, la socialización de género determina para un niño qué ropa debe llevar, con qué juguetes debe jugar, qué tipos de juegos están permitidos, en qué debe interesarse y qué habilidades se le anima a desarrollar.

El modo en que aprendiste e interactuaste con el género cuando eras pequeño influye directamente en tu visión del mundo actual. Esto explica por qué los jóvenes de hoy ven el género de forma diferente de como tú lo haces. Los mensajes culturales de género que se les comunican son diferentes de los que se te transmitieron a ti cuando eras pequeño. Los roles que antes estaban vinculados al género han cambiado en las familias, la sociedad, la educación, el empleo y los medios de comunicación.

Sexo asignado: Utilizaremos este término para referirnos al sexo que se determinó que tenía un bebé y con el que se clasificó legalmente, mediante una observación visual de sus genitales al nacer. Esta determinación suele pasar por alto las configuraciones intersexuales no visibles. En los sistemas binarios de determinación del sexo, no hay lugar para asignar un sexo distinto al masculino o al femenino a nadie que tenga genitales más complejos (o una anatomía reproductiva interna más compleja o variaciones cromosómicas).

Género inferido: Utilizaremos este término para referirnos a la identidad de género que se presume que tiene una persona en función de su sexo asignado al nacer. Por ejemplo, a quien se le asignó el sexo masculino al nacer tiene el género inferido de niño-hombre. A quien se le asignó el sexo femenino al nacer tiene el género inferido de niña-mujer. Cuando cualquiera de estas personas articula o afirma una identidad de género diferente de su sexo asignado al nacer, nos damos cuenta de que su género se presumió erróneamente desde el principio.

A través de una combinación de condicionamiento social y preferencia personal, a los 3 años la mayoría de los niños prefieren actividades y muestran comportamientos típicamente asociados a su supuesto género. Los padres, la familia extensa, los cuidadores y la sociedad animan a los niños a actuar dentro de los roles de género inferidos y les proporcionan un refuerzo positivo cuando lo hacen. El niño interioriza esta comprensión de lo que se espera y es deseable para su género.

Dado que lo que se espera de cada género se comunica con tanta frecuencia desde el nacimiento, es comprensible que la mayoría de la gente acepte este género impuesto culturalmente como un hecho. En realidad, la mayoría de la gente no puede imaginar la vida de otra manera.

Cuando las expectativas de género de tu entorno se alinean con tu propio sentido interno de ti mismo, entonces puede que no haya habido ninguna razón para pensar en tu género antes. Como resultado, la gente rara vez se cuestiona qué es realmente el género ni se detiene a preguntarse cómo podría ser este en realidad o cómo podría haber sido diferente sin esta socialización y refuerzo. Solo cuando se produce una situación en la que estas expectativas no se ajustan a ti o a alguien que conoces, empiezas a cuestionar cómo se llegó a definir el género de esta manera.

Dimensiones del género

> Nunca aprendí nada de esto mientras crecía... era nuevo para mí. Pero ahora me siento más cómoda... No cómoda, pero sí informada sobre el género de mi hija y lo que significa para ella. Y también estoy aprendiendo mucho sobre mí misma en el proceso.

No te sorprenderá saber que no hablaremos del género de la forma binaria tradicional. En su lugar, utilizamos un modelo que incorpora un espectro de características que incluyen el cuerpo de la persona, la identidad de género y la expresión de género. Cuando comprendes estos aspectos y reconoces que están separados pero vinculados, surge una comprensión más matizada que da cuenta de la experiencia única del género de cada persona. El género puede verse como un rico tapiz que reconoce la intersección de las expectativas sociales con el propio cuerpo, la identidad y la expresión. Existe una variedad de posibilidades para cada uno de estos aspectos, por lo tanto, no hay dos personas que experimenten el género exactamente de la misma manera. Es personal y social, público y privado. Tu género es único. El género de una persona es la compleja interrelación entre:

Cuerpo: nuestra experiencia de nuestro propio cuerpo, combinada con la forma en que los demás —la sociedad— asignan un género a los cuerpos e interactúan con nosotros en función de él. Nuestro cuerpo se utiliza para determinar nuestro sexo.

Identidad: nuestro sentido interno del género, lo que sabemos que somos en privado. Nuestra identidad de género puede ser igual o diferente del sexo que se nos asignó al nacer.

Expresión: es nuestro género público; cómo presentamos nuestro género en el mundo y cómo la sociedad, la cultura, la comunidad y la familia perciben, interactúan e intentan dar forma a nuestro género. La expresión también se relaciona con los roles de género y con cómo la sociedad los utiliza para intentar imponer la conformidad con las normas de género vigentes.

Cada una de estas dimensiones puede variar enormemente en una gama de posibilidades. La comodidad de una persona con su género está relacionada con el grado en que estas tres dimensiones se encuentran en armonía. Veamos con más detalle cada dimensión.

Cuerpo

Realmente siempre creí que él era un chico. Lo que quiero decir es que ¡tiene un pene! No tenía ni idea de que se pudiera nacer con un pene, pero ser una chica. ¡Eso me dejó boquiabierta! Y le hice mucho daño mientras pude llegar a entender este hecho básico. Si pudiera decir una cosa a otros padres sería: no crean lo que les han dicho sobre el género. Todo es mentira. Se ahorrarán mucho tiempo si aceptan que los han engañado.

❖

Soy un chico y siempre lo he sabido. Algunos niños nacen con vulvas y no con penes. Si todo el mundo lo entendiera, mi vida sería mucho más fácil. Como no lo hacen, me dicen que soy transgénero. Pero no soy transgénero. Nunca he sido una chica, siempre he sido un chico.

Al nacer, se realiza un examen superficial de los genitales externos del bebé para asignar su sexo. En realidad, las características sexuales son mucho más que los genitales externos; también incluyen atributos físicos, como los cromosomas sexuales, las gónadas, las hormonas y las estructuras reproductivas internas. Sin embargo, al nacer, solo se utilizan los genitales visibles para asignar el sexo y, por lo tanto, para identificar a los individuos como hombres o mujeres. Una vez asignado, el sexo se utiliza para que se asuma el género.

EL SEXO NO ES BINARIO

Al contrario de lo que se piensa, las características del sexo no son simplemente binarias. Hay más de dos variaciones en los seres humanos. El desarrollo humano normal está representado en un espectro. Pueden producirse variaciones en cualquiera de las características sexuales, incluidos los cromosomas, las gónadas (ovarios y testículos) y los genitales de una persona. Cuando estas variaciones corporales se salen de los estándares culturalmente establecidos de hombre y mujer, utilizamos el término "intersexual". Ser intersexual es una parte natural de la biología humana, simplemente es menos común. Algunas de estas variaciones intersexuales son visibles al nacer, pero muchas no lo son.

A veces una persona no es consciente de que es intersexual hasta que llega a la pubertad o incluso a la edad adulta. Algunas personas nunca lo saben. Aun cuando esta variación forma parte del ser humano, el modelo binario (uno u otro) de las características sexuales nos impide educar a los niños para reconocer esta variación natural. Como resultado, a menudo hay una vergüenza y un secretismo intrínsecos asociados a estar en un lugar menos común del espectro anatómico. Cuando solo hay dos opciones disponibles, en lugar de un espectro, cualquiera que no encaje en ninguna de las opciones disponibles es percibido como "otro".

Al menos 1% de la población nace con alguna variante sexual. Sin embargo, en la mayor parte del mundo, solo hay dos categorías posibles entre las que elegir a la hora de determinar el sexo oficial de un bebé para su documentación y clasificación legal. A pesar de la conciencia médica de la complejidad de las características sexuales de una persona, se sigue utilizando solo un examen visual superficial para determinar el sexo de una persona. Algunos países, como Francia, Nepal, Australia, Nueva Zelanda y Alemania, están liderando el camino para ofrecer más opciones de sexo/género en los documentos legales. Esperemos que pronto haya una comprensión más generalizada del verdadero espectro de la biología humana.

Entonces, ¿qué es exactamente el sexo de una persona? ¿Es la percepción de tus genitales al nacer lo que figura en tu certificado de nacimiento? ¿Cambia tu sexo si llegas a comprender que tus órganos reproductivos internos no coinciden con los externos? ¿Cambia si modificas quirúrgicamente tu cuerpo? ¿El sexo es fijo o puede cambiar? ¿Quién decide dónde está el límite de ese cambio? Son cuestiones importantes que hay que considerar.

En la mayoría de las culturas, a los niños se les dice desde pequeños que lo que hace que un niño sea un niño y una niña sea una niña son sus genitales; lo que hace que un hombre sea un hombre es su vello facial, su altura y su vello corporal, y lo que hace que una mujer sea una mujer son sus pechos, sus curvas y su piel suave. Estas nociones sobre los cuerpos repercuten en la forma en que cada uno de nosotros se siente con respecto a su género. Estas afirmaciones estereotipadas sobre cómo se clasifican los cuerpos en función del género dejan al margen la experiencia de muchas personas; esto puede ser especialmente cierto para alguien que es transgénero o no binario.

Para quienes tienen un cuerpo asociado a un determinado género, pero no se sienten de ese género, su cuerpo puede convertirse en una fuente de incomodidad y lucha. Este malestar y esta lucha pueden ser internos: desear haber nacido con partes del cuerpo o capacidades reproductivas que no tienen. Esta lucha puede estar relacionada con el deseo de que los demás reconozcan que su cuerpo es un reflejo de su género, solo que no de la forma que nos han enseñado a asumir. Esta lucha puede girar en torno a la suposición de que todas las personas transgénero quieren alterar quirúrgicamente su cuerpo, cuando se sienten bien con su cuerpo y desean que los demás dejen de suponer que no es así. Esta lucha puede girar en torno a los padres que se niegan a reconocer el género de su hijo a causa de sus genitales. O puede girar en torno a padres que se niegan a apoyar la modificación corporal que su adolescente transgénero o no binario necesita para encontrar la congruencia de género. Dado que la sociedad suele combinar el sexo y el género como si fueran la misma cosa, el cuerpo puede convertirse en un campo de batalla interno y externo para las personas trans y no binarias.

Identidad de género

> *Comprendí realmente que mi hija era una niña cuando me reveló cómo se veía a sí misma en su cabeza. Empezó cuando era pequeña. Por ejemplo, jugaba con dos amigos que eran chicos y los tres perseguían a los "malos" en nuestro patio. Sin embargo, mientras los amigos hacían de Batman y Hulk, ella hacía de princesa mariposa. Sus acciones eran exactamente iguales a las de ellos, pero la percepción que tenía de sí misma era completamente diferente.*

❖

> *La gente pregunta cómo sé que soy no binaria. Solamente puedo reírme. Y les hago la misma pregunta: ¿Cómo sabes que eres una chica?*

❖

Mi padre me preguntó si estaba segura de que era un chico. Le dije que no tenía ninguna duda.

La identidad de género es el sentido profundamente arraigado de una persona sobre su género: como hombre, mujer, ambos, ninguno o algo totalmente diferente. Es una experiencia interna. No elegimos nuestra identidad de género; más bien, nuestra identidad de género emerge desde dentro. Se cree que es un aspecto inherente a la constitución de una persona y que no puede ser regulado ni determinado por otros.

A menudo puede ser difícil entender qué es la identidad de género porque se trata de una parte intrínseca de nosotros mismos. Dado que es algo profundamente personal y que se entiende de forma privada, puede ser difícil pensar en ella como un aspecto distinto de lo que somos, e igual de desafiante articular este sentido de lo que somos a otra persona.

La tendencia es intentar equiparar la identidad de género con otros aspectos del género y del *yo*, como las partes del cuerpo, la expresión personal, la orientación sexual o incluso la personalidad. Nuestra identidad de género permanece, aunque cambien nuestra atracción sexual y romántica o nuestra expresión exterior. Es lo que cada uno de nosotros siente que es.

La identidad de género está separada de la anatomía, aunque para muchas personas, su sexo asignado, su expresión de género y su género inferido se alinean; de ahí surge la suposición de que son uno y lo mismo. Curiosamente, lo que una cultura suele percibir como género tiene poco que ver con la identidad de género de un individuo.

Dado que hay muchas cosas que influyen en cómo y cuándo cada persona llega a identificar su género, las personas reconocen sus identidades de género no binarias y trans a lo largo de su vida, y no todas en el mismo momento. El desarrollo cerebral acelerado de la pubertad, el aumento de las hormonas y los cambios físicos de la pubertad convergen en la adolescencia, por lo que es un momento habitual para que surja, resurja o se declare una nueva identidad de género. Esto puede ser especialmente cierto en la pubertad para aquellos adolescentes que empiezan a sentir que su cuerpo cambia en una dirección que no les parece "correcta".

Una vez que emerge una identidad de género nueva o recién revelada en la adolescencia, es muy poco probable que se "revierta". El adolescente puede tardar un poco en saber con certeza si lo que está experimentando es realmente un problema de identidad de género o si es una necesidad de una expresión de género más amplia, pero si es identidad de género, probablemente haya llegado para quedarse. Comprender que hay muchas identidades de género diferentes nos permite reconocer la configuración única de cada individuo sin tener que hacer un juicio de valor ni juzgar.

Como esta es una experiencia interna, no es posible conocer la identidad de género de alguien sin preguntarle. Aunque la identidad de género de una persona y la expresión de género suelen estar relacionadas, son dimensiones distintas. Así que utilizar la expresión de género para determinar la identidad de género de una persona puede ser una suposición arriesgada (y potencialmente embarazosa).

Expresión de género

> *Sigo siendo igual por dentro, pero a veces me gusta llevar distintos tipos de ropa. Generalmente me visto con ropa de hombre, pero de vez en cuando me pongo algo más femenino. No intento hacer una declaración, sino que esa ropa se siente como yo ese día.*

La expresión de género puede considerarse como el género público de una persona. Es lo que ven los demás y está presente en todas nuestras interacciones con los demás. Nuestra expresión de género es la forma en que vivimos nuestro género en el mundo (por ejemplo, nuestra ropa, peinado, la forma de arreglarnos, comportamientos y ademanes). También es la forma en que la sociedad, la cultura, la comunidad y la familia perciben, interactúan y tratan de moldear nuestro género. La expresión de género es una comunicación social del género e incluye señales tanto intencionadas como involuntarias. Consta de tres partes: la presentación —cómo nos presentamos a los demás y lo que ellos ven, tanto si tenemos la intención de que nos vean así como si no—; las normas de género —las reglas e ideas sobre el aspecto que una cultura considera que deben tener los hombres y las mujeres—, y los roles de género —los comportamientos que esperamos y pensamos que son adecuados para cada género.

En muchos sentidos, la expresión de género parece ser bastante sencilla. A menudo pensamos que conocemos el género de alguien por el tipo de ropa y accesorios que lleva, pero resulta que, al igual que las otras dimensiones de género, la expresión es un poco más complicada.

También hay aspectos de la expresión que son más sutiles, como la voz y los patrones de comunicación de una persona, su expresividad emocional, su comportamiento y su manera habitual de moverse. Entonces esta se refiere a todas las cosas que una persona hace para comunicar su género, intencionadamente o no. Lo que se considera una expresión de género típica para hombres y mujeres varía de una cultura a otra, porque la forma de expresarlo es una manifestación cultural.

Como la expresión de género de una persona es lo primero que vemos cuando la miramos, utilizamos estas pistas para "leer" el género de alguien. Al habérsenos enseñado un sistema binario, nuestro cerebro toma las señales visuales que presenta una persona e intenta clasificarla en la categoría de hombre o mujer. Para ello, nos basamos inconscientemente en combinaciones de innumerables indicios. Podemos sentirnos confusos, incómodos o incluso enojados si hacer una simple clasificación binaria de alguien es difícil o no es posible debido a la falta de señales de género o a que estas son contradictorias. Aunque cada uno de nosotros espera comunicar su género para que los demás nos vean como nos gustaría que nos vieran, eso no siempre es así.

Presentación de género

En mi primer año de universidad empecé a dejarme crecer el pelo y a maquillarme. Seguía identificándome como hombre porque no sabía que podía hacer otra cosa. Todo el mundo me decía que debía ser gay, así que pensé que lo era, aunque no me parecía que lo fuera.

❖

Como persona a la que se le asignó el sexo femenino al nacer y a la que le gusta que la vean como masculina, me parece que la expresión de mi género y la percepción que otras personas tienen de mi género no siempre coinciden. Por ejemplo, puedo expresarme intencionadamente de forma masculina, pero los demás pueden seguir viendo mis señales de género como femeninas. Esto puede sentirse a veces muy invalidante.

La discriminación por razón de género suele comenzar como una reacción a la presentación de género de una persona. Cuando la presentación de una persona se sale de las expectativas de la sociedad respecto a esta característica, se considera que su género no es conforme. En consecuencia, las personas que expresan esta presentación de forma contraria a las normas sociales vigentes suelen tener una experiencia de vida muy diferente a la de aquellos cuya expresión se ajusta a lo que se espera. Cuanto más se aleja la presentación de género de una persona de las expectativas culturales actuales, más discriminación suele experimentar. En la medida en que las señales de género se perciben como ausentes o conflictivas en una persona, mayor es la discriminación a la que se enfrenta a diario.

Los niños que son vistos como femeninos a cualquier edad, y las niñas que se consideran demasiado masculinas (especialmente cuando entran en la adolescencia) se enfrentan a una serie de retos. Las presiones en casa para que sean como se espera, el maltrato de los compañeros en la escuela y la condena por parte de las instituciones religiosas, culturales o de otro tipo son solo algunas de las dificultades a las que se enfrenta un adolescente cuya presentación no se ajusta al sistema binario de género. De hecho, aunque el acoso a los niños y adolescentes adopta a menudo la forma de homofobia (con insultos como "maricón" y "marimacho"), en realidad, estos niños suelen ser acosados y recibir burlas por no encajar en las normas típicas de género, más que por su orientación sexual.

Cuando los niños se convierten en adolescentes, sus padres o tutores pueden responsabilizarse menos para decidir sus peinados o sus compras de ropa, lo que puede llevar a los adolescentes a expresarse más libremente. Con esta mayor capacidad de expresión, es habitual que los estilos de presentación cambien y que una autoexpresión inconforme surja de forma más pronunciada.

Es importante entender que tener una expresión de género no conforme no significa necesariamente que una persona sea transgénero o no binaria. Muchas personas que tienen una expresión no conforme se sienten cómodas identificándose como el género que se les supuso al nacer. La expresión de género de una persona puede coincidir o no con el sexo asignado, los roles de género socialmente prescritos o la identidad de género interna.

Normas de género

No sé cuándo dejaron de molestarme tanto estas cosas. Cuando era joven, el sexismo de nuestra cultura me volvía loca. Pero ahora simplemente he encontrado formas de vivir con eso. No siempre sé cuál es la forma más útil de hablar de esto con mi hijo, que va de un lado a otro entre querer encajar ajustándose a las normas de género y querer ser un revolucionario con capa que las destruya.

Las expectativas sociales de género regulan y crean las normas de género de una sociedad. Las normas de género pueden considerarse como reglas habladas y no habladas sobre la expresión de género. Las normas en torno a la expresión de género cambian entre culturas y a lo largo del tiempo. Cabe señalar que, dado que las normas culturales de género cambian con el tiempo, lo que antes era inconformista a menudo acaba aceptándose. En Estados Unidos, por ejemplo, un rápido examen de la historia relacionada con los hombres que llevan aretes o las mujeres que lucen tatuajes muestra cómo cambian las expectativas sociales sobre la expresión de género. Incluso la idea de que "el rosa es para las niñas y el azul para los niños" es relativamente nueva. Antes de mediados del siglo XX, el rosa se asociaba a los niños y el azul a las niñas. Asimismo, las mujeres y las niñas han llevado pantalones durante algún tiempo, por supuesto, pero solo recientemente empezamos a ver a los hombres y a los niños con vestidos y faldas.

Dada la prevalencia del sistema binario de género, desde que somos jóvenes todos nos enfrentamos a una gran presión para ajustarnos a las estrechas definiciones de "hombre" o "mujer" de nuestra cultura. Los que no se conforman pueden experimentar incomodidad o incluso angustia por la presión que sienten para ser diferentes de cómo son realmente. Pero si elimináramos las presiones de ajuste a las normas sociales, la gama de posibles expresiones de género podría ser ilimitada.

Roles de género

Me di cuenta de que era "diferente" cuando fui el único niño de mi clase que era el mejor amigo tanto de los chicos como de las chicas. Todos los demás estaban muy polarizados, pero yo iba y venía con facilidad y comodidad.

Los roles de género son los estándares culturalmente aceptados de masculinidad y feminidad. Reflejan las expectativas sociales sobre lo que uno debe hacer y cómo debe actuar, pensar, llevar su cuerpo y aun sentir en función de su género. Estos roles dictan la expresión de género "apropiada" en una cultura. Se trata de construcciones sociales que se comunican a través de todos los aspectos de nuestra vida: la familia, la cultura, los compañeros, la escuela, la comunidad, los medios de comunicación y la religión. Son el contexto que establece las expectativas de la expresión de género.

Lo que se espera de un hombre o una mujer puede ampliarse a medida que pasa el tiempo y cambian las necesidades y los deseos de la sociedad. Como dice Adrienne Harris, "tenemos que seguir poniendo palabras como femenino y masculino entre comillas irónicas. Con estos recursos retóricos, señalamos nuestra comprensión de que estos términos solo tienen significado en contextos particulares y únicos, y que estos contextos cambian constantemente".

Sin embargo, siguen existiendo expectativas sobre lo que se considera masculino y femenino y, aunque hay innumerables excepciones y variaciones toleradas para cada norma de género, también hay consecuencias para quienes se salen de esas excepciones. Cuanto más se sale una persona de las expectativas sociales de su género, con intención o sin ella, más presión, ridículo y discriminación experimenta.

LOS JÓVENES SE IMPONEN UNOS A OTROS LOS ROLES DE GÉNERO

Un estudio de 2014 en el que se observó la forma en que los alumnos de 14 años de una escuela de Lisboa (Portugal) interactuaban con sus ideas sobre la masculinidad y la feminidad descubrió que el hecho de haber sido criados en una cultura con roles de género estrictos tuvo un impacto negativo en la salud física y mental general, así como en el bienestar de los adolescentes.

Los investigadores descubrieron que los estudiantes, independientemente de su género, regulaban sus comportamientos para adherirse a las normas de género. Por ejemplo, todas las alumnas restringieron su ingesta de alimentos a pesar de estar en rangos de peso saludables. Esta restricción alimentaria era el medio para alcanzar el físico femenino considerado *sexy*, a pesar de la necesidad de aumentar las calorías durante la adolescencia. Las chicas también restringieron su actividad física en la escuela, porque los chicos se burlaban de ellas con el fin de que actuaran de forma más femenina, o bien lo hacían por miedo a parecer poco atractivas mientras estaban activas. Las chicas también sentían que debían restarle importancia a su inteligencia para no intimidar a los chicos, ya que tenían la impresión (tanto las chicas como los chicos) de que se supone que los chicos son más inteligentes.

Los chicos, en cambio, se sentían obligados a demostrar su masculinidad —sobre todo si se les despreciaba de alguna manera— mediante actos de violencia, como pegarse y abofetearse. También sentían que debían reprimir sus emociones con el propósito de parecer varoniles y se presionaban para que beber alcohol fuera otra forma de demostrar su masculinidad.

Los investigadores observaron claramente que tanto los muchachos como las chicas luchaban contra la presión constante para autorregular sus comportamientos con el fin de cumplir las normas de género. Este estrés parecía minar la autoestima y aumentar la ansiedad relacionada con el género. El impacto de la autovigilancia de género afectaba a todos los grupos sociales. Cuando se les entrevistó de forma individual, los estudiantes en su totalidad expresaron sentirse obligados a regular sus comportamientos según las expectativas de género, aunque no les gustaba hacerlo. Cuando los estudiantes se enteraron de que todos los participantes en el estudio se sentían limitados y restringidos por estas expectativas, se quedaron asombrados.

Descubrieron en el estudio lo que vemos todos los días en nuestro trabajo en Gender Spectrum: que una vez que los adolescentes se dan cuenta del esfuerzo que hacen para actuar de acuerdo con los guiones sociales prescritos, dejan de vigilarse tanto. Hay una mayor tolerancia hacia los comportamientos no conformes con el género. La violencia disminuye y más chicas empiezan a participar en actividades físicas. La cultura de los alumnos cambia tras tomar conciencia del efecto de los mensajes culturales de género. Los roles de género limitan a las personas de muchas más maneras de las que son conscientes, y lo que se necesita es visibilizar y aclarar esto para que los jóvenes suelten las restricciones que se les imponen.

El género frente a la orientación sexual

Desde muy temprano, pensamos que ella resultaría ser tremendamente gay. Estábamos totalmente de acuerdo con eso. Simplemente nos equivocamos.   ❖

Aunque mi hija tiene 13 años, no está explorando ni afirmando su orientación sexual —la claridad de su identidad de género llegó mucho antes.

Una última distinción que hay que hacer es la diferencia entre género y orientación sexual, que a menudo se confunden de forma incorrecta. Cuando se percibe que la expresión o la identidad de género de alguien no coincide con las expectativas de los demás, a menudo se asume que es gay, pero el género tiene que ver con lo que somos y la orientación sexual con lo que nos atrae física o románticamente.

¿Por qué es tan importante distinguir entre estas dos nociones? Aunque son aspectos diferentes y esenciales de nuestro *yo*, la gente los mezcla cuando observa el comportamiento para hacer suposiciones sobre alguien. No es raro "leer" la expresión de género de un joven y suponer que nos dice algo sobre su orientación sexual. El adolescente que es amable, que prefiere el teatro a los deportes y es de voz suave se supone que es gay, y la adolescente que compra ropa en la sección de chicos, le gusta construir cosas y prefiere usar el pelo corto debe ser lesbiana. Estas son conclusiones erróneas. Lo que alguien viste, cómo habla, sostiene su cuerpo, etc., tiene que ver con las preferencias personales y la expresión de género, no con su orientación sexual. Estas suposiciones pueden impedir que veas a tu hijo adolescente con precisión y que comprendas quién es. Cuando pensamos en la identidad de género o en la expresión de género como en la sexualidad, estamos atribuyendo un significado que puede no tener nada que ver con el auténtico ser del joven.

El espectro de género

> *Mis padres son americanos de primera generación. Primero salí del armario como gay porque mi familia me percibía como hombre y me atraían otros hombres. Pero en lo que se refiere a mi género, me identifico en el medio. A mis padres les ha costado mucho tiempo aceptar mi orientación sexual, pero no conocen el alcance de mi identidad de género. No creo que vaya a hablar con ellos de mi género en un futuro próximo debido a las barreras culturales y lingüísticas. Sé que piensan que soy una buena persona y eso me basta.*

El género en todas sus bellas variantes

Las expectativas de género nos disuaden de expresarnos de formas que pueden entrar en conflicto con la forma en que la sociedad dicta que debemos mostrarnos y actuar. Esta presión social deja a la mayoría de las personas con su género sin explorar. También impide que mucha gente se exprese de la forma que preferiría hacerlo de manera natural. Los estudios indican que el autocontrol y el control externo del género están firmemente implantados en el momento en que estamos en edad preescolar. Este proceso de regulación de género está tan arraigado que apenas reconocemos su existencia, excepto cuando nos encontramos con elementos de él que nos perjudican a nosotros o a alguien cercano. Lo reconozcamos o no, nuestro actual sistema de género limita a todo el mundo de la verdadera autoexpresión. Por sí sola, cada dimensión del género (cuerpo, identidad de género y expresión de género) desafía el modelo binario tan común en muchas culturas; cuando se considera como un todo, la diversidad de género se despliega realmente. Al igual que las tres dimensiones del espacio proporcionan un paisaje más detallado para comprender los objetos físicos, las dimensiones del género ofrecen un modelo mucho más rico para explorar este aspecto fundamental de nosotros mismos. En conjunto (al comprender las infinitas formas en que pueden interactuar las dimensiones), podemos empezar a captar la complejidad del género.

Para muchas personas, los elementos de su género están alineados. Es decir, su cuerpo, identidad y expresión de género están alineados. Tanto su sexo asignado como su género inferido están alineados. Un adjetivo que se utiliza a veces para captar esta alineación es "cisgénero". El prefijo *cis-* viene del latín y significa "del mismo lado que" o "de este lado". Aunque quizá sea el patrón más común, incluso esta disposición tiene un enorme margen de variación. Piensa en las personas que conoces cuyo cuerpo (hasta dónde tú sabes) e identidad de género (hasta dónde tú sabes) coinciden, pero se expresan de diversas maneras en cuanto a su aspecto, sus intereses, su forma de mover el cuerpo, su voz, etc. Mientras la expresión de género no rebase los límites de lo que se considera la norma, se les sigue considerando cisgénero. No obstante, el término *cisgénero* es importante porque da nombre a la experiencia dominante, en lugar de asumir simplemente que es la forma predeterminada o "normal" de ser.

Cuando el sexo asignado a una persona no coincide con su identidad de género, puede identificarse como transgénero. Mientras que *cisgénero* se refiere a alguien cuya identidad está alineada con su sexo asignado, *transgénero* se refiere a alguien cuya identidad está "al otro lado" de su sexo asignado. La expresión de género de las personas transgénero, al igual que la de las personas cisgénero, puede estar en cualquier punto del espectro. Por ejemplo, algunas adolescentes y mujeres transgénero pueden no sentirse atraídas por los vestidos, mientras que algunos adolescentes cisgénero pueden disfrutar llevando vestidos. Esto puede tener que ver con las preferencias, pero también puede ser indicativo del contexto en el que se encuentran y de lo seguros que se sienten al expresarse de la forma que consideran más congruente con su *yo* más íntimo.

Además de poder identificarse como transgénero, una persona cuyo sexo asignado no coincide con su identidad de género puede tener una identidad no binaria, lo que significa que no encaja en ninguna casilla de género tradicional. Algunas personas no binarias se consideran a sí mismas bajo el paraguas transgénero y otras no. Exploraremos esto en profundidad en el siguiente capítulo.

Más allá de lo binario

Mientras que algunas personas encajan dentro de las identidades de género "tradicionales", otras se identifican totalmente fuera de este sistema binario. Puede que no se identifiquen con ser un chico o una chica, que se experimenten como una mezcla de ambos, o que vean su género como algo fluido. Alguien con una identidad no binaria puede expresarse de acuerdo con una presentación binaria, o fuera de cualquier norma de género particular.

La vida fuera del sistema binario no es solo una cuestión de identidad de género: puede incluir también las otras dos dimensiones del género. Las personas intersexuales y otras personas con una manifestación no binaria de las características sexuales quedan fuera de lo binario del sexo biológico y de su supuesto sentido binario de los cuerpos, y quienes se presentan fuera de las normas y roles de género esperados son no binarios en su expresión de género. Alguien puede ser binario en una dimensión y no binario en otras. Por ejemplo, una persona a la que se le ha asignado un sexo masculino al nacer, que se identifica como chico y a quien le gusta usar vestidos es binaria en su cuerpo e identidad, pero no binaria en su expresión. Su expresión no binaria no cambia su identidad: sigue siendo un chico, solo un chico al que le gusta ponerse vestidos.

Género expansivo

Es un término general que a veces utilizamos en nuestro trabajo para describir a las personas que amplían las normas de género de su cultura para la identidad y la expresión. Reconoce que hay muchas formas de situarse fuera de lo binario, y que cada persona tiene una experiencia personal de género. El término *género expansivo* ayuda a describir y afirmar las experiencias y expresiones personales de género que no pueden clasificarse positivamente utilizando el lenguaje existente. Reconoce que lo que hay que cuestionar son las estrechas percepciones de la sociedad sobre el género y las consiguientes limitaciones que impone, y no a los individuos que no se ajustan a ellas.

La discriminación se basa a menudo en la expresión, más que en la identidad

Me acosaban mucho más cuando la gente no estaba segura de si era un chico o una chica. Después de la transición, solo sufrí acoso en los lugares donde la gente sabía que era trans. De lo contrario, simplemente piensan que soy un chico cisgénero y me tratan bien.

En los debates públicos sobre el género, la gente suele hablar de la discriminación en términos de identidad de género. En otras palabras, dicen que las personas transgénero o no binarias sufren mucha discriminación. No hay duda de que eso es cierto: la discriminación relacionada con la identidad de género está generalizada. Sin embargo, en la mayoría de los casos de discriminación, acoso y violencia cotidianos, la gente no sabe cuál es la identidad de género de alguien, sino que solo ve cómo expresa su género. Cuanto más disconforme con el género sea alguien en su aspecto y sus formas (expresión), tenga o no una identidad transgénero o no binaria, mayor será la probabilidad de discriminación.

Las personas no conformes con el género, ya sean transgénero, no binarias o cisgénero, suelen sufrir discriminación en su día a día. Cuando una persona visiblemente no está conforme con el género, la forma en la que la gente interactúa con ella en público es algo imprevisible. El grado en que los demás responden negativa o positivamente a una persona no conforme con el género suele estar relacionado no solo con cómo se percibe su no conformidad de género, sino también con las formas en que el racismo, el sexismo y la transfobia entran en juego.

Si el género de una persona es ambiguo, andrógino o simplemente no está claro debido a la falta de señales o a la mezcla de estas, los desconocidos pueden mirarla consciente o inconscientemente, tratando de averiguar si es hombre o mujer. Es posible que alguien cuya presentación de género sea ambigua, o que parezca dar mensajes contradictorios, sea interrogado cuando utiliza una instalación pública segregada por sexos, como un baño o un vestidor. Si un desconocido entabla una conversación con alguien y está confundido sobre el género de la persona, puede intentar evitar el uso de pronombres para no equivocarse y asignar un género erróneo a la persona. Dependiendo de la circunstancia concreta, los desconocidos reaccionan ante las personas no conformes con el género con una serie de sentimientos que incluyen la ira, el miedo, la ansiedad o la molestia, lo que hace que la situación pueda ser potencialmente incómoda o insegura para la persona transgénero o no binaria.

Otras circunstancias, sin embargo, pueden ser mucho más perturbadoras. Cuanto más se considere la apariencia de una persona como transgresora de su género, independientemente de su identidad de género, más riesgo correrá de sufrir acoso e incluso violencia. Debido al miedo, el sexismo, la misoginia y otros tipos de prejuicios, los hombres y mujeres trans conocidos, así como las personas asignadas como hombres con una expresión femenina estereotipada, son especialmente objeto de acoso.

En cuanto a la violencia, el problema es más grave para las mujeres trans de color,[1] ya que la discriminación que sufren es una combinación de racismo, sexismo y transfobia. Según la Coalición Nacional de Programas contra la Violencia, en 2015 se registraron 22 asesinatos de personas transgénero por crímenes de odio en Estados Unidos. Entre las víctimas de estos crímenes, 19 eran latinos o negros, 19 eran mujeres y dos se identificaron como no binarios.

Género y privilegio

Odio admitir esto, pero nunca había pensado mucho en mi género. Es decir, no había pensado tan profundamente. Supongo que no tenía que hacerlo. Eso ha cambiado definitivamente en los últimos dos años, cuando he luchado por comprender a mi hijo. He aprendido mucho.

Cualquier persona cuyo cuerpo, identidad de género y expresión de género coincidan —cualquiera que sea cisgénero— se beneficia del privilegio de género. Al igual que muchas formas de privilegio social, este es un aspecto de nuestras vidas que a menudo no se examina. Por defecto, la

---

[1] En Estados Unidos se considera como *persona de color* a aquellas que no son de raza blanca. Dicho término puede ser inclusivo de diferentes grupos y enfatiza las experiencias comunes de racismo. Las personas de color (POC, por sus siglas en inglés) típicamente incluyen a personas africanas, asiáticas, hispanas o latinas, así como de descendencia nativa de los Estados Unidos.

mayoría de los entornos e instituciones sociales están diseñados en torno al modelo binario simplista del género. Si puedes utilizar un baño sin que te cuestionen o te sientas inseguro, ese es un privilegio. Si recibes la atención médica que necesitas, compras ropa en las tiendas sin que te acosen, o tomas un vuelo sin preocuparte de que la Administración de Seguridad en el Transporte o autoridades aeroportuarias (TSA, por sus siglas en inglés) te detengan porque no tienes la apariencia que ellos creen que debes tener según tus documentos de identidad, ese es un privilegio de género. Para una persona transgénero, no binaria o visualmente no conforme con el género, cada uno de estos ejemplos (y muchos más) es un recordatorio constante de que se mueve en una cultura que realmente no tiene en cuenta su experiencia.

El privilegio social proviene de la suposición de que la propia perspectiva es universal, ya sea en relación con la raza, la clase, la fe, la lengua o el género; el privilegio proviene de formar parte de la "norma".

La presión diaria de recibir juicios sobre lo que uno hace, viste o dice con base en la percepción que los demás tienen de su género es una carga con la que muchas personas nunca se encuentran. Estos recordatorios diarios de ser diferente son también un refuerzo constante de ser "otro".

Eliminar la carga dañina de la conformidad

Cuando se niega la variabilidad natural del género, negamos las experiencias auténticas de muchas personas. A medida que nos hacemos más conscientes de la opresión a la que se enfrentan quienes no encajan limpiamente en la limitada comprensión de la sociedad sobre el género, nos volvemos sensibles a los costos personales y sociales del sistema binario de género.

Como uno de los aspectos fundamentales de la identidad de una persona, el género influye profundamente en todos los aspectos de su vida. En una sociedad en la que este aspecto crucial del ser se ha definido tan estrechamente y se ha impuesto con rigidez, los individuos que existen fuera de sus normas se enfrentan a innumerables desafíos. Incluso aquellos que solo se apartan ligeramente de la norma pueden convertirse en blanco de desaprobación. Como dice muy bien Anne Fausto-Sterling: "Cuando desalentamos la libre expresión del *yo* y la identidad del individuo, imponemos la carga perjudicial del conformismo".

A menudo, los padres bienintencionados y comprensivos de los adolescentes transgénero transfieren su pensamiento binario sobre el género a sus hijos (cambiando simplemente de una casilla a otra) y, por lo tanto, no llegan a ser los aliados plenos en los que podrían constituirse para ayudar a sus hijos a explorar el género que realmente sienten que son.

Sin embargo, esto no tiene por qué ser así. Apreciando la singularidad y la validez de la experiencia de género de cada persona, podemos desarrollar una mayor aceptación para todos. Esto no solo creará una mayor inclusión para las personas que desafían las normas de género, sino que también creará un espacio para que exploren y celebren más plenamente quienes son.

¿Qué sugerencias o consejos le darías a las familias?

Solicitar ayuda y orientación a organismos especializados que no lleven a patologizar la infancia trans, respetar las decisiones y tiempos de sus niñxs, en especial los tiempos, teniendo en cuenta que nada en la vida es ni tiene que ser una línea recta y todxs lxs niñxs y adolescentes son diferentes.

Gabriel Díaz, psiquiatra de Chile

Informarse y trabajar terapéuticamente, ya sea en terapia individual, familiar o en grupo con otros papás, mamás y cuidadores.

Fernando Álvarez, sexólogo, México

Siempre creerles a sus hijes, acompañarles en las decisiones de este particular camino, pero, sobre todo, ¡amarles!

Jacqueline L'Hoist,
derechos humanos, México

Les recomendaría que se integren a grupos u ONG que trabajen con niñ@s y adolescentes trans, que también averigüen acerca de los profesionales que atenderán a su hij@, siendo muy importante que se cercioren de que esta persona cuenta con experiencia, alguna especialización o sensibilización sobre el tema antes de que tomen alguna decisión. También considero muy importante que los padres y madres se esfuercen en acompañar el o los procesos que vivirá su hij@ trans.

Juan Carlos Tapia,
Fundación Juntos Contigo, Chile

Acostumbrar a los niñxs desde pequeñxs a hablar sobre el cuerpo. A estar atentos al inicio de la pubertad, ya que en personas con ovarios puede empezar desde los 8 años y en personas con testículos desde los 9 años, y que sepan que es posible frenar la pubertad si se anticipa que el desarrollo de caracteres sexuales secundarios causará mucho malestar o estrés. Esto es porque una vez que ocurren los cambios (i.e., crecimiento del pecho, cambio de voz) ya no se pueden revertir con tratamiento farmacológico.

Por otra parte, reforzar que las modificaciones corporales no son el centro de un acompañamiento para afirmación de género, que no son indispensables y que muchas personas trans deciden no realizarlas; que para sentirse cómodxs con su cuerpo se pueden hacer distintas modificaciones corporales, y que hay profesionales de la salud capacitados para hacerlo de la forma más segura posible, pero que a la par hay que trabajar en la aceptación integral independientemente de la forma que tome el cuerpo.

María Fernanda Castilla Peón,
Endocrinóloga, México

Escuchar a sus hijes para poderles acompañar lo antes posible y no perdernos de sus vidas.

Miriam Ángel, facilitadora de
un grupo de apoyo, México

Todos debemos prepararnos como familia en estos temas, incluso antes de tener hijos, hijas, nietos, nietas, ya que las expectativas que depositamos en la otra persona son una forma de violencia, porque no se toma en cuenta lo que verdaderamente esa persona quiere y estaríamos condicionando a que el amor es siempre y cuando cumplas lo que espero de ti.

Aprovechar la oportunidad de mirar y escuchar con respeto la experiencia de otras familias, incluso con tantas series y películas con las que contamos hoy en día.

Vicenta Hernández Haddad, psicóloga
y educadora en sexualidad, México

Capítulo 3
Aceptar la complejidad

Ahora mi hijo solo usa faldas en casa. Se ha cansado de que la gente asuma que es una chica. Pero siempre que salimos de la ciudad, se lleva las faldas en la maleta. De alguna manera, vuelve a ver el mundo como se siente más cómodo y no le importa explicar a la gente que asume que es una chica que no lo es, que es solo un chico al que le gusta usar faldas... o al que le gusta peinarse con el pelo recogido en un chongo.

Nuestra sociedad se encuentra en la cúspide de una nueva frontera en lo que al género se refiere, ya que cada vez más gente reconoce que intentar delimitar a todas las personas en dos categorías es algo que ya no funciona. Se abordan las cuestiones relacionadas con el género de forma significativa; se trata de abrazar, en lugar de contener, la riqueza y la diversidad del género.

Los pioneros del género están abriendo camino para que el resto de la sociedad se adentre con seguridad en un territorio nuevo e inexplorado. En su deseo de ser su auténtico *yo*, tu hijo puede ser una de las primeras personas transgénero o no binarias visibles en su escuela, lugar de culto o comunidad, poniéndose en primera línea de una forma que nunca deseó. Seamos claros, ser un pionero del género no es un papel elegido. Tu hijo no eligió su género, como tampoco tú elegiste el tuyo, ni nadie elegiría el estigma y la discriminación que actualmente conlleva ser transgénero o no binario. Sin embargo, con el tiempo, muchas personas de género expansivo llegan a apreciar más profundamente las perspectivas únicas que un género menos común les permite tener. Hemos hablado con muchos jóvenes transgénero que han cerrado el círculo y se han dado cuenta de que están orgullosos de lo que son y no querrían ser de otra manera.

En cambio, hay una elección que sí puedes hacer. No puedes escoger el género de tu hijo, pero sí puedes elegir cómo apoyarlo en su camino.

Las decisiones que tomes durante este periodo crucial de la adolescencia tendrán una influencia tremenda y duradera. Te animamos a que apoyes a tu hijo adolescente de buen grado, con un sentido de la aventura y un deseo feroz de protegerlo cueste lo que cueste. Ninguno de ustedes ha elegido esto, pero la vida tiene una forma de llevarnos a lugares maravillosos e inesperados.

Te ayudaremos a ponerte al día para que estés preparado para unirte a tu hijo adolescente en la siguiente parte de su camino. Ningún niño debería sentir que pertenece a la categoría de "otro", ni ser marginado o enfrentarse a la discriminación solo por ser ellos mismos. Los adolescentes transgénero y no binarios, así como todos los adolescentes que se cuestionan su género, necesitan y merecen desesperadamente todo el apoyo que puedan recibir en un mundo que aún no los comprende del todo. Para ello, debes seguir profundizando en tu comprensión de lo que es el género y de cómo los adolescentes de hoy expresan su género y llevan toda nuestra cultura hacia un territorio más amplio.

Como padres, queremos que nuestros hijos estén seguros, sean valorados y respetados. Queremos que haya un lugar para ellos en nuestra sociedad y, para que haya sitio para todos, tenemos que dar algunos pasos críticos. El primer paso, y el más importante, es reconocer y admitir que el sistema de género vigente no funciona para todos. Tenemos que cambiar nuestra forma de pensar y de entender las cosas con vistas a un modelo más inclusivo que valore la diversidad de género; para lograrlo, tenemos que ser capaces de ver y reconocer que, como sociedad, necesitamos una comprensión más profunda y amplia del género, en la que las restricciones que causan dolor y sufrimiento innecesarios se amplíen para dar cabida a todos. Esto no solamente beneficia a las personas transgénero y no binarias, sino a todos nosotros. Ampliar nuestra comprensión personal y cultural del género tiene implicaciones apasionantes e intrigantes.

En este capítulo, primero exploramos las edades en las que una persona se da cuenta de que es transgénero o no binaria; luego examinamos el espectro natural de las identidades y expresiones de género. Incluso si tienes un hijo que pasó por una transición social de género hace años, sigue leyendo. Es crucial reconocer que tu adolescente transgénero o no binario puede pasar por un proceso de maduración de género durante la adolescencia, y tendrás que estar ahí para conocerlo con una comprensión más profunda si esto ocurre. Trabajar con un adolescente en torno a las cuestiones de género es muy diferente a trabajar con un niño pequeño.

Expectativas cambiantes sobre la juventud y el género

Al haber tenido un hermano transgénero toda mi vida, tengo una comprensión más amplia del género que otros adolescentes de mi edad. Siento que siempre estoy educando a la gente.

La gente siempre ha tenido un sentido personal de su género. El cambio que se produce ahora es que las personas que no encajan razonablemente en las expectativas binarias de género intentan expresarse y apelan al derecho humano de estar libres de opresión al hacerlo. Esto es especialmente cierto para los jóvenes de hoy. En el pasado, un mayor porcentaje de personas asumía sin más su género personal y se permitía permanecer confinado en una de las casillas culturalmente disponibles.

Ahora, muchos jóvenes no están dispuestos ni son capaces de tolerar las restricciones que eso requiere. Su punto de partida es una comprensión y aceptación del género mucho más inclusiva, no solo para sí mismos, sino para todos. Por eso, lo que representa una conversación novedosa sobre el género entre los padres suele ser recibido con un bostezo por los jóvenes. Hay una actitud generalizada de insistencia cultural: "No me negaré a mí mismo para que estés cómodo". Como sociedad, estamos al borde de un cambio de paradigma en torno al género.

El mito del género como algo estable e inmutable

Dejé de sentirme como una chica. No tenía ni idea de cuál era mi género, me sentía un poco como un chico y un poco como una chica, pero al mismo tiempo ninguno de los dos. Cuando empezó la escuela, me uní a la Alianza Queer-Heterosexual y descubrí más géneros que el masculino y el femenino.

Al principio me enteré de que había un género fluido, y eso encajaba más conmigo que el masculino o el femenino, así que pensé que era de género fluido. En algún momento, alrededor de octubre, descubrí lo que es el género neutro y eso encajaba todavía mejor en ese momento. Hasta marzo o abril, creía que era de género neutro, pero entonces me enteré de lo que es el agénero, y eso era lo que mejor encajaba aún. A partir de julio o agosto, empecé a cuestionar mi género de nuevo, y todavía lo hago.

La mayoría de nosotros fuimos educados con la falsa impresión de que todo el mundo nace como uno de los dos géneros y que el género permanece constante a lo largo de la vida. Puede ser difícil entender entonces que la identidad de género de una persona puede formarse y reformarse en distintos momentos de la vida, porque una de las creencias más arraigadas de la cultura occidental sobre el género es que es constante e inmutable.

Aunque es cierto que la mayoría de las personas se sienten cómodas dentro de los límites del sexo que se les asignó al nacer y de su género inferido, no es cierto que el sentido de género de una persona permanezca exactamente igual a lo largo de la vida. Para algunos, el sentido de su género cambia más que para otros.

El género es una parte del yo que siempre evoluciona

El género es fluido, el género puede cambiar, y eso está bien y no lo hace menos válido. Y el género no es solamente de masculino a femenino y lo que hay en medio; es mucho, mucho más que eso. Además, no "decides convertirte" en el género con el que te identificas: TÚ ERES ESE GÉNERO.

Es valioso pensar en el género de una persona como algo que crece y madura con el tiempo. Para todo el mundo (incluido tú), el género evoluciona. Cuando mires atrás en tu vida, puede que veas momentos en los que tu expresión de género fuera diferente de la actual.

A medida que la sociedad cambia y amplía las expectativas y las manifestaciones de género permitidas, las personas reflejan estos cambios, cada una a su manera. La progresión social del género se experimenta y se expresa en nuestra vida.

Sin embargo, no todo el mundo dedica tiempo a reflexionar sobre la evolución de su propio género, y la mayoría apenas se da cuenta de cómo ha cambiado personalmente a lo largo del tiempo; ha sido una progresión gradual y natural.

Es precisamente esta evolución social del género la que ha permitido que un mayor número de niños y jóvenes transgénero y no binarios se expresen con autenticidad a una edad más temprana y que nuestra sociedad esté dispuesta a considerar sus experiencias como válidas y dignas de protección, y no como algo aberrante, merecedora de castigo o que requiera terapia de conversión.

Estabilidad de género

La estabilidad de género es una comprensión de tu género que se mantiene a lo largo del tiempo. Las personas de cualquier identidad de género pueden tener una identidad de género estable; de hecho, la mayoría de las personas tienen un sentido temprano de esta identidad y empiezan a expresarlo a partir de los 2 años de edad. No solemos pensar al respecto cuando esta coincide en un niño con su sexo asignado al nacer y su género inferido; de hecho, lo esperamos. Solo cuando expresan algo diferente comienza a llamarnos la atención.

Algunos niños transgénero y no binarios lo tienen claro desde el principio y, en cuanto comienzan a utilizar el lenguaje para expresarse, manifiestan su identidad de género de forma clara. Otros solo tienen una sensación interna de que algo es diferente en su género y no poseen todavía la capacidad de expresarlo o la información para comunicar claramente este sentimiento. La consistencia de la sensación de que algo es diferente en su género es una forma de estabilidad de género para algunos adolescentes transgénero y no binarios.

Cada vez son más los padres que escuchan a sus hijos cuando afirman una identidad de género diferente a la que se les supone y permiten que sus hijos evolucionen de forma adecuada para ellos, en lugar de intentar cambiarlos para que se ajusten a las expectativas culturales. A menudo, los padres de adolescentes transgénero o no binarios se relajan al saber que su hijo adolescente ha sido persistente y coherente en la afirmación de su género desde la infancia. Es esta persistencia y coherencia lo que ha permitido a un número creciente de niños y jóvenes buscar la congruencia social antes de llegar a la pubertad y ser candidatos a la oportunidad —mediante supresores de la pubertad y terapia hormonal— de pasar por una adolescencia que coincide con su sentido interno de sí mismos. (Para más información sobre el desarrollo del género en los niños, véase *Infancias Trans*).

También hay niños transgénero y no binarios que no son lo suficientemente claros en sus comunicaciones para que sus padres entiendan lo que intentan decir, o que no dicen nada a sus padres porque tienen miedo. Algunos de estos niños se sienten estables en su identidad de género, independientemente de que puedan buscar la congruencia o la forma de ser aceptados por los demás en su auténtico ser.

La identidad de género es una comprensión interna del propio género. No depende de que otras personas la reconozcan, acepten o apoyen, por lo tanto, incluso sin validación externa, una persona puede haberse mantenido estable en su identidad transgénero o no binaria mucho antes de recibir un reconocimiento externo de la misma.

Ten en cuenta que las personas con un género fluido o las que se sienten una mezcla de géneros o multigénero también pueden sentirse estables en una experiencia de género fluida o más compleja.

Si un adolescente está aceptando la sensación de una nueva identidad de género o está cuestionándosela, esta puede no ser estable todavía. La estabilidad llegará una vez que explore más su identidad.

Consolidación de la identidad de género del adolescente

Para muchos adolescentes, hay nuevas expectativas con respecto a su género que se sienten aún más confinadas que las que había en la infancia. Por ejemplo, las chicas a las que se les permitía, o incluso se les animaba, a tener una autopresentación y una expresión de género más estereotipada y masculina (a menudo denominadas marimachos) pueden encontrarse ahora con la expectativa de que dejen de tener estos comportamientos o se sentirán presionadas a expresarse de formas más estereotipadas y femeninas para ser aceptadas. Los chicos que siempre han tenido un fuerte círculo de amistades que eran chicas pueden encontrarse ahora con que la gente asume que son homosexuales solo por con quién salen. La presión para ajustarse a las normas de género se vincula estrechamente a la presión para parecer heterosexual, porque los adolescentes que no se ajustan a las normas de género suelen ser considerados gays o lesbianas.

Aunque los adolescentes pueden sentirse en desacuerdo con el cumplimiento esperado de los roles restrictivos y expectativas de género, la mayoría encuentra una forma de lidiar con esta incomodidad dentro de unos parámetros aceptables, o al menos casi aceptables. Puede haber molestias y frustración, o puede ser percibido como rebeldía por sus padres, pero no les causará una angustia grave. Estas son áreas de tensión en muchas familias y lo han sido desde tiempos inmemoriales.

Navegar por los deseos y las preferencias personales para evitar el ostracismo o el acoso distrae a los jóvenes de manifestar todo su potencial en otras áreas de la vida. Animamos a nuestros adolescentes a resistirse a las presiones sociales en relación con las drogas, la actividad sexual y otros comportamientos de riesgo (y enfatizamos la capacidad de resistir a la presión de los compañeros como indicación del carácter moral), al tiempo que fomentamos la conformidad con las expectativas sociales de género.

Profundizar en la identidad de género durante la adolescencia

Ahora estoy aquí, a los 16 años, y me doy cuenta de que estoy luchando con mi género, y lo he hecho durante mucho, mucho tiempo.

Existe un proceso natural de individuación y desarrollo de la identidad que se produce en la adolescencia. Aunque en esta etapa todos los adolescentes tienen una conciencia más profunda de su identidad de género, aquellos para los que su sexo asignado y su identidad de género coinciden pueden no darse cuenta de que han experimentado una profundización de la identidad. Se trata más bien de un proceso de refuerzo de un sentido de sí mismos ya conocido. Esta profundización puede sentirse como una validación interna. A menudo esta creciente confianza en el género y la consolidación interna del *yo* es lo que permite al adolescente sentirse cómodo al entrar en el mundo de las citas. Para algunos adolescentes, el proceso de explorar quiénes son incluye la conciencia de su identidad de género y se preguntan cómo encaja esta parte de sí mismos en su identidad general. Pueden confirmar que son cisgénero mediante esta exploración o descubrir que son no binarios o transgénero. Independientemente de la identidad de género, la adolescencia puede aportar una comprensión más rica de su género.

Algunos adolescentes se dan cuenta de que son transgénero o no binarios en la adolescencia

Hasta la pubertad, no creía realmente que tuviera un género.

Debido a la idea errónea de que el género es constante e inamovible, los padres a menudo pueden sentirse confusos y recelosos cuando su hijo adolescente les revela que su identidad de género es distinta a la que se supone que tienen basada en su sexo asignado al nacer. Sin embargo, hay muchas personas cuya identidad transgénero o no binaria surge después de la infancia. Algunos de los adolescentes que expresan que se sienten transgénero o no binarios por primera vez en la adolescencia han encontrado por fin la fuerza y el valor para expresar algo que siempre han sabido de sí mismos, mientras que otros se dan cuenta de ello realmente por primera vez.

Pueden o no haberse sentido "diferentes" en la infancia, porque con frecuencia es más fácil pasar por la infancia como el género inferido que por la adolescencia, que está llena de cambios corporales y hay un énfasis en la sexualidad. Por esta razón, muchos adolescentes solo llegan a reconocer sus sentimientos relacionados con su género o solo aprenden el lenguaje para describir sus sentimientos cuando están en la pubertad.

A menudo lo que lleva a este reconocimiento es la transición de cuerpos esencialmente neutros en cuanto al género al desarrollo de características sexuales secundarias (pechos, vello corporal, cambios de voz, etc.). Para algunos adolescentes, la pubertad hace que su cuerpo se parezca cada vez menos al género con el que siempre se han identificado. Puede que ni siquiera hayan reconocido conscientemente su identidad de género hasta que su cuerpo empezó a cambiar. Esto da lugar a una desconexión mente-cuerpo provocada por los cambios físicos no deseados durante la pubertad. Esa desconexión es la que puede hacer sonar algunas alarmas internas.

Cuando los adolescentes transgénero se dan cuenta de que son no binarios y los no binarios se dan cuenta de que son transgénero

Al profundizar en la identidad de género apropiada para el desarrollo durante la adolescencia, algunos adolescentes transgénero llegarán a reconocer una identidad de género más bien no binaria, o que prefieren expresarse de forma más expansiva. Los adolescentes transgénero que hicieron la transición antes de la pubertad pueden descubrir que su identidad transgénero es en realidad más fluida de lo que pensaban. Del mismo modo, algunos adolescentes que antes se identificaban como no binarios se dan cuenta de que ahora tienen una identidad binaria y son transgénero. A lo largo de este capítulo explicaremos las identidades no binarias.

La evolución del lenguaje del género

Cuanto más evolucione el lenguaje para describir las distintas experiencias de género, más personas encontrarás que encajan en categorías que quizá no sabías que existían. También es cierto que, una vez que las personas escuchan el nuevo vocabulario para describir diversas experiencias, pueden darse cuenta de que ellas también tienen un género (identidad, expresión o presentación) más complejo de lo que habían pensado o nombrado antes. Hay una tremenda expansión del lenguaje sobre el género: es difícil mantenerse al día con todos los términos y lo que significan. Como dice

Adrienne Harris, el lenguaje del género se rompe, se abre y se libera con el tiempo. La multiplicidad de términos puede parecer inicialmente desconcertante, pero espera un poco y se hará más intuitivo a medida que vayas leyendo. Recuerda que, además de los términos definidos en los capítulos, hay un glosario en la parte final del libro.

¿Qué es transgénero?

El término *transgénero* se utiliza de varias maneras, por lo que siempre es bueno que, cuando lo oigas, compruebes qué significado le da la persona. Puede usarse como término paraguas para abarcar muchas identidades y describir a cualquier persona cuya identidad de género no coincide con su sexo asignado al nacer, o cuya identidad o comportamiento se sale de las normas de género estereotipadas.

Utilizado de este modo, "transgénero" o el uso relacionado de "trans" pueden referirse potencialmente a todas las personas que se salen de los límites de las normas y conceptos de género de su sociedad. Estos términos también pueden incluir a todas las personas con una identidad o expresión de género no binaria. Cuando se utiliza para englobar a un grupo más amplio de personas, incluidas las personas agénero y las no binarias, suele llevar un asterisco, como en trans*.

A efectos de este libro, más que como un término general, utilizamos transgénero para referirnos a las personas que experimentan profundos sentimientos de incongruencia con su sexo asignado y las características sexuales asociadas, y se sienten alineadas con lo que muchos suelen considerar el "sexo opuesto". Por ejemplo, esto incluiría a alguien a quien se le asignó un sexo masculino al nacer y tenía inferido el género masculino, pero sabe que su género es femenino. Lo utilizamos como una identificación de género cruzado. Como se ha mencionado, algunas personas con identidades de género no binarias también se identifican como transgénero; sin embargo, para simplificar la comunicación, utilizaremos transgénero para reflejar a las personas que se identifican explícitamente como chico-hombre o chica-mujer.

Cuando utilizamos el término *transgénero*, nos referimos a aquellas personas que quieren alinear aspectos de su género para reflejar su experiencia interior. Es habitual que las personas transgénero cambien de pronombre y de nombre; pueden o no adoptar medidas médicas de congruencia. Para algunas, existe el deseo de sincronizar sus características sexuales (hormonas, características sexuales secundarias o anatomía) con su identidad, aunque esto no es cierto para todas.

Cuando utilizamos el término *transgénero* nos referimos a las personas que se sienten más cómodas en el sistema binario de género, aunque el género incorrecto fue asumido debido a su sexo asignado al nacer. Aun cuando la motivación principal de las personas transgénero es alinear las dimensiones de su género para su propio sentido del *yo*, también es importante para muchas personas transgénero ser percibidas por los demás como se ven a sí mismas.

Algunas ideas erróneas y comunes sobre las personas transgénero

Hay muchas ideas erróneas sobre las personas transgénero que a veces son reforzadas por los medios de comunicación, las figuras públicas y quizá tu propia familia, amigos o compañeros de trabajo.

Gran parte de la información errónea procede de personas que no conocen a las personas transgénero y que pueden repetir lo que han escuchado o leído. La información inexacta suele ser perjudicial y crear un miedo erróneo y una reacción violenta hacia las personas transgénero, por eso es tan importante abordar estos conceptos equivocados.

Mito: Hay una experiencia transgénero común

Es un error común pensar que todas las personas transgénero tienen las mismas experiencias internas y externas.

Más de un millón de personas que se identifican como transgénero solo en Estados Unidos son tan diversas como cualquier otro grupo de personas. Proceden de todos los estratos socioeconómicos, etnias, culturas, religiones y estructuras familiares. Lo que los une es la experiencia de incongruencia con su sexo asignado, la opresión diaria de la discriminación y las presiones sociales para conformarse genéricamente.

Mito: Los verdaderos transgénero saben que lo son desde una edad temprana

> *El hecho de que no siempre me haya sentido así no significa que no lo sienta ahora.*

Como hemos dicho antes, algunas personas transgénero sí saben que su identidad de género es diferente de la que se ha inferido para ellas desde una edad temprana; sin embargo, las personas pueden saber o confirmar que son transgénero a cualquier edad. Es muy habitual que los jóvenes comprendan o confirmen esto sobre sí mismos al entrar en la pubertad o en cualquier momento de la adolescencia. Esto puede ocurrir a medida que evoluciona su sentido del *yo* y de su género o cuando aprenden términos que por primera vez describen su experiencia vivida.

Mito: Todas las personas transgénero se sienten atrapadas en el cuerpo equivocado

Aunque este es un concepto común que se cita a menudo en los medios de comunicación para reflejar las experiencias de las personas transgénero, no es una experiencia universal.

Algunas personas transgénero sí se sienten atrapadas en el cuerpo equivocado. Otras, sin embargo, no sienten que se haya cometido un error con su cuerpo, sino que se ha cometido un error con su asignación de género. Y muchas otras personas transgénero aman su cuerpo, pero no les gustan las suposiciones de género que los demás ponen sobre este cuerpo. Sentirse atrapado en el cuerpo equivocado no es una experiencia necesaria para ser transgénero.

Mito: Todas las personas transgénero odian su cuerpo

Aunque es cierto que muchas personas transgénero experimentan una disconformidad con determinadas partes y rasgos de su cuerpo, y algunas llegan a decir que lo odian, hay muchas otras que aceptan, aman y se sienten cómodas en su cuerpo.

Trabajamos con muchos niños transgénero a los que se les dio la oportunidad (mediante el uso de supresores de la pubertad) de pasar solo por la pubertad correspondiente a su auténtico género. Estos jóvenes desarrollan las características sexuales secundarias del sexo con el que se sienten más alineados.

También hay adolescentes que no desean eliminar o cambiar sus genitales. Se sienten cómodos en su cuerpo. Hay muchas personas transgénero que pasaron por su pubertad natal y se sujetan o fajan los pechos para conseguir la apariencia de un pecho plano cuando están vestidos, pero siguen sintiéndose conectados a sus pechos y no quieren que se los quiten.

Odiar tu cuerpo no es un requisito para ser transgénero. Del mismo modo, necesitar o querer alterar quirúrgicamente tu cuerpo no es un requisito. Es importante señalar que alterar el propio cuerpo para que coincida con el sentido de uno mismo no significa que una persona odie su cuerpo; la modificación del cuerpo puede ser un acto de amor propio.

Mito: Las personas transgénero no son hombres-niños o mujeres-niñas "de verdad"

De todos los mitos sobre las personas transgénero, este es quizá el más hiriente y el que causa mayor división. Las personas transgénero no son menos reales en su experiencia de género que cualquier otra persona, incluidas las personas cisgénero. Afirmar que alguien no es verdadero socava su propia existencia. Este mito es el que perpetúa la violencia y la discriminación generalizada. Hay muchas formas de ser hombre o mujer, y el sexo asignado y la biología no son los únicos determinantes.

Mito: Las personas transgénero son enfermos mentales

Ser transgénero no es un trastorno mental. La angustia asociada a las experiencias de discriminación, la falta de aceptación por parte de la familia y la sociedad, y los actos de violencia cometidos contra las personas transgénero pueden conducir, comprensiblemente, a la ansiedad, la depresión o las afecciones relacionadas, pero son efectos de la opresión, no de ser transgénero.

Muchas personas transgénero experimentan disforia de género, que puede describirse como un sentimiento de desconexión con el sexo asignado y el género inferido. Las personas que experimentan una "incongruencia de género intensa y persistente" son las que pueden tener un diagnóstico de disforia de género, tal como se describe en el *Manual diagnóstico y estadístico de los trastornos mentales* (DSM).

Sin embargo, este diagnóstico es bastante controvertido. Algunos creen que debería eliminarse porque hace de la incongruencia de género una patología, del mismo modo que históricamente se ha considerado la homosexualidad como algo patológico. Otros sostienen que el diagnóstico es necesario para prestar atención y obtener la cobertura del seguro de gastos médicos. Con o sin diagnóstico del DSM, las personas transgénero no son enfermos mentales.

Mito: Los adolescentes transgénero solo están confundidos

Al igual que las personas cisgénero, las personas transgénero saben quiénes son. Pueden pasar por un periodo de confusión antes de encontrar la etiqueta o el identificador adecuado que refleje cómo se experimentan a sí mismas, pero eso no significa que lo que sienten no sea válido. Puede llevarles un tiempo saber cómo expresarse, simplemente porque la socialización de género de la cultura dominante no incluye ser transgénero como opción. Asimismo, hay muchos estereotipos culturales en torno a las personas transgénero que hay que cribar cuando se llega a reclamar la propia identidad, y no hay muchos modelos transgénero a los que admirar. A medida que nuestra sociedad cambie, la confusión que algunas personas transgénero experimentan en su autoexpresión e identificación sin duda disminuirá.

Dado que las personas transgénero se sitúan fuera de la comprensión tradicional del género, suelen pensar en su género más que las personas cisgénero. Este nivel de autoexploración puede manifestarse como confusión, cuando lo más probable es que se trate de una comprensión evolutiva de quiénes son.

Mito: Se puede saber que alguien es transgénero con solo mirarlo

> Cuando la gente conoce a mis hijos por primera vez y sabe que tengo un hijo transgénero, siempre piensan que se trata de mi otro hijo. Eso siempre nos hace reír a todos.

Esto nunca ha sido cierto y ahora menos que nunca. Debido a que hay innumerables niños a los que se les permite vivir alineados con su verdadero género desde una edad temprana y muchos jóvenes que pueden pasar por la pubertad con la que se sienten alineados, hay una cantidad creciente de jóvenes transgénero que nunca pensarías que lo son.

Algunas personas transgénero no quieren o no son capaces de parecer cisgénero y eso, unido a estereotipos culturales, hace que la gente crea que puede identificar visualmente a todas las personas transgénero. Sin embargo, nunca se puede saber quién es alguien con solo mirarlo. Es muy probable que hayas conocido a jóvenes (y adultos) transgénero y simplemente no lo sepas. Depende de todos nosotros dejar de categorizar y encasillar a las personas y sus géneros para que podamos dejar espacio para que simplemente sean ellas mismas.

Mito: Todas las personas transgénero están 100% seguras y se sienten 100% hombres o mujeres

Pedirle a alguien que esté 100% seguro de algo es mucho pedir. Piensa un poco en tu propia vida. Si eres cisgénero, ¿puedes decir que te identificas 100% con lo femenino o lo masculino? La mayoría de la gente no puede hacerlo, aunque no se identifique como transgénero. No es realista esperar que alguien esté 100% seguro de su identidad de género o 100% seguro de que no evolucionará; el objetivo es estar tan seguro como sea posible. Y recuerda que, dados los niveles actuales de discriminación en nuestra cultura hacia las personas transgénero, hay mucho en juego en la decisión de seguir este camino. Si tu hijo adolescente te dice que es transgénero, un buen punto de partida es respetar esa autopercepción. A partir de ahí, puedes decidir cómo avanzar.

Mito: Todos los hombres transgénero son muy masculinos y todas las mujeres transgénero, muy femeninas

Cuando miramos a nuestro alrededor, vemos una gran variedad de expresiones de género, preferencias y formas de relacionarse con los roles de género esperados. Piénsalo: ¿cuántos tipos diferentes de hombres hay en tu comunidad o lugar de trabajo? Luego haz lo mismo con las mujeres. La variación es bastante asombrosa. Cuando una persona se identifica como transgénero, significa simplemente que su resonancia interna es de género cruzado respecto a su sexo asignado. No significa que quieran ajustarse a un estereotipo común o a algún otro. Al igual que ocurre con los adolescentes cisgénero, hay mucha variación en la expresión de género entre los jóvenes transgénero.

Mito: Las personas transgénero conforman en realidad un tercer género

Aunque algunas personas transgénero pueden tener también una identidad o un sentido del yo no binario, como hemos dicho, utilizamos "transgénero" para reflejar a las personas que se identifican explícitamente como hombres o mujeres. Hay personas que se identifican como otro género, o que no tienen ningún género. Estas personas se incluyen en el paraguas "no binario".

La mayoría de las personas transgénero no se identifican como un tercer género y no desean que los perciban así. Se sienten cómodos con las categorías existentes de hombre y mujer, simplemente sienten que pertenecen a otra categoría distinta a la que se supone que pertenecen. Algunos adolescentes transgénero no se identifican en absoluto como tales. Se sienten como un chico-hombre o una chica-mujer a pesar de los genitales con los que han nacido. Creen que hay muchas formas de ser un hombre o una mujer. Dado el mensaje social negativo sobre lo que significa ser transgénero es posible que no relacionen ese término con ellos mismos. Esto no significa que nieguen su sexo asignado, simplemente que no se les dice qué identidad deben asumir.

Mito: La transición es cosmética y no médicamente necesaria

Después de la cirugía, por fin sentí que mi cuerpo se parecía al género que siempre había sabido que era.

Quizá porque un número cada vez mayor de personas se somete a cirugías estéticas (como implantes mamarios o de músculos pectorales, estiramientos faciales, lipoaspiración, etc.), es difícil comprender que para algunas personas transgénero la transición médica es una necesidad y no solo una preferencia cosmética. Las medidas de congruencia médica pueden ser fundamentales para aliviar la disforia de género y conseguir un sentido de alineación personal, y pueden ser un tratamiento que salve la vida de algunos. Con un porcentaje de intentos de suicidio superior a 40% y con investigaciones que indican claramente que las medidas de congruencia médica suelen aliviar la disforia de género y los factores de estrés mental relacionados, ¿por qué no debería ser una opción disponible para todas las personas transgénero que lo deseen?

Mito: Todas las personas transgénero se operan y toman hormonas

La otra cara de la moneda es que hay personas transgénero que deciden no someterse a la terapia hormonal ni a las cirugías de afirmación del género, o que no pueden permitírselo. Esto no los hace menos transgénero que los que sí lo hacen.

Mito: Llegar a la congruencia es sencillo

Averiguar los pasos necesarios para sentirme segura en mi género fue todo un reto. Al principio, pensé que una simple cita con el médico cambiaría las cosas, pero pronto me di cuenta de que era mucho más que eso.

Mucha gente tiene la idea errónea de que para alcanzar un sentimiento de congruencia como persona transgénero solo hace falta una operación; sin embargo, el proceso de alcanzar la congruencia es un proceso extenso y a menudo complicado que va mucho más allá de buscar o no medidas hormonales o quirúrgicas. De hecho, un gran porcentaje de personas transgénero no acaban sometiéndose a una cirugía reconstructiva genital, aunque decidan someterse a otras cirugías de afirmación del género. Hay muchos ámbitos de la vida que deben alinearse para sentirse congruentes, lo que puede implicar cambios de pronombre y de nombre, compartir información con la familia y los amigos en la escuela y el trabajo, y negociar entornos que pueden ser, en diferentes grados, hostiles o solidarios.

También hay posibles medidas de congruencia legal que requieren cambiar los documentos legales, como el cambio de nombre formal, el acta de nacimiento, el pasaporte, la licencia de manejo, el seguro médico y la inscripción en la escuela, por nombrar solo algunos.

Para los que deciden adoptar medidas de congruencia médica, como la terapia hormonal o las intervenciones quirúrgicas, hay muchas citas con el médico, medicamentos u otros tratamientos que pueden resultar necesarios. El proceso requiere tiempo y recursos.

Si te das cuenta de que estás utilizando el deseo o el grado de medidas de congruencia para evaluar la validez de la experiencia de tu hijo, o si él mismo se está sometiendo a esta norma, es crucial que te detengas y lo reconsideres. Reconoce que la experiencia de las personas transgénero es compleja y tiene lugar a lo largo del tiempo. No hay una forma correcta de ser transgénero, solo lo que es correcto para cada individuo.

Mito: Todas las personas transgénero son homosexuales

Es importante recordar que el género y la orientación sexual son aspectos diferentes del ser. Ser transgénero no implica ninguna orientación sexual específica. La orientación sexual no está vinculada a la anatomía ni a la identidad de género, por lo tanto, al igual que las personas cisgénero, las personas transgénero pueden identificar su orientación sexual como heterosexual, gay, lesbiana, bisexual, pansexual, etcétera.

A esta confusión en torno a la orientación sexual y la identidad de género se suma el hecho de que algunos adolescentes transgénero primero salen del clóset como homosexuales antes de reconocer que son realmente transgénero. Ser gay es a menudo más aceptable que ser transgénero en esta época.

Una vez que una persona llega a comprender su identidad de género, puede darse cuenta de que antes la había confundido con una orientación sexual. La adolescencia hace aflorar todas estas cuestiones de identidad al mismo tiempo; no es de extrañar que pueda resultar confuso. Sin embargo, los hombres transgénero quieren ser vistos como hombres sexualmente, en tanto que las mujeres transgénero quieren ser vistas como mujeres sexualmente. Con quién vivir su sexualidad depende de su orientación sexual.

Uso correcto de la palabra transgénero

Transgénero es un adjetivo que describe un estado del ser. Como en: "Nuestra hija transgénero va a un gran colegio". La gente a veces utiliza mal el término, al pensar que también es un verbo (ser transgénero), pero no lo es. Tampoco es un sustantivo, así que no es apropiado decir: "Acaban de echar al mejor amigo de mi hijo por ser un transgénero".

Identidades de género no binarias

Me fijé en el término género fluido, pero nunca me pareció correcto. Solamente cuando tuve la curiosidad de buscar la palabra "no binario", me pareció que realmente encajaba y fue una revelación impresionante. Aquella noche lloré mucho porque explicaba muchas cosas y me parecía tan apropiado.

Tener una identidad binaria es actualmente la forma más común de identidad de género, en parte porque es la opción predominante en las sociedades occidentales. Sin embargo, cada vez más personas expresan que no tienen una identidad de género estática, o sienten que son ambas o ninguna de las opciones de género binarias disponibles.

¿Qué es una identidad de género no binaria?

No binario es un término que abarca cualquier identidad de género que no encaja en las dos categorías exclusivas de masculino y femenino. Aunque es un término paraguas imperfecto, a efectos de este libro nos gusta para comunicar la experiencia de las personas cuyas identidades de género no pueden definirse puramente en términos del sistema binario de niño-hombre o niña-mujer.

Las personas que tienen una identidad no binaria pueden, de hecho, identificarse con uno o ambos géneros binarios, al menos en parte; otras pueden experimentar que su género es completamente no binario. Lo no binario permite a una persona no tener que dar un nombre a su género.

Algunas personas no experimentan que tienen un género. A efectos de este libro, también las hemos incluido en la identificación de género no binario, aunque puede que no utilicen este término para sí mismas, ya que el término sigue relacionando el género con el sistema binario, y puede que no sientan ninguna resonancia con todo el constructo del género.

Algunas personas que tienen una identidad no binaria tienen dos o más géneros, un género que cambia, o un género singular y fijo. Algunas personas que se identifican como no binarias consideran que el género es multidimensional y, por lo tanto, creen que nadie puede encajar realmente en el sistema binario actual. Al igual que las personas transgénero, algunas personas no binarias desean una modificación física o una terapia hormonal para que sus atributos físicos reflejen su género, y otras no. Del mismo modo, algunas personas no binarias se someten a cambios de nombre y pronombre, así como de identificación legal, mientras que otras no lo hacen.

No binario no es igual a intersexual

Es habitual que la gente asuma que quienes tienen una identidad no binaria se sienten así porque son intersexuales. La intersexualidad describe a una persona con una combinación menos común de hormonas, cromosomas y anatomía. Sin embargo, como ya se ha dicho, el espectro de la biología está separado del género; las personas intersexuales representan el mismo espectro de identidades de género que los demás. Aunque la experiencia de una persona con su biología puede influir en mayor o menor grado en la forma en que experimentan su género, su biología por sí sola no determina su identidad de género.

Algunos conceptos erróneos y comunes sobre las personas que se identifican como no binarias

Existe una enorme resistencia cultural a reconocer a las personas con géneros no binarios. En su mayor parte, las personas no binarias son invisibles. Tal vez debido a la falta de voluntad para aceptar la posibilidad de más de dos géneros, la idea errónea común es que no existen los géneros no binarios. Los fundamentos del sexismo se basan no solo en el privilegio del hombre-masculinidad sobre la mujer-feminidad, sino también en la conformidad forzada con las expectativas binarias de género. Cuando somos capaces de reconocer que hay géneros fuera del binario, liberamos a todos de las presiones de la conformidad.

La conciencia acerca de las personas con géneros no binarios es tan limitada que su existencia queda marginada. Para avanzar hacia una mayor comprensión, es importante reconocer los estereotipos y mitos que rodean a las personas no binarias.

Mito: Las personas que dicen ser no binarias simplemente no pueden decidir o están confundidas sobre su género

> Nunca he estado tan seguro de mi género como a partir del instante en que salí del armario como no binario. Siempre me he sentido tanto hombre como mujer, pero pensaba que había algo malo en mí. Ahora sé que hay otras personas que se sienten así, sé que no soy yo la que está confundida… Es todo el mundo.

La idea que se asume aquí es que el sistema binario de género es absoluto y que cualquier persona que exprese un género no binario acabará por decantarse por una de las dos opciones una vez su confusión disminuya. Aunque muchas personas no binarias eligen una de las designaciones de género binarias por motivos de documentos legales, uso del baño, facilidad en la vida diaria, etc., esto no refleja necesariamente su experiencia interna de sí mismas. No suele haber confusión por parte de las personas que tienen un género no binario o no tienen género. Más bien, el reto consiste en intentar ser uno mismo en una sociedad que exige ajustarse a uno solo de los dos géneros designados. Por supuesto, para muchas personas no binarias, o agénero, hay momentos de confusión. Navegar por un camino del que tan pocos han hablado públicamente deja a muchos solos, con poca o ninguna orientación y apoyo. Esto no niega ni invalida su experiencia de sí mismos.

Mito: Es solo una moda pasajera

> A veces la gente me pregunta si el hecho de que los medios de comunicación presten más atención a las cuestiones transgénero me ha permitido salir del clóset como no binario. Soy quien soy, independientemente de lo que ocurra en nuestra cultura y sociedad. Me siento afortunado de que ahora haya modelos de conducta que me ayuden a nombrar mi experiencia.

Ha habido y sigue habiendo culturas que reconocen a las personas que no son ni masculinas ni femeninas o que se consideran una mezcla de ambos géneros.

Este mito supone que la identidad no binaria de una persona desaparecerá y entrará en razón. Además, supone que las identidades no binarias son nuevas y que es popular reivindicar una identidad no binaria. Quizá esto se deba a la mayor visibilidad de algunas personas no binarias en la cultura de los famosos. En realidad, aunque algunos jóvenes respetan a los compañeros que están dispuestos a ser ellos mismos, ser no binario no se ha convertido de repente en un boleto para que los adolescentes sean populares y aceptados en las escuelas. Existe un costo para los jóvenes que afirman una identidad de género no binaria y nuestra experiencia indica claramente que los jóvenes no lo hacen a menos que hayan dedicado mucho tiempo a considerar la identidad que desean afirmar.

Mito: Puedes usar lo que quieras o hacer lo que quieras, pero eso no significa que no seas una chica o un chico

> Mi madre es muy abierta y siempre me dice que me quiere tal como soy. Puedo usar lo que quiera y hacer las cosas que me gustan... pero sigue llamándome su hija. Esto me duele porque le he dicho como un millón de veces que soy no binaria. Me gustaría que lo entendiera. Me gustaría que me viera como yo me veo. Soy su hija, pero no soy su hija.

La expresión de género (ropa y preferencias) es diferente de la identidad de género. El problema, además de la unión de la expresión de género y la identidad de género en este mito, es la forma despectiva en que se insiste en asignar un género binario a todo el mundo. Una persona con una identidad de género no binaria no se siente cómoda dentro de las categorías de hombre o mujer. No se trata solo de su aspecto o de lo que les gusta hacer, sino de lo que saben que son. Encerrar a las personas no binarias en una construcción social que no les corresponde efectivamente las obliga a hacerse pasar por alguien distinto de lo que son. Aunque puede llevar algún tiempo comprenderlo plenamente, si tu hijo adolescente te ha dicho que es no binario, respeta su sentido del *yo*.

Mito: Todo el mundo es una mezcla de femenino y masculino; no necesitas una nueva palabra solo para ti

Las personas agénero y algunas personas no binarias no experimentan el género como un espectro dentro, entre o más allá de lo masculino y lo femenino. Más bien, experimentan el género como un reflejo de la infinita posibilidad personal que no se limita a dos géneros.

El propósito del lenguaje es comunicar. Si los términos e identificadores existentes no comunican adecuadamente el género de una persona, entonces es absolutamente necesario que utilice el lenguaje (incluyendo una nueva palabra) para ayudar a los demás a entender su identidad y experiencia.

Mito: Solo intentas hacer una declaración política

La identidad de género es simplemente una parte de uno mismo, no una declaración política. Cuando una persona cisgénero se identifica como hombre o como mujer, no decimos que solo se identifican así por cuestiones políticas. Lo mismo ocurre con las personas no binarias (y transgénero).

Identidades no binarias comunes

A continuación, se presentan algunas identidades no binarias. Como ocurre con toda la terminología de género, estos vocablos adquieren distintos significados en diferentes regiones geográficas, comunidades y grupos de edad (y cambian constantemente). Sin embargo, esta lista te permitirá comprender muchos de los términos más comunes que la gente utiliza en este momento en Estados Unidos.

Observarás que algunos términos tienen definiciones similares. Con un lenguaje tan complejo y en evolución, es importante respetar las etiquetas o identificadores que la gente elige para sí misma. Por ejemplo: una persona puede llamarse a sí misma bigénero mientras que otra con una experiencia relativamente similar puede referirse a sí misma como género *flux*, género fluido, *genderqueer* o demisexual. Hay personas identificadas como no binarias que utilizan los pronombres que se les han asignado, mientras que otras prefieren utilizar los de género neutro.

Algunos de los siguientes términos son los que utilizan las personas que se identifican como no binarias; sin embargo, ten en cuenta que el mismo término puede emplearlo una persona que se siente totalmente separada del sistema de género. Y lo que es más importante, si tu hijo utiliza uno de estos términos para identificar su género, ¡pregúntale qué significa para él, ella o elle!

Neutrois, *género neutro, sin género, agénero*

> *Mi identidad se encuentra en un lugar ambiguo. Para mí esto es lo que significa ser de género neutro. Mi sitio está definitivamente en algún lugar entre los espacios del hombre y la mujer.*

Estos son términos de identidad de uso común que utilizan las personas que no sienten que tienen un género. Algunas de las personas que utilizan estos términos sienten una conexión con el concepto de género, pero sienten que no lo tienen. Otras ni siquiera pueden entender qué es el género porque no lo experimentan en su interior. Otras sienten que son una persona con preferencias y expresiones personales, pero que esas cosas no son género y llamarlo género es apoyar nociones sexistas.

Andrógino-andrógina

Las personas andróginas se sienten simultáneamente masculinos y femeninos, aunque no necesariamente en partes iguales. Con frecuencia tienen características de género femenino y masculino. Algunos sienten que son un género mixto, ni masculino ni femenino. Esta androginia interior puede reflejarse o no en su apariencia.

Bigénero, multigénero

Una persona bigénero se identifica como dos géneros. No significa necesariamente que se identifique como hombre y mujer, sino que hay dos géneros distintos con los que se identifica. Pueden identificarse como ambos al mismo tiempo, puede fluir entre los géneros o sentir que es una mezcla.

Las personas que tienen más de dos identidades de género, ya sea simultáneamente o una después de otra, pueden identificarse como multigénero.

Género fluido y agénero fluido

Las personas de género fluido tienen un género, o géneros, que cambian. Se mueven entre los géneros —no necesariamente masculino y femenino—. Estas personas a veces tienden a no experimentar su género como algo estático, sino como una experiencia dinámica.

Pueden tener varias facetas distintas de su género y, a menudo, su presentación de género cambia en consecuencia. Pueden tener un sentido fluido del género o experimentarse a sí mismas como si tuvieran muchos géneros diferentes.

La fluidez de género implica una gama amplia y flexible de expresiones de género o identidades de género, con intereses, comportamientos o un sentido interno de sí que puede cambiar, incluso de un día para otro. Las personas de género fluido pueden sentir que son una chica-mujer unos días y un chico-hombre otros, o una combinación de ambos, o quizá sienten que ninguno de los dos términos los describe con exactitud. Las personas de género fluido pueden tener una identidad de género múltiple, no binaria o transgénero. Las personas que se identifican como agénero-fluido refieren una identidad de género primaria como agénero, pero que puede fluctuar o moverse con fluidez a través de otros géneros.

Género flux

El género *flux* puede ser una identidad similar a la de género fluido, pero suele indicar un movimiento entre géneros específicos más que fluidez. A menudo, pero no siempre, uno de los géneros es no binario o agénero, o quizá una identidad de género sea fija y la otra parte o partes fluyen. También puede describir la experiencia de las personas de género fluido, como en la siguiente frase: "Experimento un género *flux* cuando paso de la escuela al trabajo".

Demigénero, demifluido, demiflux

Alguien que se define como demigénero se identifica parcialmente con uno (o más) género(s). Por ejemplo, un demigay o *demiboy* se identifica parcialmente como un chico-hombre-masculino, pero no del todo.

El demigénero puede ser un subconjunto del bigénero o del multigénero, pero no tiene por qué serlo.

Una persona demigénero puede identificarse como demifluida o *demiflux*. Esto indica que una parte de su identidad permanece estable mientras que la otra parte o partes son fluidas. A menudo, una persona *demiflux* siente que la parte estable de su identidad es de género neutro o no binario.

Intergénero

Se trata de una identidad para quienes experimentan que su género es una combinación o mezcla de géneros, o una identidad que está entre géneros.

No binario

Algunas personas simplemente afirman que su identidad de género es no binaria.

Pangénero

Es una identidad que refleja múltiples identidades de género y expresiones de género. Algunas personas la utilizan para indicar que son de todos los géneros.

Identificadores de género que significan una orientación LGBTQ

Las personas de todas las orientaciones sexuales utilizan las anteriores identidades de género. Las siguientes son algunas identidades de género que suelen reclamar solo las personas que se identifican como parte de las comunidades LGBTQ o pansexuales.

Marimacho (butch)

Puede ser una identidad de género masculina —lesbiana o *queer*—, una expresión de género o un rol de género. La palabra *butch* (marimacho) tiene diferentes significados para diferentes personas. En general, se asocia a las personas que se identifican como homosexuales y cuya expresión de género se percibe como masculina. Para algunos, se relaciona con roles más tradicionalmente masculinos, mientras que otros pueden utilizarla como identidad de género.

Genderqueer

Este es un término general para describir las experiencias de género no normativas. El *genderqueer* suele ser una combinación de identidad de género, expresión de género y orientación sexual. Las personas *genderqueer* suelen rechazar las categorías estáticas de género y orientación sexual. Para algunos, es una identificación no binaria, pero para otros, no. El *genderqueer* puede incluir a menudo un elemento de desafío a la construcción convencional del género.

Femme

Es una expresión de género femenina —lesbiana o *queer*—, una identidad de género o un rol de género. Por ejemplo, se puede ser una *femme genderqueer* o una *femme* de género fluido. La palabra *femme* tiene diferentes significados para distintas personas, pero en general se asocia a una persona lesbiana o *queer* cuya expresión de género se percibe como femenina. Para algunos, también se relaciona con roles o identidades de género más tradicionalmente femeninos.

Machota (stud)

Persona asignada como mujer al nacer que se identifica como masculina física, mental o emocionalmente. Esta palabra se utiliza con mayor frecuencia en las comunidades estadounidenses de lesbianas negras y latinas. Una mujer machota puede ser cisgénero, no binaria o considerarse transgénero. Algunas viven como hombres a tiempo completo.

Transmasculino

Es alguien a quien se le asignó el sexo femenino al nacer, pero que se identifica como más masculino que femenino. Suele ser un subconjunto de la identidad *genderqueer*.

Algunas personas se describen a sí mismas como "masculinas de centro" como una forma de describir dónde se ven a sí mismas en el continuo masculino y femenino.

Transfemenino

Se trata de alguien a quien se le asignó el sexo masculino al nacer, pero que se identifica como más femenino que masculino. Suele ser un subconjunto de la identidad *genderqueer*.

Algunas personas se describen a sí mismas como "femeninas de centro" como una forma de describir dónde se ven a sí mismas en el continuo masculino y femenino.

Intersecciones de identidades de género

Las personas suelen tener múltiples significantes de género. Por ejemplo, se puede ser alguien bigénero *genderqueer* que se desliza entre la identidad masculina y la de género neutro, o una persona transgénero *genderqueer*, o una machota de género fluido, o una mujer agénero-*flux*. Las posibilidades son infinitas (y a veces un poco confusas).

¿Por qué tantas opciones?

¿Por qué necesitamos toda esta terminología? Para alguien que siempre se ha sentido cómodo con el sexo que se le asignó y el género asociado, puede parecer que esta gran cantidad de nuevas palabras es confusa e innecesariamente complicada. Sin embargo, para las personas para las que el género no encaja en una categoría de uno u otro, estos términos son necesarios y liberadores; cuentan su historia específica de género.

Presentación y expresión del género no binario

La naturaleza ama la diversidad, la sociedad la odia.

Milton Diamond

Géneros no binarios en todo el mundo

Documentada por historiadores y antropólogos, la diversidad de género es una parte normal de la experiencia humana en todas las culturas y a lo largo de la historia. En todas las regiones del mundo hay ejemplos de personas que viven cómodamente fuera de las expectativas o identidades típicas masculinas-femeninas. La capacidad de diversas sociedades para incorporar concepciones no binarias de género es un claro indicio de su capacidad para normalizar estas experiencias.

¿Cuáles son algunos de los términos y sociedades que incluyen estas nociones matizadas de género? Un ejemplo es la idea de la persona de "dos espíritus" que se observa en muchas culturas de naciones originarias del hemisferio occidental. Se trata de individuos que poseen un sentido del *yo* que trasciende el binario masculino-femenino. Como todo lo relacionado con el género, no existe una única experiencia de dos espíritus; en realidad, más de 150 tribus tienen diversas tradiciones, términos o roles sociales para estos individuos.

Otra concepción no binaria del género se observa en la cultura bugis de Indonesia. Situados en Sulawesi, los bugis reconocen cinco géneros distintos: hombre, mujer, *bissu* (una versión de dos espíritus), *calalai* (alguien a quien se le ha asignado el sexo femenino, con muchos roles y atributos masculinos) y *calabai* (alguien a quien se le ha asignado el sexo masculino, con muchos roles y atributos femeninos).

En la India, los *hijra* representan otra concepción no binaria del género. Desde la antigüedad, estas personas "nacidas en el sexo masculino" viven como un género distinto, con muchas características, papeles y tradiciones femeninas. A finales de 2014, el Tribunal Supremo de la India emitió una sentencia en la que se reconocía formalmente a los *hijra* como un tercer género, con documentación formal, cuotas de contratación del gobierno y de aceptación en las universidades en todo el país. El pronunciamiento del tribunal fue posterior a sentencias similares en Pakistán, Bangladesh, Nepal, Alemania y Australia.

Muxe es un término derivado de la antigua lengua zapoteca de la región mexicana del istmo de Tehuantepec. Algunos *muxes* eligen vivir a tiempo completo como mujeres, mientras que otros tienen una identidad de género más matizada y fluctuante. En algunas partes de México están marginadas, pero en Juchitán suelen desempeñar un papel más integral en la sociedad como maestras, enfermeras, cuidadoras, costureras y organizadoras de eventos, entre otras profesiones.

En la República Dominicana, hay un pequeño pueblo rural de individuos conocidos como güevedoces. Se trata de personas intersexuales que al nacer parecen ser biológicamente femeninas, pero que en la pubertad empiezan a desarrollarse de forma más típicamente masculina, incluyendo la aparición de un pene y testículos. Se trata de jóvenes en torno a los cuales hay un conjunto de expectativas de rol y tradiciones diversas.

En la Península Arábiga, el país de Omán tiene una tercera categoría de género: *xanith*. En Etiopía, los *ashtime* se describen a veces como *wobo*, o torcidos. De hecho, las culturas del África antigua y moderna tienen toda una serie de tradiciones y designaciones de género.

Estos ejemplos y muchos más representan una comprensión del género más compleja que la que permite un modelo binario simplista.

Con el resurgimiento y la concientización de las nociones no binarias de identidad, muchas de las comunidades no binarias y de tercer género reclaman sus designaciones y tradiciones. Al igual que ocurre con términos como *queer* y otros con connotaciones negativas en la sociedad en general, estas identidades han recuperado el valor de reclamar su lugar en la mesa del género, creando más espacio para que cada uno de nosotros afirme su propio y auténtico sentido del *yo*.

No existe un aspecto estándar de una persona no binaria. El hilo conductor de todas ellas es que intentan sentirse cómodas dentro de sí mismas y, con suerte, ser comprendidas por quienes más les importan. Algunas personas que experimentan su género como no binario sienten disforia de género con partes de su cuerpo, mientras que otras no. Algunas se someten a algún tipo de medidas médicas de adaptación, pero otras no. Es algo muy personal e individualizado. Hay personas no binarias que tienen una apariencia no conforme con el género; pueden tener un aspecto andrógino o dar señales de género mixto. Otras presentan su género de forma tradicional y conforme. Algunas personas presentan indicios de género mixtos o algo confusos cuando simplemente se expresan de forma natural sin ninguna declaración de por medio, mientras que otras se presentan intencionadamente de una forma que pretende confundir a la gente.

A nuestro cerebro le gusta la organización y por eso intenta categorizar y clasificar nuestras experiencias para darles sentido. Los investigadores de la Universidad de Harvard han descubierto que, al ver a alguien por primera vez, nuestro cerebro intenta clasificar su etnia y su sexo antes que cualquier otra cosa. Estas son algunas de las clasificaciones más primarias que tenemos. Curiosamente son también algunos de los temas sociales más polémicos. Las personas que se presentan de formas que no pueden clasificarse fácilmente en las categorías establecidas o las que encajan en categorías marginales confunden a nuestro cerebro y su lugar en la sociedad se pone en duda.

A medida que ampliamos personal y culturalmente nuestras nociones tanto de etnia como de género para incluir las complejidades de la experiencia vivida, establecemos un nuevo lenguaje y nuevas formas de conceptualizar el género. Lo que antes se consideraba un sistema binario limitado se amplía para integrar una comprensión mucho más amplia del género. La diversidad es la clave de la evolución.

¿ALGO QUE DESEARÍAS HABER SABIDO AL COMIENZO DE ESTA EXPERIENCIA? ¿ALGÚN CONSEJO QUE LE DARÍAS A OTROS PADRES AHORA?

Lo único que podría recomendar a todo el mundo es que no se cierren al conocimiento, aún no sabemos nada del mundo. Siempre estén atentos y abiertos a algo nuevo.

PADRE DE UNA CHICA TRANSGÉNERO DE 14 AÑOS, MÉXICO

Me hubiera gustado tener más información sobre la identidad de género y la diferencia con la orientación sexual.

TÍA DE UNA CHICA TRANSGÉNERO DE 14 AÑOS, MÉXICO

Le diría a las familias que si ustedes no defienden y apoyan a sus hijes, ¡nadie más lo hará!

MADRE DE UNA CHICA TRANSGÉNERO DE 13 AÑOS, MÉXICO

Ojalá hubiera tenido más conocimiento acerca de la identidad de género y hubiese tenido la oportunidad de conocer otros jóvenes

transgénero, lo cual hubiera evitado mucho dolor por simple ignorancia de mi parte.

Le diría a otros padres que las cosas mejoran con seguridad.
Es muy importante informarnos mucho para entender un poco
los zapatos en los que caminan nuestros hijes. Escucharles y estar de su lado siempre, aunque el mundo esté en su contra.

MADRE DE UNA CHICA NO BINARIA, LUEGO TRANS, DE 18 AÑOS,
COLOMBIANA VIVIENDO EN ESTADOS UNIDOS

Nadie nos prepara para esto. Si no hay manual de padres, mucho menos un manual para padres con hijos trans. Me hubiera
gustado saber más y quizá haber actuado más acertadamente.
El consejo es que se informen, no juzguen y sobre todo apoyen
a sus hijos, lloren con ellos, rían con ellos y aprendan con ellos.

MADRE DE UN CHICO TRANSGÉNERO DE 18 AÑOS, MÉXICO

Me hubiera gustado tener la información sobre diversidad sexual y de género antes de que mi hijo transicionara. Me gustaría
decirle a todos los padres y madres que estudien mucho y luchen por los derechos de sus hijes.

PADRE DE UN CHICO TRANSGÉNERO DE 18 AÑOS, URUGUAY

El ser fieles a quienes somos en todos los sentidos puede implicar ser diferente a lo que tu familia quiere/espera de ti. Debemos aprender a amarnos como somos y aceptarnos más.

TÍA DE UNA CHICA TRANSGÉNERO DE 14 AÑOS, COSTA RICA

Capítulo 4

Conseguir la consolidación de la identidad de género

Supe de la existencia de las personas transgénero cuando tenía 11 años. Nunca me planteé que pudiera ser trans porque todo lo que sabía sobre las personas trans parecía muy raro. Yo no soy raro. Me siento normal, así que nunca consideré que pudiera ser trans. Cuando por fin vi a alguien que me gustaba y respetaba de verdad y supe que esa persona era trans, me di cuenta de que también había espacio para mí en ese término.

La tarea central de la adolescencia es la consolidación de la identidad, que es la creación de un sentido del *yo* fuerte y estable con el que pasar a la edad adulta. Es vital que los adultos en la vida de un adolescente comprendan que los jóvenes transgénero y no binarios necesitan una enorme cantidad de apoyo durante la adolescencia, mientras aceptan su identidad de género y la integran en su identidad adulta. Los años en que el género de tu hijo se consolida son algunos de los más vulnerables de su vida. Nuestro objetivo en este capítulo es informarte de lo que ocurre en su desarrollo durante esa época para que, al mismo tiempo, puedas ayudarlo a entenderlo, asegurarle que lo que está pasando es un proceso normal y elaborar juntos una estrategia para que pueda superarlo.

La mayoría de los padres no están preparados para tener un hijo transgénero o no binario. La crianza de los hijos es increíblemente exigente, independientemente del niño y de sus necesidades específicas; sin embargo, cuando te encuentras en un territorio desconocido sin el suficiente conocimiento o apoyo, incluso los padres bienintencionados pueden alejarse de su hijo, pensando que no son capaces de ayudarlo como necesita, o creyendo que su hijo necesita espacio y que lo está haciendo bien. Sin embargo, sabemos por experiencia que no todo es lo que parece con los adolescentes visto desde fuera. Tu hijo adolescente te necesita, especialmente durante su proceso de consolidación de género, que puede continuar hasta la mitad de su vida. Una vez que llegue a la consolidación de su identidad, empezarás a respirar un poco más tranquilo. Por supuesto, incluso cuando él o ella haya aceptado quién es y haya alcanzado cierto nivel de congruencia, no significa que sus luchas con el género hayan terminado. Tu papel y tu implicación en su camino diario de género pueden cambiar, pero tu amor y tu apoyo seguirán siendo una fuerza estabilizadora en su vida.

Ya no hablamos de género a diario, ni siquiera cada semana. Está muy seguro de quién es. Pero a veces algo desencadena su disforia corporal y vuelve a ser muy sensible y vulnerable. Es fantástico que sepa que puede acudir a mí y hablar de estas cosas.

Formación de la identidad de género

Empecé a investigar por mi cuenta y luego hablé con un par de amigos... ellos me ayudaron a conocer toda la cultura y los términos y las cosas para ayudarme a descubrir el gran signo de interrogación que soy yo.

La adolescencia es una época en la que los cambios en el cuerpo y el cerebro dan lugar a una profundización de la identidad sexual y de género. Cuando un adolescente se da cuenta de que es o tal vez sea transgénero o no binario, este puede ser un momento difícil en su vida.

Mientras que algunos adolescentes se dan cuenta "de la noche a la mañana" y encuentran alivio al encontrar un lenguaje para su experiencia, muchos tienen un largo proceso de reconocimiento y aceptación de una identidad de género que no corresponde con su sexo asignado. Aunque todos los adolescentes pasan por el desarrollo de la identidad y puede ser un proceso confuso para ellos, para los jóvenes transgénero y no binarios puede ser aún más complicado.

Deben enfrentarse a las expectativas de género internas y externas, al tiempo que intentan descubrir y articular (aunque solo sea para sí mismos) su propia identidad de género interna. Debido al estigma social generalizado, esta identidad no suele ser la que ellos quieren o elegirían y a menudo se asocia con la vergüenza, la culpa y el miedo al rechazo de la familia, los compañeros y la sociedad en general. Si llegan a aceptar su identidad, una vez que lo hacen, a menudo luchan por saber cómo expresarla, cómo decírselo a sus padres y cómo encajar. Este proceso suele desembocar en una lucha entre el deseo de ser auténticamente quienes son y el deseo de ser como los demás. Muchos adolescentes mantienen esta lucha en silencio hasta que llega un momento en el que ocultar su identidad crea tanto conflicto interior que tomar el riesgo de abrirse se considera la única decisión posible. Es un camino muy complicado. Para los muchos adolescentes que tienen que recorrer este camino sin el apoyo de la familia y los amigos, el camino puede ser más de lo que pueden soportar. Incluso con su amor y apoyo, puede ser una tarea monumental.

Es una profunda necesidad humana sentirse completo y coherente. Todos queremos sentir que sabemos quiénes somos y que por ser quienes somos seremos reconocidos y aceptados por los demás. En el caso de los adolescentes más jóvenes, existe un fuerte deseo de integrarse, un objetivo que puede parecer imposible y, por lo tanto, estresante para los jóvenes transgénero, no binarios y aquellos que se hacen preguntas. Cuando los adolescentes maduran, además de querer ser reconocidos y aceptados por los demás, a menudo anhelan ser únicos. En este proceso, el impulso de sentirse completos —auténticamente quienes son— puede superar el deseo de conformarse y encajar en la sociedad. No obstante, el deseo de ser comprendido y aceptado permanece durante toda la vida.

Conseguir la consolidación del género

En algún momento de nuestra vida, todos emprendemos un proceso para sentirnos completos en lo que somos: necesitamos integrar los distintos aspectos de nuestras identidades, como el género, la etnia, las capacidades físicas, la orientación sexual, la apariencia y la religión. Esto se llama consolidación de la identidad. Cuando este camino se centra en una identidad que se sale de las normas sociales, como ocurre con el camino de género de tu hijo, el proceso es más difícil.

Si reconoces y aceptas que su camino de género puede ser un motivo de aislamiento, puedes encontrar estrategias para contrarrestar la soledad y ayudarlo a desarrollar un sentido de autocoherencia. Esta no tiene que ver tanto con lo que es visible en el exterior —como la apariencia personal o incluso los nombres o pronombres—, sino con la sensación interior que tiene una persona de que sabe quién es, le gusta quién es y se siente cómoda en su propia piel.

Aunque este camino hacia la plenitud puede durar, en muchos sentidos, toda la vida, hemos llegado a reconocer a través de nuestro trabajo con los jóvenes y las familias que hay algunos puntos de referencia comunes a lo largo del camino durante la adolescencia.

Hay un camino de desarrollo común desde la formación de la identidad de género hasta su consolidación, aunque la trayectoria sea diferente para cada persona. Todo el mundo pasa por este proceso en torno a su género, no solo las personas transgénero y no binarias; sin embargo, en la medida en que alguien se salga de las normas de la sociedad, es probable que el proceso sea más consciente y posiblemente más complicado.

En el caso de mi hija mayor, la pregunta adolescente de "¿Quién soy?" se desarrolló de varias maneras. Se cambió el nombre en el primer año de preparatoria y se lo volvió a cambiar en el segundo año. Se hizo muchos peinados diferentes y probó múltiples piercings. Algunos de los piercings se quedaron, pero la mayoría no. Experimentó con diferentes grupos sociales y tipos de música. Llevó a toda nuestra familia a un viaje desenfrenado. Ella es "cisgénero", como suele decirse. Mi adolescente transgénero no exploró la ropa, ni los peinados, ni los piercings; él es muy normativo en lo que se refiere al género. Su proceso fue más interno que externo. Luchó con la autoestima y su derecho a ser él mismo. Una vez que encontró un lugar de descanso con estas cuestiones más profundas, desarrolló amistades más significativas.

Cuestiones únicas para los adolescentes transgénero y no binarios que han vivido en consonancia con su identidad de género desde la infancia

Nuestra hija adolescente lleva más de diez años viviendo en su género afirmado y me gustaría haberla visto luchar más con su identidad de género durante esos años. Por un lado, me doy cuenta de que es un pensamiento tonto. No he cuestionado ni una sola vez la forma en que mi otra hija (cisgénero) entiende quién es. Pero, al mismo tiempo, al considerar estos procedimientos médicos importantes, sería tranquilizador saber que mi hija transgénero ha luchado con esto tanto como yo. Me gustaría tener algo grabado en piedra que dijera: "Sí, esta es su identidad y estás haciendo lo correcto". Hasta ahora, no ha caído ninguna tabla grabada del cielo y no espero que lo haga pronto.

Si un adolescente transgénero o no binario ha vivido alineado con su identidad de género desde la infancia, algunos aspectos de la consolidación del género en la adolescencia pueden ser más fáciles que para aquellos que llegaron a esta conciencia más tarde o a los que no se les permitió expresar su auténtica identidad de género. Sin embargo, incluso para los adolescentes que han vivido en su género afirmado desde la infancia, la adolescencia no siempre es una época fácil. La infancia puede parecer una burbuja, ya que las preocupaciones relacionadas con el género giraban en torno a los nombres, los pronombres, la vestimenta y la garantía de tener acceso al baño correcto. Una vez que llega la adolescencia, la situación se vuelve mucho más compleja. Lo que antes podía parecer un camino estable y manejable, de repente se convierte en algo más desafiante e incierto. Y también lo es para ti como padre; al haber "subido a bordo" cuando tu hijo era joven, puede ser bastante desconcertante verse de nuevo desafiado cuando tu hijo adolescente vuelve a examinar su género.

Los adolescentes que han sido apoyados en su identidad transgénero o no binaria desde la infancia pasan por las mismas etapas de consolidación de la identidad que el resto de los adolescentes y es muy probable que refinen su identidad de género en la adolescencia. Tal vez su identidad cambie hacia una que sea más compleja o menos binaria. Otros pueden llegar a reconocer que las suposiciones de la infancia sobre las formas de modificación del cuerpo que querrían para sí mismos ya no son válidas. Darse cuenta de un cambio de identidad de género (por ejemplo, de transgénero a no binario o de no binario a transgénero) conlleva los mismos miedos y preocupaciones que tienen otras personas que se encuentran con una incongruencia de género por primera vez. También implica el temor adicional de que el mundo exterior (incluidos los padres y otros miembros de la familia) no vea su género como válido si sigue evolucionando. Así, la lucha por reconocer una identidad cambiante puede ser muy difícil y estar cargada de una profunda ansiedad que llega a desencadenar una nueva crisis de identidad en torno a su género.

Es importante señalar que, en nuestro trabajo, todavía no hemos visto ni un solo adolescente transgénero o no binario que se haya afirmado en su género en la infancia y que se haya dado cuenta en la adolescencia de que es cisgénero. La mayoría de las veces su identidad de género permanece constante y simplemente se profundiza en la adolescencia. Sin embargo, hemos visto a adolescentes transgénero darse cuenta de que son no binarios y a adolescentes no binarios pasar a una identidad transgénero.

El camino hacia la congruencia

Ahora que llevo seis meses con las hormonas y empiezan a producirse más cambios, me siento completamente cómoda con mi identidad. En realidad, ya ni siquiera me considero una chica trans; más bien una chica que también es transgénero. Siento que soy simplemente yo misma.

❖

Ver a mi hijo mirarse en el espejo por primera vez con la ropa que eligió fue un momento increíble: estaba radiante.

❖

Mi hijo adolescente empezó a usar una venda y su confianza en sí misma aumentó y su ansiedad disminuyó. Ha sido estupendo verlo.

Un elemento clave de la consolidación del género y la formación de la identidad positiva es el proceso de alcanzar un sentimiento de congruencia. La congruencia de género se alcanza cuando una persona ha aceptado su identidad de género y se siente satisfecha con la forma en que la expresa física y socialmente. Para algunos, sean o no cisgénero, transgénero, no binarios o agénero, la congruencia implica cierto nivel de compromiso o reconciliación entre sus sentimientos internos y las opciones actualmente deseadas o disponibles para la expresión externa.

Para tu adolescente no binario o transgénero, la congruencia no debe considerarse un punto final. Más bien, la congruencia debería aportar una sensación interna de paz en relación con su género. Las medidas típicas de congruencia para una persona transgénero o no binaria pueden incluir cambios de apariencia (peinados, ropa, accesorios), cambio de nombre o pronombre, procedimientos de modificación corporal y cambios de documentos legales (marcadores de género, actas de nacimiento).

¡Los pechos se convirtieron en un gran tema en mi casa! Cuando era adolescente, mi hija no estaba contenta con sus pechos tan pequeños. Su cuerpo no se parecía a lo que la cultura popular le decía que debía ser una mujer. No creía que tuviera un aspecto suficientemente femenino. Al mismo tiempo, a mi hijo transgénero le preocupaba parecer demasiado femenino y quería tener un pecho más plano que el que tiene. ¿Quién iba a decir que la paternidad sería tan complicada? En el último año, me alegra decir que mi hija se siente cada vez más cómoda con su cuerpo, y mi hijo ha descubierto que la testosterona le ha proporcionado el pecho plano que busca. Ambos se merecen ser felices en sus cuerpos.

Los adolescentes también tienen miedos

Ten en cuenta que los adolescentes tienen sus propios miedos, ya sean que los expresen o no. Los que escuchamos con más frecuencia son:

- ¿Tendré acceso a los bloqueadores (medicación supresora de la pubertad)? Y si es así, ¿será lo suficientemente pronto?
- ¿Me traicionará mi cuerpo de alguna manera, dejando que todo el mundo sepa cosas sobre mí que solo cuento a las personas en las que confío plenamente?
- ¿Podré conseguir hormonas cruzadas o estaré atrapada esperando a empezar la pubertad mientras los cuerpos de los demás están cambiando?
- ¿Encontraré a alguien que me quiera tal y como soy?

Objetivo final: consolidación de la identidad

Todas las inquietudes de la adolescencia trabajan juntas para la tarea final: que cada persona cree una imagen positiva de sí misma, una identidad positiva y un sentido claro de su ser. Como se ha dicho, la tarea central de la adolescencia es crear un sentido de sí fuerte y estable con el que pasar a la edad adulta (consolidación de la identidad). Esta consolidación se produce cuando una persona ha reconocido partes importantes de su personalidad y llega a un sentido de sí misma más integrado y positivo.

Revisaremos las tareas de desarrollo que apoyan la formación de la identidad en el siguiente capítulo. Ahora examinaremos específicamente el proceso de consolidación de la identidad para todos los jóvenes, con especial atención en los jóvenes transgénero y no binarios. Gran parte de lo que cubrimos aquí puede utilizarse de forma general al considerar también otras identidades marginadas que pueda tener tu adolescente, y verás cómo se integran también. En el capítulo sobre el fomento de la resiliencia, exploraremos las múltiples formas en que puedes ayudar a tu adolescente a formar una imagen positiva de sí mismo.

El momento de la adolescencia tardía o de la joven edad adulta en el que se produzca la consolidación de la identidad de género de tu hijo va a influir de manera directa en cómo llevará en casa la ansiedad, la angustia y (lo más grave) la depresión relacionadas con el género. La consolidación de la identidad no es un proceso lineal y, como tal, no hay un momento mágico en el que se acaben las cuestiones de género y todo se vuelva fácil. Sin embargo, si los padres están atentos a las señales de que puede haber una depresión y un posible daño a sí mismos, los adolescentes transgénero y no binarios, gracias a esta ayuda, pueden navegar por las emociones exacerbadas de la adolescencia y llegar a la edad adulta con éxito, al igual que los demás adolescentes. Para la mayoría de los jóvenes transgénero y no binarios que cuentan con el apoyo de la familia, la adolescencia estará en consonancia con el desarrollo social, cognitivo y emocional que experimentan todos los adolescentes, simplemente con retos adicionales relacionados con el género. Sin embargo, si observas que el proceso de consolidación de la identidad de tu adolescente se prolonga, no te preocupes: no es inusual. Cada persona está en su propio camino de desarrollo.

Las seis etapas de la consolidación positiva de la identidad de género

Un modelo de etapas puede proporcionar un marco funcional para que un padre, cuidador u otro adulto comprenda el proceso de integración positiva de una identidad transgénero o no binaria. Asimismo, este marco puede ser útil para todas las personas que quieran apoyar a un adolescente transgénero o no binario.

Ten en cuenta que la consolidación de la identidad de género es un proceso orgánico que no siempre es lineal y que ocurre en todos los adolescentes, no solo en los que son transgénero y no binarios. Los jóvenes pueden estar en más de una etapa simultáneamente, o volver a profundizar en una etapa anterior. Es útil conceptualizar el proceso por el que las personas identifican su género, llegan a aceptarlo y, cuando es necesario (como en el caso de las personas transgénero y de género no binario), lo transforman, pasando de una identidad negativa, basada en el estigma, a una positiva. Por supuesto, el efecto de la intersección de identidades también contribuye a la cronología del proceso de consolidación de la identidad.

El modelo que exponemos en este libro se basa en la investigación sobre la formación de la identidad de los adolescentes y está influido por nuestra experiencia con jóvenes transgénero y no binarios. Representa un camino marcado por la progresión desde la confusión hasta la tolerancia, la aceptación y el orgullo.

Manifestaciones únicas, pero etapas comunes

Las etapas de consolidación de la identidad pueden tener un aspecto y una sensación diferentes para cada individuo. Hay una serie de factores que influyen en la experiencia de un niño, como el desarrollo cerebral individual, el estado puberal, el desarrollo de las habilidades de pensamiento abstracto, el deseo de ajustarse a la norma, así como factores externos como la familia, la escuela y el apoyo de la comunidad (o la falta de este). Es un modelo flexible, así que no te preocupes si el camino de tu hijo dibuja un zigzag a lo largo de su desarrollo. Esto es natural. Además, algunas personas llegan a un grado de culminación en su identidad y expresión y, una vez ahí, encuentran un punto de descanso. Para otras, tanto la identidad como la expresión siguen su evolución y la consolidación se alcanza cuando se produce la congruencia con su sentido actual del *yo*. Mientras lees sobre las etapas, recuerda que tu adolescente puede estar en cualquier parte de este camino de integración de la identidad.

Etapa 1: Disonancia

> *Incluso cuando era pequeño, no me sentía ni chica ni chico; solo cuando me dijeron que "las chicas y los chicos son muy diferentes", me di cuenta de que pensaba de forma distinta a todos los que me rodeaban.*

La etapa inicial de consolidación de la identidad, la disonancia, está marcada por la tensión. Los adolescentes en esta etapa se sienten confusos, limitados o, hasta cierto punto, controlados por las expectativas sociales y culturales sobre la expresión de género, la identidad de género y los roles de género. En el caso de las nuevas identidades transgénero y no binarias, esta confusión a veces lleva a la negación de su género.

La conciencia del malestar o la angustia suele ser consciente, pero algunos adolescentes transgénero y no binarios en proceso de definición pueden asociar el malestar con su género. Saben que algo está "mal", pero tal vez no entiendan por qué o cómo pueden describir este malestar. En este punto, no suele estar claro para el adolescente (ni para quienes lo rodean) si la lucha es con su rol de género, su identidad de género o su expresión de género. A veces se puede suponer que el adolescente está en lucha con la orientación sexual, no con el género. Muchos adolescentes experimentan una crisis en esta etapa y puedes ver cambios significativos en su conducta. Pueden surgir comportamientos arriesgados como forma de gestionar los sentimientos de vergüenza, baja autoestima y ansiedad que suelen surgir cuando son conscientes de su confusión de género.

Todos buscamos la coherencia interior, la sensación de que somos una persona completa e integrada. Hay momentos en los que podemos perder el contacto con nosotros mismos, pero volvemos a él de una forma nueva. Sin embargo, nos sentimos muy mal y en un estado de caos mientras vamos a la deriva en un lugar de incoherencia interna. Pasar por una revisión personal hace que sea un momento de desorden interior, y puede ser difícil, para quienes rodean al adolescente, entender qué pasa exactamente. Estos periodos de incoherencia pueden conducir a la depresión, el retraimiento, las autolesiones, el consumo de drogas, la promiscuidad y la ansiedad.

Si observas esto en tu hijo, habla con él para ver si puede precisar lo que ocurre. Quizá aún no tenga un lenguaje claro para expresarlo, pero puede ser capaz de comunicar partes de lo que le ocurre de una manera que te permita ayudarlo a reducir la confusión y asegurarle que será capaz de autoexplorarse en un lugar más cómodo.

Etapa 2: Comparación

> No dejaba de mirar a todos los que me rodeaban: ¿soy como esa persona? ¿O tal vez como esa otra? Era una adolescente que se comparaba con los jóvenes que veía en el autobús, en las vallas publicitarias y en la televisión. Al final me di cuenta de que todos con los que me comparaba eran chicos, nunca chicas o mujeres.

En la siguiente etapa, la de comparación, los adolescentes observan a otros jóvenes y adultos para tratar de ver en qué se ajustan o no en relación con su género. Es posible que se esfuercen especialmente por ajustarse a las expectativas de su supuesto género en aspecto y comportamiento. Pueden ser conscientes o no de que el deseo de encajar supera su deseo de ser ellos mismos. Para muchos adolescentes transgénero, no binarios y que se cuestionan a sí mismos, suele haber una enorme cantidad de angustia, dolor emocional y lucha en esta fase, que los deja sintiéndose extremadamente vulnerables. Para ellos, el conflicto interno en torno al género se hace más consciente en esta etapa.

Los jóvenes transgénero y no binarios que acaban de darse cuenta de su identidad de género por primera vez, o que se están dando cuenta de que sus sentimientos sobre su género no van a desaparecer y tienen que enfrentarse finalmente a ellos, pueden compararse con otros como parte de la toma de conciencia. Los adolescentes que están a punto de aceptar que son transgénero o no binarios suelen tener dificultades para reconocerse en las identidades de género que ven expresadas a su alrededor. Estos jóvenes pueden probar otras identidades "alternativas" que tradicionalmente aceptan mejor la variación en la presentación de género, como las identidades lesbiana, gay, bisexual o *queer*, y solo más tarde se dan cuenta de que en realidad son transgénero o no binarios. Como la negación de la conciencia emergente de ser transgénero o no binario es más difícil en esta etapa, la ansiedad puede ser en extremo elevada. Esta etapa se caracteriza a veces por comportamientos de riesgo, con tendencias particulares hacia un desorden alimenticio, depresión, autolesión (incluido el intento de suicidio) y confusión sexual.

Los rápidos cambios corporales puberales de la adolescencia pueden llevar a nuevos grados de disforia corporal. Antes de la pubertad, la disforia corporal suele aliviarse más fácilmente con la ropa y los peinados. Una vez que comienza la pubertad, ya no es tan sencillo. Los cambios corporales se pueden afrontar con un autodesprecio extremo, actos de autolesión dirigidos a las características sexuales secundarias del cuerpo, desórdenes alimenticios o disociación —una sensación de desapego de las experiencias físicas y emocionales—. En la etapa de comparación, así como en parte de la primera etapa (disonancia), si los jóvenes se ponen en contacto con proveedores de salud mental que no tienen una experiencia significativa de trabajo con el género y los adolescentes, se les puede diagnosticar depresión, ansiedad o un trastorno alimentario, mientras se deja sin reconocer y sin tratar el problema del género.

Etapa 3: Tolerancia

Mi hija ha luchado por encontrar el lenguaje que se siente bien para ella, pero puedo ver que está cambiando hacia un lugar más cómodo dentro de sí misma. Le preocupa menos lo que los demás piensen de ella, pero sigue estando más aislada de los demás chicos en la escuela de lo que yo desearía.

La tercera etapa, la tolerancia, marca el inicio de los pasos hacia la autoaceptación. Para todos los adolescentes, este es el comienzo del cambio que los aleja de la necesidad de una expresión de género definida convencionalmente y los lleva a la aceptación inicial de su individualidad. Todos los adolescentes se esfuerzan por definir y afirmar un sentido claro de sí mismos en esta fase y exploran cómo quieren ser vistos y expresarse.

En el momento en que un adolescente es capaz de decirse a sí mismo "Probablemente soy transgénero" o "No sé cuál es mi género, pero no es lo que siempre me han dicho que soy", ha pasado a la fase de tolerancia y tiene un mayor nivel de compromiso para definir este nuevo sentido de identidad. Localizar e identificar cuál puede ser esa identidad puede adoptar muchas formas. Los adolescentes suelen explorar una serie de identidades, etiquetas y presentaciones diferentes hasta que encuentran la que mejor encaja durante esta etapa. Esto puede exacerbar la incomodidad preexistente en la adolescencia.

Si observas que tu hijo pasa de una etiqueta a otra, es comprensible que te preguntes si está pasando por una fase de experimentación, lo que podría hacerte descartar la validez de su exploración de género. En realidad, tu hijo simplemente está pasando por un proceso de eliminación mientras descubre quién es (y quién no es).

La creciente visibilidad de los modelos transgénero, no binarios y de género expansivo puede proporcionar una especie de hoja de ruta para que tu hijo defina su propio género. Sin embargo, es bastante probable que ninguna de estas personas represente el género exacto que tu hijo experimenta, lo que hace aún más difícil ver un reflejo de su *yo* en el mundo. La sexualidad puede ser otro campo para que algunos adolescentes exploren su género. A través de la expresión sexual, algunos de ellos llegan a encontrar el sentido más verdadero de sí mismos en relación con su género.

En algún momento de esta etapa, los adolescentes intentan relacionarse con otras personas que tampoco se sienten congruentes con su género inferido. Es muy probable que recurran a internet para intentar localizar e interactuar con otras personas que estén pasando por un proceso similar de autoexploración. Estas conexiones pueden suponer un gran alivio para tu adolescente, porque le ofrecen tanto apoyo como confirmación.

Una característica de la etapa de tolerancia es el aumento de los sentimientos de aislamiento y alienación. Tu adolescente puede estar luchando contra la vergüenza, el secreto, la culpa y la presión para ajustarse a lo que se espera de él en los ámbitos social, cultural o familiar. Cuanto mayor sea la presión percibida y el riesgo de rechazo asociado a esta, más probable será que se aísle y explore su género internamente más que de forma externa. La disforia, la depresión, los trastornos alimentarios, la autolesión y el riesgo de suicidio son consecuencias potenciales de esta dinámica.

Quizá la forma más importante de interrumpir estos patrones autodestructivos sea la presencia de un adulto que los acepte. Si los adolescentes transgénero y no binarios cuentan con adultos en su vida que los apoyen, es más fácil que permanezcan abiertos durante esta fase, al crear un espacio para que empiecen a reclamar su identidad ("soy transgénero" o "soy de género fluido", etc.). Una vez que son capaces de afirmar quiénes son, o al menos empiezan a probarse diferentes etiquetas con un sentimiento de esperanza, entran en la siguiente etapa de autoaceptación.

Etapa 4: Aceptación

> *Verás, cuando me miran por primera vez, y "Oh, sí, ¿eres un chico?",*
> *digo: "Um, no". Y entonces me miran, pero como algo natural. [Estoy]*
> *en el medio. Lo que el medio significa es una persona única.*[1]

Todos los adolescentes que se encuentran en la cuarta fase, la de aceptación, empiezan a reclamar sus preferencias personales, ya sea por el cuidado personal, la ropa o las actividades. En general, se sienten más cómodos con su expresión de género. Al ver que su identidad de género no se ve amenazada por sus preferencias, los adolescentes en esta etapa se sienten más seguros a la hora de afirmar quiénes son. La identidad está más asentada y reivindican su identidad de género, así como su expresión de género. En resumen, hay un creciente sentido de la coherencia que se perfila.

En esta etapa es importante que los adolescentes transgénero y no binarios empiecen a buscar experiencias que normalicen su identidad de género. Esto suele coincidir con un mayor contacto con otras personas trans o no binarias. A medida que alcanzan una mayor aceptación de sí mismos, reflejada en la aceptación de los demás, empiezan a sentirse más cómodos en el mundo.

Las etiquetas de identidad de género que utiliza un adolescente pueden cambiar con el tiempo, pero si el sentido interno de sí mismo sigue siendo coherente, entonces la formación de la identidad se ha estabilizado —aunque la estabilidad esté dentro de la maleabilidad de una identidad de género fluida—. La mayoría de las personas llega a tener conciencia de una identidad de género única; otras descubren que tienen un género mixto o múltiples géneros. Sin embargo, en lugar de ser una fuente de angustia por

---

[1] De la película: http://aplaceinthemiddle.org/film

sentirse diferentes, este sentido de sí que tanto cuesta conseguir es bastante liberador y empoderador para muchos adolescentes.

Una vez establecida la coherencia de la identidad de género, la tarea consiste en ver qué se necesita para que tu adolescente alcance un estado de congruencia, que es una alineación entre su *yo* interior y exterior. Si recuerdas el debate sobre las tres dimensiones del género, la identidad es solo un aspecto. La congruencia se produce cuando cada uno de nosotros consigue que las tres dimensiones se alineen, de la forma más adecuada para nosotros, en la medida de nuestras posibilidades. Para algunos, encontrar una etiqueta de identidad que encaje es suficiente. Para otros, la congruencia se logra con el cambio de la presentación personal o del estilo. Otros pueden necesitar un cambio de pronombre o de nombre, u opciones médicas como la terapia hormonal o la cirugía.

El proceso de llegar a un sentido de congruencia es del todo individual, pero para todos, independientemente del género, significa la capacidad de tener el sentido interno del propio género en armonía con el cuerpo y sus expresiones de género a un nivel en el que experimentan una sensación de "esto se siente bien" o, al menos, "lo suficientemente bien".

Esta etapa puede durar bastante tiempo; no es infrecuente que persista durante muchos años y se traslape con las dos fases siguientes. No solo incluye la aceptación de la propia identidad y los sentimientos internos, sino también la búsqueda de una forma de mostrar al mundo quiénes somos. Esto se reflejará en la apariencia de tu hijo, en su presentación (gestos) y en sus interacciones con los demás. Decidir ir en busca de la congruencia a pesar del posible estigma cultural, la discriminación y el acoso puede ser una elección angustiosa, pero salva vidas y afirma a las personas transgénero y no binarias.

Aunque tu hijo adolescente puede parecer más seguro de su nueva expresión de género, más confiado en su forma de caminar y comportarse, esta etapa sigue siendo un momento excepcionalmente vulnerable. Su coherencia puede ser muy frágil, con frecuencia más de lo que parece, y puede ser muy desconcertante para ellos enfrentarse a quienes no afirman su género. Las reacciones negativas de los demás pueden desmoronar su recién estrenada autoestima. Asimismo, cuando alguien es nuevo en su identidad, aún no ha aclarado sus líneas de intimidad y puede encontrarse en situaciones emocional o físicamente peligrosas. Este riesgo se agrava si el joven experimenta el rechazo de la familia, la comunidad religiosa, étnica o cultural.

Una persona sabe que ha alcanzado la congruencia cuando experimenta una sensación de paz y plenitud que nunca antes había tenido. Otros cambios que se producen con la congruencia pueden ser la eliminación o la disminución de los problemas crónicos de salud mental, una mayor comodidad en el propio cuerpo y una mayor confianza. La congruencia es esencial para la formación de la identidad positiva y la satisfacción con la vida y con vivirla.

Pero sin las dos etapas siguientes, la consolidación de la identidad positiva aún no se ha producido. Queremos subrayar que alcanzar la coherencia y la congruencia no implica la resiliencia. Los cimientos siguen siendo inestables a pesar de los indicios externos que podrían sugerir lo contrario.

Etapa 5: Orgullo

> Me he aceptado a mí mismo y eso es tan importante como que los demás me acepten. Pero no siempre soy lo suficientemente valiente como para ser todo mi ser en el "mundo real". No creo que eso me haga menos orgulloso: el mundo todavía tiene que crecer mucho antes de que la gente como yo pueda sentirse segura para ser abierta sobre quiénes somos.

Esta quinta etapa, el orgullo, marca el punto de inflexión hacia la consolidación de la identidad positiva. Para todos los adolescentes, este es el punto en el que se enorgullecen de sí mismos y aprecian su singularidad. Son capaces de ver que el género es expansivo, con espacio para que todos sean ellos mismos.

Esto suele ir acompañado de un cambio en el que dejan de avergonzarse u ocultar aspectos de sí mismos que no se ajustan a las normas sociales de género y pasan a afirmar quiénes son (por ejemplo, "soy un chico al que le gusta tejer", "soy una mujer deportista", "no uso maquillaje", etc.). Los adolescentes en esta etapa se enorgullecen de proclamar quiénes son. Para los adolescentes transgénero y no binarios, esta es la etapa en la que se consolida la identidad de género.

La etapa del orgullo marca el paso del trabajo interno de su género al proceso externo de crear una conexión y una comunidad. Al igual que en la etapa anterior, la etapa del orgullo es un momento en el que es fundamental establecer vínculos positivos con adolescentes transgénero y no binarios con los que puedan relacionarse, ya sea en línea o a través de grupos locales. Encontrar estas comunidades proporciona espacios en los que su experiencia vital se normaliza en lugar de marginarse.

Con la aparición del orgullo de género, los jóvenes transgénero y no binarios pueden sentirse en desacuerdo con las desigualdades de la sociedad en general. Para algunos, esto conduce naturalmente al activismo o a una mayor defensa de sí mismos y de otros que se enfrentan a la discriminación de género. Esto puede adoptar muchas formas, como ser un modelo para otros, trabajar por la justicia social o participar en protestas.

A menudo aumenta el deseo de contar su historia y existen muchas vías y formatos para hacerlo. Algunas veces, esta experiencia inicial de orgullo puede ir acompañada de un tono agresivo o una actitud provocadora de "¡para que veas!". Una vez que han encontrado su voz, existe un deseo natural y comprensible de utilizarla para hacerse oír.

Tanto si alguien se involucra abiertamente en el activismo como si se abre camino en silencio, esta fase marca el cambio interno hacia un lugar de aceptación y orgullo. En esta etapa, los jóvenes transgénero y no binarios aprenden a vivir y a relacionarse con los demás con un género nuevo o recién articulado.

Con el aumento de la apertura, puede haber algunos nuevos encuentros con el estigma y la discriminación. Pero a diferencia de las etapas anteriores, en las que estas experiencias negativas amenazan la estabilidad emocional, el orgullo de género es un componente clave para desarrollar la resistencia a estos males sociales.

Con este orgullo llega el reconocimiento de los aspectos positivos que acompañan su identidad individual, así como de las comunidades más amplias de las que pueden formar parte. Esto proporciona un nuevo sentido a la vida y sirve para reducir en gran medida los riesgos de los mecanismos de enfrentamiento negativos descritos en etapas anteriores.

Etapa 6: Consolidación

Cuando estaba en secundaria, la pasé muy mal. Se burlaban de mí y me atormentaban por ser demasiado femenina. Pero encontré refugio en ser hawaiana, en ser Kanaka Maoli. Mi propósito en esta época de la vida es transmitir el verdadero significado de aloha: amor, honor y respeto. Es una responsabilidad que me tomo muy en serio.

KUMU HINA

En la etapa final, la de consolidación, la identidad de género de una persona se integra con otros aspectos de su identidad, como la etnia, la familia, la clase y la religión. Cuántos otros aspectos de la identidad haya que integrar, y lo tolerantes que sean sus comunidades particulares, afectarán el tiempo que tardan todas las identidades en consolidarse e integrarse en una identidad multidimensional.

Tanto si tu hijo sigue viviendo en casa en este momento como si no, verás una mayor paz en él o ella en esta etapa. Tanto tú como ellos podrán ver un futuro digno con muchas oportunidades. En esta etapa de consolidación, las relaciones son más fuertes y suelen estar marcadas por mayores grados de aceptación. Las relaciones con la familia y los amigos se enriquecen y fortalecen mediante el respeto mutuo y la autenticidad (si están abiertos a la aceptación y son comprensivos). Asimismo, el influjo de las personas que no aceptan la vida del adolescente-joven adulto se reduce considerablemente.

Quizá el mayor distintivo de la etapa de consolidación sea la confianza y la fuerza que irradia tu adolescente-joven adulto. Haber pasado por una experiencia tan transformadora y a menudo difícil crea una fuerza interior que es poderosa y da lugar a una profunda resiliencia.

Autoestima e identidad

Una de las principales responsabilidades de los padres y cuidadores de adolescentes es ayudar a su hijo a adquirir un sentido saludable de sí mismo. No se espera que el camino hacia la edad adulta sea tranquilo y ordenado; se espera, en cambio, que el crecimiento y el desarrollo de los adolescentes pueda ser complicado.

Cuando un adolescente es transgénero o no binario, esta fase implica no solo la esperada incomodidad de los años de la adolescencia, sino también un elemento adicional y a menudo mucho más difícil de autodescubrimiento. Este proceso de descubrimiento relacionado con el género adopta muchas trayectorias individuales diferentes y, como ocurre con todo el crecimiento adolescente, algunos jóvenes (y sus familias) lo tienen más fácil que otros.

Deja a tu hijo el tiempo que necesita para explorarse a sí mismo y su género, pero haz todo lo que puedas para supervisar su progreso y ayudarlo a mantenerse seguro durante su camino de consolidación.

La baja autoestima puede retrasar la autoaceptación

Como la verdadera pertenencia solo se produce cuando presentamos al mundo nuestro auténtico e imperfecto yo, nuestro sentido de pertenencia nunca será mayor que nuestro nivel de autoaceptación.

BRENÉ BROWN

Los jóvenes no binarios, transgénero y otros jóvenes de género expansivo suelen sentir que hay algo inherentemente malo en ellos, que no son "normales". Las expectativas culturales sobre los roles de género y lo que significa ser un hombre o una mujer "de verdad" se encuentran en toda la sociedad. Es difícil no interiorizar que hay algo malo en ti cuando géneros como el tuyo no se reflejan positivamente a tu alrededor. Esto conduce con frecuencia a una falta de autoestima y a una baja valoración personal, lo que puede llevar a una dificultad para reivindicar la identidad de género.

Autodesprecio

Una situación muy difícil de aceptar para los padres (y a menudo no se dan cuenta del todo) es que muy probablemente, antes de la consolidación de su identidad, tu adolescente transgénero o no binario se odie realmente a sí mismo. Pueden juzgarse y atacarse brutalmente a sí mismos y cuestionar su razón de vivir. Esto puede conducir a la vergüenza y el miedo profundo de que no son dignos de ser amados y de que no tienen un valor inherente como personas. Un odio a sí mismo de este grado puede llevar a tu hijo adolescente a consumir sustancias, autolesionarse, sufrir trastornos alimenticios, suicidarse o adoptar otros comportamientos autodestructivos.

El odio a sí mismos es muy común en los adolescentes transgénero y no binarios debido a la estigmatización interiorizada: creer en los mensajes negativos relacionados con el género que reciben de los medios de comunicación, los compañeros, la religión y quizá incluso la familia. Es todo un dilema, porque para gestionar con éxito su identidad marginada, tu hijo necesita un nivel de autoestima bastante alto y, sin embargo, es esa misma identidad estigmatizada la que afecta negativamente su autoestima.

La empatía y la comprensión reducen la vergüenza

Cuando [nuestro hijo adolescente] luchaba de verdad con la idea de que podría ser una chica, lo escuchábamos. Intentamos mostrarle con nuestras acciones y palabras que entendíamos su lucha y que lo que fuera cierto para él estaba bien para nosotros. Le dijimos que si era una chica o un chico, o una combinación de ambos, nos parecía bien. Solo queríamos que supiera que pensábamos que era único, especial y querido.

Llegar a un lugar de amor propio y aceptación no ocurrirá de la noche a la mañana. Se trata de un largo proceso que requiere llegar a aceptar realmente quien uno es; en eso consiste la integración positiva de la identidad. Mientras tanto, hay muchas cosas que tú, como madre o padre, puedes hacer para cultivar la autoaceptación de tu hijo.

Los próximos capítulos del libro tratan de cosas específicas para apoyar la crianza que puedes hacer, así como de formas de ayudar a tu hijo adolescente a desarrollar su capacidad de resiliencia. Refuerza las acciones que mueven a tu hijo adolescente hacia la autocompasión. La investigación ha demostrado que el autodesprecio disminuye cuando ayudamos a los demás. Si pueden, participen juntos en trabajos de voluntariado que puede ser significativos, o en otras actividades centradas en los demás. Hazle saber a tu hijo adolescente con toda claridad lo mucho que significa para ti. Determina un tiempo regular para estar juntos. Escucha activamente a tu hijo. Empatiza y recuérdale que ves su belleza.

Refuerza activamente los mensajes alentadores de valor y autoestima

Vivimos en un mundo en el que la mayoría de la gente sigue creyendo que la vergüenza es una buena herramienta para mantener a la gente a raya. Esto no solo es erróneo, sino peligroso. La vergüenza está muy relacionada con la adicción, la violencia, la agresión, la depresión, los trastornos alimentarios y el acoso escolar.

BRENÉ BROWN

A través de tus palabras y acciones, expresa regularmente a tu adolescente cuánto lo quieres. Puede que no siempre lo parezca, pero necesita oír:

"Te quiero".
"Confío en ti".
"Creo en ti".
"Valoro tu experiencia de ti mismo".

"Sé que puedes manejar esto".
"Eres muy, muy importante para mí".
"Estás creando la vida que quieres vivir".
"No estás sola".
"Tienes valor".

Tu calidez y tu apoyo pueden ser una constante durante estos tiempos difíciles, mientras adquiere un sentido sólido y positivo de sí mismo. Como padre o madre, cuando demuestras calidez y amor proporcionas una base segura. Al hacerlo, estarás apoyando su salud emocional y mental y los beneficios serán amplios y para toda la vida.

¿QUÉ TIPO DE APOYO HAS ENCONTRADO PARA ENTENDER MEJOR A TU HIJO?

Hemos tenido que asistir a cursos o capacitaciones y leer sobre el tema. Afortunadamente conocimos a una familia como la nuestra que nos guió en un principio; así fuimos conociendo sexólogos, psicólogos, médicos y diferentes especialistas que nos han acompañado en este proceso.

PADRE DE UNA CHICA TRANSGÉNERO DE 14 AÑOS, MÉXICO

Educarme es lo principal. Aprender sobre la diversidad de las personas. La red de familias trans ha sido fundamental para nosotrxs como familia: el trabajo integral con psicologues, paidopsiquiatras, endocrinóloga pediatra.

MADRE DE UNA CHICA TRANSGÉNERO DE 17 AÑOS, MÉXICO

Las sesiones con padres de jóvenes de género expansivo han sido cruciales para mí como madre. Me ayudaron al mismo tiempo con mucha lectura, videos y cualquier fuente de información seria. Mi hija tiene una psicoterapeuta transgénero que ha sido una gran ayuda para ella y para nosotros como padres.

MADRE DE UNA CHICA NO BINARIA, LUEGO TRANS, DE 18 AÑOS, COLOMBIANA VIVIENDO EN ESTADOS UNIDOS

Nos ayudó mucho el grupo de familiares trans. Mi hija inició terapia de psicoanálisis, lo que también la ayudó bastante.

MADRE DE UNA CHICA TRANSGÉNERO DE 17 AÑOS, MÉXICO

Mi hijo fue a terapia para controlar su ansiedad, y yo y su mamá a diversos cursos para aprender. Además de contactar personas idóneas en el tema que han vivido situaciones similares de vida.

PADRE DE UN CHICO TRANSGÉNERO DE 18 AÑOS, URUGUAY

Acudimos mucho tiempo a terapia individual y familiar, donde pudimos trabajar nuestro duelo.

PADRE DE UN CHICO TRANS DE 17 AÑOS, MÉXICO

En un principio, por un par de meses, tuvimos un acompañamiento terapéutico. No fue necesario seguir con las sesiones y nos dedicamos a aprender todo lo relacionado con el tema, tomando cursos, acudiendo a convenciones (Gender Spectrum, por ejemplo).

MADRE DE UNA CHICA TRANSGÉNERO DE 14 AÑOS, MÉXICO

Ayuda de libros, sesiones y talleres, información, y sobre todo información que los padres constantemente nos comparten al respecto. Mi hermano y mi cuñada nos invitaron en una ocasión a asistir a la Conferencia Anual para Familias de Gender Spectrum, la cual nos abrió los ojos y la mente.

TÍA DE UNA CHICA TRANSGÉNERO DE 14 AÑOS, COSTA RICA

Capítulo 5
Objetivos del desarrollo de los adolescentes

Pensábamos que la adolescencia iba a ser muy difícil para nuestro hijo. Resultó mucho mejor de lo que podíamos imaginar. A medida que su cuerpo crecía hasta convertirse en el que él siempre había imaginado tener (con la ayuda de los bloqueadores de la pubertad y la testosterona), ganó mucha confianza en sí mismo. Es amable, compasivo, un atleta universitario completo y, en general, una gran persona. No dejes que la gente te asuste sobre lo que puede pasar en esta fase. Mantente conectado con tu hijo.

❖

Al leer mucho sobre los años de la adolescencia, pude poner en perspectiva la adolescencia de mi hija de género fluido. Algunas de las cosas en las que me había centrado mucho resultaron ser partes normales de la adolescencia y no tenían nada que ver con su género. Realmente creo que todos los padres que tienen adolescentes transgénero o de género fluido deben saber que no todo tiene que ver con el género. Creo que si ella hubiera sido mi segunda hija en lugar de la primera, habría sido más fácil.

No somos muchos los que, si se nos diera la oportunidad, cambiaríamos la edad adulta por una vuelta a la adolescencia. Aunque esos años de adolescencia tienen sus ventajas, también son turbulentos.

Todos los adolescentes, independientemente de su identidad o expresión de género, se enfrentan a importantes retos de desarrollo durante la adolescencia. La montaña rusa emocional y física conocida como pubertad es solo un factor. Los cambios en el cerebro y la repercusión que esos cambios tienen en su capacidad de interpretar y responder a dinámicas sociales cada vez más complejas añaden otra capa de desafíos. No es de extrañar que, si a todo esto le añades los típicos trastornos del sueño que experimentan los adolescentes, tu hijo esté a menudo estresado, de mal humor y exaltado. Nuestro objetivo en este capítulo es proporcionarte información sobre lo que le ocurre a tu hijo o hija en las distintas etapas de la adolescencia, para que lo que veas en su comportamiento y en sus interacciones tenga un poco más de sentido. Destacaremos lo que es universal para todos los adolescentes y lo que tiene un matiz diferente para los que son transgénero, no binarios y los que cuestionan su género. Queremos hacer hincapié en la importancia de mantenerte comprometido con tu hijo durante esta época, incluso cuando no lo deseas. En el caso de los adolescentes transgénero y no binarios, hay otras implicaciones graves para la salud y el bienestar (depresión, autolesiones y tendencias suicidas) que debes tener en cuenta.

La visión general del desarrollo de la adolescencia que exponemos a continuación te presentará los cambios más comunes que se enfrentan en esta etapa; aunque esta información no haga que el camino con tu hijo adolescente sea menos exasperante, perturbador o frustrante, es de esperar que te permita comprender lo mucho con lo que tu hijo está luchando.

Los adolescentes experimentan enormes cambios en todas las facetas de su vida cuando pasan de la infancia a la edad adulta. Como padres, nuestro objetivo es apoyar a nuestros hijos en las numerosas facetas de desarrollo de la adolescencia para que puedan lanzarse con éxito a la edad adulta. En el caso de los adolescentes transgénero y no binarios, esto implica también apoyar su proceso de desarrollo personal y su sentido del *yo* para que estén seguros de su género y se sientan congruentes consigo mismos, es decir, que acepten su identidad de género y se sientan satisfechos con su apariencia y expresión de género. La consolidación de la identidad —el proceso de integración de las distintas partes de la identidad propia— es una parte esencial de la adolescencia; una vez que se produce, los jóvenes están preparados para salir de la adolescencia y llegar a la edad adulta. Para los jóvenes transgénero y no binarios, lograr este hito de la consolidación de la identidad es un proceso más matizado y a menudo mucho más difícil. Tener una sólida comprensión de los procesos de esta etapa te ayudará a apoyar mejor a tu hijo adolescente durante estos años.

La pubertad es difícil y luchar contra los problemas de identidad de género la hace aún más difícil. Si a esto le sumas las dificultades adicionales que puedan tener tu hijo o tu familia, la crianza eficaz durante la pubertad puede resultar abrumadora. Anímate. No estás solo en esto. Estamos aquí contigo, al igual que miles de familias que están criando a sus adolescentes transgénero y no binarios en este mismo momento. Juntos estamos forjando un nuevo territorio y ayudamos a crear un mundo más seguro e inclusivo para todos.

Aunque los objetivos del desarrollo de la adolescencia son específicos de la edad adulta emergente, las áreas del cerebro que experimentan más cambios son las mismas que tuvieron un rápido crecimiento durante la infancia y la niñez. Así que, de nuevo, aunque la identidad de género se forme inicialmente en los años de la infancia, no es de extrañar que se revise en la adolescencia.

Para todos los adolescentes, la adolescencia marca un periodo de rápido desarrollo biológico, psicológico y social que solo rivaliza con el ritmo de cambio de la infancia y la niñez temprana. Durante esta época los adolescentes no solo crecen en tamaño, sino en capacidad de pensamiento, desarrollo sexual y madurez emocional.

La adolescencia como una época de oportunidades

Aunque puede haber una tendencia a centrarse en los retos a los que se enfrentan los adolescentes y en lo que podemos hacer para ayudarlos (y ayudarnos a nosotros mismos) a sobrevivir la adolescencia, para la mayoría de los jóvenes este es un periodo de desarrollo normal y saludable. Casi todos los adolescentes, incluidos los no binarios y los transgénero, que tienen adultos que los apoyan en su vida, tienen éxito en la escuela y pasan a la edad adulta sin experimentar problemas graves de salud y seguridad. A pesar de todas las historias que oímos sobre lo contrario, muchas familias atraviesan con éxito este periodo.

Tómate el tiempo necesario para apreciar de verdad las maravillas de la adolescencia. Es una época increíble en el ciclo vital humano, con un crecimiento asombroso en prácticamente todos los aspectos del ser.

Cuando te tomes el tiempo para comprender las capacidades y vulnerabilidades propias del desarrollo humano, podrás utilizar mejor la investigación y los recursos para apoyar a tu hijo en su salud mental y bienestar de por vida.

El cerebro adolescente

Los cambios en el cerebro durante la adolescencia son espectaculares. La plasticidad del cerebro es uno de los rasgos distintivos, ya que es a la vez una fuerza y una vulnerabilidad. Lo que puede parecer demasiado para un adolescente un día puede ser manejable (y a veces estimulante) al siguiente. Esta fluctuación es un reto tanto para el adolescente como para los padres.

Es especialmente importante estar atento a las señales de advertencia de que tu hijo sufre durante esta época. Tendemos a descartar el comportamiento de un adolescente como un producto de las hormonas o de su actitud al afirmar su independencia. Por supuesto, estos aspectos pueden desempeñar un papel, pero los muchos altibajos son una prueba de que se producen muchos cambios en su cerebro. Los estudios de imágenes cerebrales muestran que el cerebro de los adolescentes funciona realmente de forma diferente del de los adultos, lo que nos obliga a enmarcar su comportamiento bajo una luz totalmente nueva. En algunos aspectos muy importantes, el cerebro de los adolescentes no se parece al cerebro de los adultos hasta después de los 20 años.

El intenso desarrollo del cerebro de un adolescente se complica por el hecho de que dos componentes esenciales de este proceso se producen a ritmos diferentes. Al principio de la adolescencia, la parte del cerebro que disfruta tomar riesgos (el cerebro límbico) acelera su ritmo de crecimiento. Esta parte del cerebro es dominante durante la primera parte de la adolescencia. Más adelante, las partes del cerebro responsables del control de los impulsos y de la conciencia de la causa y el efecto a largo plazo (los lóbulos frontales) empiezan a madurar.

Los lóbulos frontales regulan las funciones asociadas al comportamiento adulto. Así, el control de los impulsos y la capacidad de planificar, anticipar y apoyar la conducta orientada a objetivos son elementos que maduran más tarde.

De hecho, el desarrollo de nuestra corteza prefrontal (la parte delantera de los lóbulos frontales) es un proceso largo. Tiene una aceleración poco después de la pubertad y no termina de madurar hasta que la persona tiene entre 23 y 25 años. Una vez que el córtex prefrontal se ha desarrollado, se puede consolidar una toma de decisiones más madura y una mejor capacidad de comunicación. En otras palabras, durante la adolescencia, las funciones de pensamiento crítico del juicio y la perspicacia no siguen el mismo ritmo de aumento de las regiones de respuesta visceral o emocional del cerebro.

Esto explica, al menos en parte, por qué los adolescentes más jóvenes se involucran en comportamientos más arriesgados, tienen emociones más intensas y no siempre son capaces de tener los niveles de previsión y perspicacia que los padres y otros adultos de su vida esperan y desean.

Preguntar a un chico en el inicio de la adolescencia: "¿Es que no pensaste en lo que podría pasar?" puede ser una pregunta sin respuesta; en muchos sentidos, algunos adolescentes más jóvenes son incapaces de hacerlo desde el punto de vista del desarrollo.

El desarrollo de los adolescentes es desigual

Los adolescentes entran en la etapa de la adolescencia con el cuerpo y la mente de un niño y salen de ella, unos diez años después, con el cuerpo y la mente de un adulto. Es un proceso extraordinario. Durante estos años, no solo acontece un desarrollo naturalmente escalonado, sino que hay una gran variación individual en el proceso de desarrollo. El desarrollo saludable de los adolescentes es desigual, por eso algunos pueden parecer muy jóvenes unos días y más maduros otros. También es la razón por la que todavía es fundamental que te involucres y continúes proporcionando límites y fronteras saludables hasta que se hayan desarrollado lo suficiente como para poder tomar decisiones sabias por sí mismos. Habla con tu adolescente sobre tu propio proceso de establecimiento de límites (cuando sea apropiado) para que le sirvas de modelo en los pasos necesarios para tomar decisiones sanas.

Respuesta emocional relacionada con el cerebro

Los adolescentes experimentan las emociones muy intensamente, es una parte normal del desarrollo del cerebro adolescente. Las imágenes cerebrales revelan que los adolescentes no pueden interpretar las emociones de los demás con la misma precisión que los adultos y a menudo reconocen de forma incorrecta o incoherente las emociones en el rostro de alguien. Si a esto le añadimos las pruebas que sugieren que el cerebro de los adolescentes reacciona de forma más intensa a las imágenes emocionalmente cargadas (en comparación con los niños y los adultos), lo que tenemos es un adolescente con una reacción emocional exacerbada que a menudo interpreta de forma incorrecta aquello a lo que reacciona (incluso con exageración).

En consecuencia, es completamente normal que un adolescente, sobre todo uno bastante joven, tenga respuestas impulsivas y emocionalmente reactivas, en lugar de respuestas más reflexivas ante los acontecimientos de su vida. Muchos de ellos, debido a una combinación de cambios cerebrales y hormonales, experimentan un nuevo nivel de intensidad en las emociones, como la rabia, el miedo, la estimulación sexual, la agresividad hacia uno mismo y hacia los demás, y un estado de exaltación generalizado. Hacen falta varios años para que más áreas del cerebro se impliquen en el procesamiento emotivo, con el fin de obtener una mayor sensación de equilibrio y control a la hora de gestionar las emociones e interpretar con precisión las emociones de los demás. Hasta ese momento, los jóvenes tienen tendencia a malinterpretar las emociones de quienes los rodean y a responder de forma amplificada. Aunque es difícil para cualquier adolescente, esto crea aún más desafíos para los no binarios y transgénero. Tal vez ya estén demasiado vigilantes, en guardia ante el desprecio de sus compañeros, y pueden creer (de manera acertada o inexacta) que otros muestran desdén o antipatía hacia ellos en función de su género. En respuesta, pueden tener una reacción violenta exagerada o incluso realizar acciones impulsivas y autodestructivas.

Durante la adolescencia también se produce un aumento drástico de la autoconciencia social y del deseo de ser aceptado. Las investigaciones demuestran que el cerebro de los adolescentes (mucho más que el de los niños o los adultos) considera que la aprobación de los compañeros es muy gratificante y satisfactoria. Otra área relevante del desarrollo que crea un conflicto emocional en el cerebro adolescente tiene que ver con el pensamiento abstracto. El razonamiento abstracto nos ayuda a ensamblar y mantener múltiples ideas a la vez. En la adolescencia, esto ayuda a un joven a ser capaz de hacer inferencias sobre los pensamientos y sentimientos de otras personas. La abstracción suele dar lugar a que pueda formular hipótesis sobre lo que supone que los demás piensan o sienten sobre él. Esta potente combinación de una mayor conciencia de sí mismo, el deseo de encajar y la percepción de que saben lo que los demás piensan de ellos puede aumentar significativamente la vulnerabilidad de los adolescentes que se enfrentan a burlas, acoso o aislamiento social. El miedo a ser objeto de burlas por su género y el deseo de ser aceptado pueden ser una combinación volátil para los adolescentes y un área especialmente difícil de negociar.

Influencias hormonales en el comportamiento de los adolescentes

Desde que nuestra hija empezó a tomar estrógenos, ha sido muy interesante ver su respuesta a ellos. Creo que se siente muy bien con los cambios que ha visto (y, por supuesto, con lo que no ha ocurrido). Está muy orgullosa de sus pechos. Pero, sin duda, tiene más altibajos emocionales. Especialmente a medida que aumentan las dosis, la vemos

más llorosa, más malhumorada. Pero también puede bromear al res-
pecto; cuando nos ponemos a hablar con ella sobre su actitud, a veces
dice: "Bueno, ¿qué quieren? Soy una adolescente hormonal".

Durante la adolescencia se produce una enorme cascada hormonal. El cerebro segrega hormonas suprarrenales del estrés, hormonas sexuales y hormonas del crecimiento, las cuales influyen en el desarrollo del cerebro. Las
hormonas afectan el comportamiento social y sexual, además de regular los
patrones de crecimiento y favorecer la salud ósea. Además de las hormonas
sexuales y de crecimiento, las hormonas del estrés también influyen en el
cerebro y el comportamiento. Si añadimos la variabilidad del momento y
la duración de la pubertad de un adolescente, es fácil ver por qué estas influencias hormonales pueden sumir a cualquiera en un estado de confusión
emocional. Ten en cuenta que, por muy difícil que sea ser madre o padre de
un adolescente, es mucho más difícil para el adolescente.

Cuando se trata de adolescentes no binarios y transgénero, conceptualizar el impacto de las hormonas en esta fase es más complejo que para los
cisgénero. Existen distintas versiones de la pubertad que los jóvenes trans y
no binarios pueden experimentar:

- La pubertad natal de su cuerpo (si no empiezan los bloqueadores al
  inicio de la pubertad).
- Una pubertad natal parcial que se paró con supresores hormonales,
  como un botón de pausa en el punto de desarrollo hormonal que
  habían alcanzado cuando se iniciaron los supresores.
- Una pubertad coherente con su género afirmado mediante terapia
  hormonal a la edad en que su cuerpo estaba entrando en esta fase de
  forma natural (esto suele incluir la supresión de sus hormonas naturales al mismo tiempo que reciben terapia hormonal para alinearse
  con su género afirmado).
- Una pubertad consistente con su género afirmado a través de la terapia hormonal después de haber sido retrasada, quizá durante dos o
  más años, por el uso de supresores.
- Una pubertad natal seguida de una segunda pubertad coherente con
  su género afirmado mediante terapia hormonal.

Cada una de estas variantes de la pubertad aporta una experiencia diferente
de elementos hormonales a tener en cuenta: desde una supresión temporal

de las hormonas sexuales hasta la posibilidad de pasar por la pubertad dos veces, cada vez con un conjunto diferente de hormonas dominantes. Estas opciones crean una experiencia hormonal menos común para la adolescencia y deben considerarse al tomar decisiones sobre las intervenciones médicas.

Pérdida de sueño, hormonas y depresión

> *Mi hija transgénero tiene mucha ansiedad a la hora de dormir. No habla abiertamente de su condición de transgénero, hizo la transición hace mucho tiempo, y casi nadie tiene idea de que tenía un sexo masculino asignado al nacer. Creo que sus problemas para dormir se deben a que tiene tantas cosas en la cabeza sobre el hecho de mantener su género en secreto que le resulta difícil calmar su mente cuando llega la hora de dormir. Definitivamente duerme poco y eso me preocupa.*

Algunos de los cambios cerebrales y hormonales de la adolescencia afectan la regulación del sueño y pueden ser un factor en la predisposición a dormirse muy tarde por la noche. Sin embargo, un sueño adecuado desempeña un papel fundamental en la salud física, mental y emocional.

Los estudios sobre el sueño en los adolescentes revelan que la falta de un sueño adecuado incrementa la impulsividad y, de manera directa, los índices de depresión. El sueño ayuda al cerebro a regular las emociones. Los jóvenes con privación crónica de sueño experimentan mayores niveles de malestar emocional. Según un estudio realizado en 2015 sobre casi veintiocho mil estudiantes de secundaria en Estados Unidos, publicado en la revista *Journal of Youth and Adolescence,* por cada hora de pérdida de sueño aumenta el riesgo de sentirse desesperado o triste en 38%, y también aumentan los intentos de suicidio en 58%. La pérdida de sueño y la depresión van de la mano.

Como madre o padre de un adolescente transgénero o no binario, una de las funciones más importantes que tienes es ayudarlos a regular sus emociones con patrones de sueño saludables. Durante el sueño se producen muchas funciones cerebrales, hormonales y corporales muy importantes. El adolescente medio necesita dormir más que los adultos y los niños más pequeños, pero a menudo duerme menos. Se recomienda que los adolescentes duerman 9.5 horas por noche, pero solo 15% de los adolescentes duermen lo necesario durante la semana escolar. La Academia Americana de Pediatría afirma que el sueño insuficiente en los jóvenes es un problema de salud pública. La pérdida crónica de sueño perjudica la salud mental y física, la educación y el rendimiento en la conducción de vehículos.

Los problemas de sueño pueden ser especialmente complicados para los adolescentes transgénero y no binarios. Según un estudio de casi mil adolescentes transgénero en Canadá, 73% de los encuestados dicen que siempre o con frecuencia tienen problemas para conciliar o mantener el sueño. Esto puede estar relacionado con el estrés debido a su identidad de género. En un estudio de investigación estadounidense, muchos adolescentes compartieron que sentían preocupación justo en el momento en que intentaban dormir, un momento en el que a menudo se sentían muy vulnerables.

HAZ DEL SUEÑO UNA PRIORIDAD

Los padres desempeñan un papel fundamental en el momento de ayudar a los adolescentes a dormir lo que necesitan. Anima a tu hijo adolescente (y establece las expectativas correspondientes) a que duerma bien todos los días, en lugar de intentar compensar el sueño los fines de semana. Una investigación realizada en más de quince mil estudiantes descubrió que los adolescentes con horarios que permiten dormir lo suficiente son menos propensos a sufrir depresión o a contemplar el suicidio. Ayudar a tu hijo a establecer un horario de sueño constante supondrá una gran diferencia. Ten en cuenta estos signos de falta de sueño:

- Irritabilidad por la tarde
- Depresión
- Bajo rendimiento escolar
- Problemas de concentración
- Cambios de humor
- Hiperactividad
- Nerviosismo
- Comportamiento agresivo

Etapas de la adolescencia

Los hitos del desarrollo de la adolescencia se producen de forma gradual, simultánea y estratificada. Cada uno depende de los demás para poder cumplirse plenamente, por lo tanto, es importante comprender los temas generales de la adolescencia temprana, media y tardía. De nuevo, recuerda que si tu adolescente suprime la pubertad en algún momento o inicia una terapia hormonal después de haber pasado previamente por la pubertad natal, algunas de estas etapas de la adolescencia pueden desarrollarse en una cronología menos tradicional. Sin embargo, independientemente del calendario, un desarrollo saludable de las áreas básicas identificadas en las siguientes secciones facilitará la preparación para la edad adulta.

Adolescencia temprana

El rápido crecimiento físico y la maduración sexual son las características de la adolescencia temprana. La mayoría de los jóvenes tienen sentimientos encontrados sobre su cuerpo cambiante, por lo tanto, es natural que la imagen corporal y las preocupaciones relativas a la aceptabilidad física estén en primer plano en su mente. Los adolescentes más jóvenes intentan establecer su individualidad separada de sus padres. En estos años suele haber un mayor deseo de privacidad. También suelen estar malhumorados.

A medida que se alejan de sus padres, suelen recurrir a sus compañeros en busca de orientación y ayuda, se apoyan en los demás antes de ser capaces de valerse por sí mismos. La influencia de sus compañeros, más que la de sus padres, empieza a ser primordial; ajustarse a la norma se convierte en el tema que rige. En esta etapa de la adolescencia quieren sobre todo encajar, tanto en términos de apariencia física como de comportamiento social. Una pregunta constante de los adolescentes de esta edad es "¿Soy normal?", lo que puede llevar a una comparación constante con los demás.

Durante las fases temprana y media, la expresión de género de un adolescente suele ser bastante rígida y estereotipada. La socialización de los roles de género se hace muy fuerte, y tanto los adultos como los compañeros vigilan la conformidad con los roles de género. Como resultado, los más jóvenes suelen participar en comportamientos estereotipados de género. Esto se debe a una combinación de cambios corporales emergentes, hormonas, esfuerzos por ser románticamente atractivos, presiones de los compañeros y de los adultos, y la poderosa necesidad de ser aceptados. Percatarse de que su cuerpo cambia en la dirección equivocada (o que no cambia en absoluto por el uso de supresores de la pubertad) puede causar una tremenda ansiedad a los jóvenes transgénero y no binarios en esta etapa de la adolescencia. La creciente presión para ajustarse a los roles de género suele provocar nuevos y mayores niveles de ansiedad, confusión interna y conflicto.

Adolescencia media

La adolescencia media está marcada por un rápido aumento de las capacidades cognitivas que da lugar a nuevas habilidades de pensamiento y a un interés por la experimentación. Comienza a desarrollarse el pensamiento abstracto. El desarrollo físico y el impulso sexual pueden estar más avanzados en este grupo de edad.

Suelen tomar decisiones arriesgadas y rebeldes sin ser capaces de comprender la repercusión de sus decisiones. Se esfuerzan por alcanzar la madurez conductual y la independencia de sus padres, pero también están muy absortos en sí mismos. Pueden ser hostiles hacia los adultos y las figuras de autoridad.

Las habilidades de afrontamiento aumentan y la capacidad de control de los impulsos empieza a estar más desarrollada a medida que se vuelven más conscientes. Aunque la lealtad a los compañeros y la identidad del grupo social siguen siendo fuertes, a medida que avanzan en esta fase, la influencia de los compañeros empieza a disminuir.

La inclinación para participar en comportamientos estereotipados de género alcanza su punto álgido durante estos años y luego empieza a disminuir. Las habilidades sociales aumentan y con ellas surge el deseo de generar comportamientos más sofisticados para la resolución de conflictos. Durante esta época los jóvenes suelen intentar organizar el mundo en categorías de justo e injusto, correcto e incorrecto, y este periodo de pensamiento binario suele traer mayor conflicto familiar.

Las identidades personales, como la etnia, también empiezan a fortalecerse. Muchos adolescentes en esta fase de la adolescencia adquieren una mayor claridad (si no la tenían antes) sobre cuál es su género y su orientación sexual, en lugar de saber solo lo que no son. En esta fase suelen sentirse más cómodos con su nuevo cuerpo, lo que les da más confianza, y pueden dirigir su atención hacia las citas con otras personas.

La adolescencia media es un periodo de especial vulnerabilidad para los adolescentes transgénero y no binarios. Con estas habilidades de pensamiento emergentes, pueden surgir mayores niveles de depresión y ansiedad. Cuando empiezan a ver fuera de su burbuja personal, puede que no sean capaces de ver un futuro positivo para ellos. El aislamiento acecha a quienes desean interactuar socialmente, pero se enfrentan al rechazo o al acoso. Por estas razones, la adolescencia media es una época de mayor riesgo de conductas autolesivas, intentos de suicidio y trastornos alimentarios relacionados con el género.

Adolescencia tardía

Se trata de un periodo de frecuentes cambios y exploración en todos los ámbitos de la vida: escuela, familia, hogar, trabajo y roles sociales. El desarrollo de las tareas relacionadas con el funcionamiento como miembro de la sociedad puede prolongarse hasta los 25 años. Los adolescentes mayores se vuelven más conscientes de sí mismos; con eso llega la conciencia de la identidad y la individualidad como algo separado tanto de la familia como de los amigos. Los adolescentes mayores se relacionan con individuos más que con grupos, establecen su ética y valores personales, y tienden a ser idealistas y filosóficos. A medida que identifican sus valores personales, también son capaces de respetar valores y puntos de vista diferentes y apreciar la diversidad. Al alcanzar la independencia psicológica de sus padres durante este periodo, los adolescentes mayores aprenden cada vez más a relacionarse con su familia como adultos. Los conflictos con los padres disminuyen de forma natural, ya que aprenden a equilibrar su independencia con la conexión con sus padres. Además, los jóvenes:

- aumentan su capacidad de compromiso.
- se vuelven más capaces de mantener relaciones complejas e íntimas y se preocupan más por las relaciones serias, incluido el tipo de persona que más les conviene como pareja.
- utilizan la autorreflexión para preguntarse qué tipo de persona son y en quién quieren convertirse.
- son más propensos a mantener relaciones sexuales.
- se sienten más cómodos con su imagen corporal y alcanzan una mayor aceptación de su aspecto físico.
- se orientan hacia el futuro y se centran más en los objetivos universitarios o en los objetivos profesionales.

A medida que consolidan su identidad personal, se sienten menos impulsados por la aprobación de sus compañeros. Sigue siendo una época de exploración de la identidad, pero el armazón está en su sitio y se sienten más seguros. Los adolescentes en esta etapa tardía tienden a ser conscientes de la individualidad e incluso a celebrarla, participando en menos comportamientos estereotipados a medida que la identidad de género se hace más estable y las expectativas sobre las formas apropiadas de los roles y la expresión de género se hacen más flexibles. Los jóvenes de más edad son más propensos a examinarse a sí mismos y a descubrir que lo que son como individuos se compone de muchas características diferentes que están separadas de su identidad de género interna. En este punto, es más probable que se sientan lo suficientemente seguros y confiados como para disfrutar de las actividades que les interesan, así como para presentarse y expresarse de formas que les parezcan naturales, independientemente de que encajen o no en los estereotipos de la sociedad o en las expectativas de compañeros y padres. Su comprensión del género se define de forma más amplia.

Al igual que sus compañeros cisgénero, la estabilidad de la identidad de género se produce también para los adolescentes mayores no binarios y transgénero, aunque la consolidación de la identidad positiva puede no alcanzarse hasta más allá de los 20 años. Para algunos adolescentes no binarios y transgénero, esto puede requerir incluso salir de casa y encontrar a otras personas como ellos y una comunidad que los valore. Los que tienen familias y comunidades que los apoyan suelen ser capaces de alcanzar un mayor nivel de consolidación de la identidad antes. Sin embargo, hay que tener en cuenta que este periodo de la adolescencia tardía es de mayor riesgo en el abuso de sustancias y el comportamiento sexual degradante para los jóvenes transgénero y no binarios si su autoestima no recibe un apoyo eficaz. Los intentos de suicidio tienen más probabilidades de éxito en la adolescencia tardía.

Todos mis ensayos para solicitar la entrada a la universidad tienen algo que ver con ser transgénero, porque siento que es una parte muy importante de mí. Desde entonces, tuve una entrevista para [nombre de la universidad]. Conocí a mucha gente increíble. Pero era una de las dos personas negras que había allí. Eso fue incómodo (Brodsky, 2015).

Las tareas de la adolescencia

Con estos antecedentes sobre el cambiante cerebro adolescente y las etapas de la adolescencia, ahora nos centraremos en las principales tareas de desarrollo de este importante periodo en la vida de tu hijo.

Como sabes por tu propia vida, el desarrollo humano no es lineal. Damos vueltas a las cosas una y otra vez, es algo natural para todos nosotros (incluido tu hijo). La experiencia personal, las características individuales y el temperamento entran en juego en la forma en que un adolescente atraviesa este periodo, así que no te preocupes cuando veas que las tareas que pensabas que estaban completas ahora vuelven a repetirse. Todo forma parte del proceso.

Empecemos por los distintos indicadores del camino de tu hijo hacia la edad adulta. Con base en gran medida en el trabajo de Rae Simpson, de la Escuela de Salud Pública de Harvard, las siguientes áreas son tareas ampliamente reconocidas y necesarias para apoyar el desarrollo saludable de los adolescentes.

Desarrollo del carácter e integración de nuevas habilidades de pensamiento

Esta tarea requiere que los adolescentes tomen sus nuevas habilidades de pensamiento crítico y las apliquen al desarrollo y comprensión de los valores que guiarán su carácter como adultos.

Los adolescentes deben aprender a:

- *Adquirir e integrar nuevas habilidades intelectuales*
  Al principio de la adolescencia, la tendencia a pensar de forma concreta empieza a dar paso a la capacidad de pensar de manera abstracta. Los adolescentes pasan del pensamiento egocéntrico a la capacidad de conceptualizar fuera de sí mismos y así desarrollan la empatía. Sin embargo, esta habilidad es aún limitada, lo que los hace sentirse vulnerables y les impide ver realmente el punto de vista de los demás. Aunque se trata de un proceso lento que se profundiza a lo largo de la adolescencia y hasta la edad adulta, el crecimiento intelectual comienza realmente a acelerarse en la adolescencia media.
- *Ajustarse a las mayores expectativas cognitivas en la escuela*
  Los profesores desafían a los alumnos a perfeccionar sus recién desarrolladas habilidades de pensamiento abstracto, exigiéndoles que las apliquen en todo el plan de estudios. Dado que el ritmo y la velocidad del crecimiento cognitivo son individuales, el material de estudio puede resultar a veces emocionante, agotador o frustrante, dependiendo de las capacidades cognitivas personales del adolescente en cada momento.
- *Desarrollar nuevas habilidades de comunicación*
  La maduración intelectual exige un aumento de las habilidades verbales para comunicar adecuadamente conceptos más complejos. Como preparación para la edad adulta, los adolescentes deben adquirir un vocabulario más amplio para poder expresarse de forma competente. También deben desarrollar sus habilidades sociales para incluir la comunicación no verbal, las inferencias y el sarcasmo.

- *Desarrollar un sistema de valores personales*

Es apropiado para el desarrollo que los adolescentes cuestionen activamente las creencias y normas morales de su familia, comunidad y cultura. Identifican un sistema de valores que resuena con sus conceptos personales de lo que es correcto, justo, importante y significativo. En lugar de aceptar al pie de la letra lo que se les dice, quieren explorar por sí mismos lo que tiene sentido. En combinación con sus crecientes capacidades cognitivas, este proceso de exploración puede adoptar muchas formas, desde el cuestionamiento filosófico, la experimentación con creencias nuevas y diferentes, hasta el rechazo de los valores comunes. Muchos adolescentes encuentran un mayor sentido de la herencia, la cultura o la identidad étnica durante la adolescencia. Al final de esta etapa, los jóvenes suelen haber identificado los principios rectores de su propia vida, y muchos desarrollan una mayor inclusión moral y ética que la que recibieron en su educación.

- *Mejorar las habilidades de resolución de problemas, de toma de decisiones y de resolución de conflictos*

Durante esta etapa, los adolescentes pasan de las soluciones basadas en las emociones a una capacidad más sofisticada para sopesar una variedad de opciones cuando tratan de resolver problemas y conflictos. Empiezan a volverse más racionales, a encontrar soluciones constructivas y avanzar hacia el compromiso y la colaboración. Los adolescentes aprenden a trabajar con la ambigüedad, a controlar sus impulsos, a planificar, a organizar sus pensamientos, a sopesar las consecuencias y a respetar las opiniones y necesidades de los demás. A medida que maduran, son capaces de reconocer sus propios prejuicios y de ver el resultado de sus decisiones en los demás.

- *Cultivar el sentido del carácter*

Basados en su propio código moral y con la capacidad de resolver problemas, los adolescentes son capaces de asumir la responsabilidad de sus elecciones.

El carácter es la intersección de los valores de un adolescente con sus acciones. El desarrollo del carácter significa convertirse en una persona íntegra y digna de confianza. Implica hacer lo que tu corazón sabe que es correcto. Al requerir autorreflexión y autoconocimiento y una buena cantidad de autocontrol, el desarrollo de un carácter fuerte conduce a la autoestima y a menudo se gana el respeto de los demás. Los adultos en la vida de un adolescente pueden proporcionar oportunidades y apoyo para este nivel de desarrollo, animándolos a ser la mejor persona que puedan ser y proporcionándoles oportunidades en las que puedan explorar y practicar el trato a los demás con amabilidad, compasión y justicia.

Independencia, competencia y madurez
Los adolescentes deben aprender a:

- *Desarrollar la madurez emocional*
La adolescencia trae consigo una profundidad y una gama de emociones que la mayoría de los adolescentes no han experimentado antes de la misma manera. Con el tiempo, su capacidad para gestionar con éxito las emociones intensas y fluctuantes se vuelve más habitual. Los adolescentes aprenden a manejar las situaciones estresantes que provocan fuertes reacciones emocionales de forma saludable, sin autolesionarse ni herir a los demás, y utilizan habilidades para manejar las emociones y el estrés sin caer en los excesos. A medida que se vuelven más conscientes de sí mismos, son capaces de identificar y comprender no solo sus propias emociones, sino también las de los demás. La sofisticación emocional, que se profundiza a lo largo de la adolescencia, permite al joven comunicar sus propias emociones complejas, tener empatía con los demás y asumir la responsabilidad de sus propias emociones. Los adultos pueden inspirar y aportar a este proceso de maduración emocional mediante un modelo saludable de expresión emocional, empatía y comunicación sana. La madurez emocional está vinculada a la conciencia de sí mismo y los propios valores, que evolucionan a lo largo de la adolescencia.
- *Desarrollar una mayor madurez conductual*
Gradualmente, a lo largo de toda esta etapa, los adolescentes aprenden un mayor autocontrol. Sin embargo, antes de que esto ocurra, especialmente en la adolescencia temprana y media, tienden a tener comportamientos de riesgo, ya que están más centrados en la gratificación inmediata. Mientras su cerebro desarrolla la capacidad de pensar en las posibles consecuencias de sus acciones, los adolescentes suelen actuar de forma que llega a poner en peligro su seguridad social, física, sexual y emocional. A medida que maduran, son más capaces de sincronizar sus comportamientos con un mayor reconocimiento de los posibles efectos negativos de las decisiones impulsivas,

así como de alinear sus acciones con la conciencia emergente de sus objetivos a largo plazo.

- *Asumir eficazmente mayores responsabilidades*

A lo largo de la adolescencia, los jóvenes aprenden a asumir papeles y responsabilidades más maduros. Quizás asuman mayores responsabilidades en casa y en el funcionamiento de la familia, o tengan trabajos y obligaciones fuera de casa, además de gestionar su carga académica. A medida que maduran, empiezan a aprender a rendir cuentas y a cumplir las expectativas de forma independiente, lo que los prepara para los papeles que asumirán como adultos. Al principio de la adolescencia, los jóvenes tienen una tendencia a hacer un trabajo descuidado o incompleto con los nuevos roles, a no ser capaces de hacer un seguimiento eficaz o a no preocuparse realmente por todo lo que se requiere para completar una tarea o responsabilidad. A medida que maduran, empiezan a enorgullecerse de su capacidad de ser confiables y a asumir responsabilidades más propias de los adultos.

- *Transformar las relaciones familiares*

La adolescencia marca la transición de la dependencia de los padres para prácticamente todas sus necesidades a la independencia y la autonomía. Los adolescentes oscilan en estos años entre su necesidad de mantener una relación segura y dependiente con sus padres y el fuerte impulso de convertirse en su propia persona. Así, pasan de identificarse como una extensión de sus padres a establecer identidades propias. Mientras se esfuerzan por descubrir quiénes son a menudo alejan a sus padres para crear el espacio para el autodescubrimiento. Durante este periodo, a menudo difícil para todos los implicados, lo mejor es esforzarse por mantener la cercanía y la conexión, al tiempo que se apoya la independencia del adolescente.

Al final de esta etapa, los jóvenes empezarán a renegociar sus relaciones con sus padres. Casi siempre restablecerán la relación en nuevos términos que respeten su autonomía y reflejen su deseo de cercanía y conexión. Del mismo modo, si la relación con tu hijo adolescente no era estrecha al principio, o experimentó un rechazo por tu parte, puede que te corresponda a ti, como padre, intentar reconstruir el puente de conexión respetando su nueva madurez.

- *Establecer objetivos profesionales*

Los adolescentes se preparan para la edad adulta al planificar su futuro. Tanto si tienen la intención de seguir estudiando como de entrar directamente en el mundo laboral, los adolescentes empiezan a dar forma a sus ideas para el futuro y a desarrollar objetivos y planes para alcanzarlos. Esta es una parte natural del desarrollo, ya que empiezan a imaginar qué tipo de vida quieren para sí mismos y qué quieren hacer en el mundo.

- *Apoyarlos para que sean competentes*
  Para lanzarse con éxito a la vida independiente, los adolescentes necesitan creer que tienen tanto las capacidades como las habilidades para hacerlo. Los adolescentes necesitan oportunidades para identificar sus pasiones y practicar las habilidades necesarias para desarrollarlas. Asimismo, necesitan contextos en los que probar cosas nuevas, recibir formación y utilizar su creciente conjunto de habilidades.

Desarrollar una imagen corporal positiva y una sexualidad sana

Al principio pensamos que él no tendría citas en la escuela. No hay mucha gente que sepa que tenía un sexo femenino asignado al nacer; él ha decidido mantenerlo en secreto. Salir con alguien podría complicar las cosas. Pero conoció a una persona que no vive en su ciudad y llevan unos años juntos. Ella se siente muy bien con nuestro hijo. No tiene ningún problema en verlo como un chico. Se preocupan mucho el uno por el otro. Se enojó mucho con él cuando le reveló inicialmente su historia de género, pero su enfado se debió a que no se lo dijo antes. Pensó que él no confiaba en ella y se sintió herida. Lo que nos pareció increíble es que ella nunca había conocido a ninguna persona transgénero, pero no tenía ningún problema con ello.

Los adolescentes deben aprender a:

- *Adaptarse a los nuevos cambios físicos*
  Los adolescentes deben adaptarse a un sentido físico completamente nuevo. En ningún otro momento desde la infancia el cuerpo humano experimenta cambios físicos tan rápidos y significativos. Se produce un gran aumento de peso y estatura, y se desarrollan las características sexuales secundarias. En consecuencia, es perfectamente normal que los adolescentes se obsesionen de cierto modo con su cuerpo y su aspecto físico. Tener una imagen corporal positiva significa sentirse cómodos con su cuerpo y sentirse bien con su aspecto. Muchos adolescentes luchan por tener una imagen corporal positiva,

ya que se ven inundados por los mensajes de los medios de comunicación sobre el aspecto de un cuerpo perfecto. Deben pasar por el proceso de aceptar su propio cuerpo si sienten que no están a la altura. Las personas que tienen una imagen corporal positiva son capaces de separar su aspecto de su sentimiento de autoestima. Las personas con una imagen corporal negativa a menudo se sienten demasiado cohibidas y avergonzadas de su aspecto. Una imagen corporal negativa puede llevar a la depresión, la baja autoestima y una alimentación desordenada. Los jóvenes pueden necesitar apoyo activo para aprender a desarrollar una imagen corporal positiva.

- *Gestionar su sexualidad*

  Durante la adolescencia, los chicos identifican su orientación sexual y afrontan los sentimientos que tienen en torno a esta conciencia. También empiezan a integrar su identidad de género, los roles de género y lo que esto significa en relación con las relaciones sexuales. En este periodo comienzan el proceso de descubrimiento de sus propios valores sexuales, tanto si tienen una actividad sexual con otras personas como si no.

Relaciones, desarrollo social y conexión

Los adolescentes deben aprender a:

- *Profundizar en las relaciones con sus compañeros*

  Me he acercado más a muchos de mis compañeros debido a que puedo ser más sincero conmigo mismo desde que les he dicho quién soy.

  Dado que los jóvenes desarrollan una mayor empatía en la adolescencia, sus relaciones se profundizan de forma natural, ya que son capaces de tener en cuenta la perspectiva del otro. Son capaces de aplicar sus crecientes habilidades de comunicación y empatía a la resolución de conflictos en todas sus relaciones. Las amistades entre iguales desempeñan un papel importante en la vida de los adolescentes; en esta etapa, las amistades se basan menos en intereses comunes y se centran más en ideas, perspectivas y valores compartidos. Los grupos de chicos de su misma edad tienen un papel importante en la vida de los adolescentes. Existe una correlación entre el grado en que un adolescente puede hacer amigos y tener un grupo de compañeros con el que relacionarse y su capacidad para avanzar con éxito en otras áreas del desarrollo.

Para lograrlo basta con tener uno o dos buenos amigos, no tiene que ser un grupo social grande. Las relaciones con los compañeros pueden desempeñar un papel importante en el concepto que tenga el adolescente de sí mismo. Las amistades se profundizan y se hacen más estables en la adolescencia tardía, a medida que son capaces de utilizar sus crecientes habilidades sociales y emocionales. Esto sienta las bases para unas relaciones adultas significativas.

• *Desarrollar relaciones románticas*

> *La estrategia de mi hija respecto a las relaciones románticas es dejarlas en suspenso hasta que sea mayor, posiblemente después de la cirugía. En cierto modo, me entristece que no participe plenamente en esta parte de la adolescencia, pero tengo que admitir que también me siento aliviada.*

Las relaciones románticas empiezan a florecer durante la adolescencia. Además de disponer de un foro en el que practicar sus habilidades interpersonales, las relaciones románticas dan a los adolescentes la oportunidad de explorar sus valores respecto a las relaciones íntimas. En ellas pueden aprender y practicar habilidades de cooperación, interdependencia, comprensión y empatía. Al principio de la adolescencia, las citas son más bien para divertirse y explorar, y a menudo se producen en grupo. A medida que crecen, las citas pueden convertirse en verdaderas relaciones románticas, con las cuales pueden experimentar intimidad, afecto, apoyo y amistad. Suele haber intimidad tanto física como emocional.

Las relaciones románticas y sexuales durante la adolescencia son prometedoras y problemáticas. Pueden ser una forma de que los adolescentes aprendan más sobre quiénes son y qué quieren de las relaciones, por lo cual pueden afectar su autoestima. Por otra parte, es posible que los adolescentes no se conozcan a sí mismos lo suficiente como para crear una intimidad sana con otra persona o para saber la diferencia entre las relaciones que mejoran y nutren y las que son perjudiciales o explotadoras.

• *Forjar nuevas relaciones con mentores, modelos de conducta y padres*
Los adolescentes suelen establecer relaciones significativas con adultos ajenos a su familia inmediata, como profesores, entrenadores,

mentores, jefes o padres de sus amigos. Empiezan a aprender a recurrir a otros en busca de apoyo, orientación y conexión. A medida que los adolescentes establecen vínculos positivos con otros adultos, aprenden a desenvolverse en formas de interacción más maduras que luego pueden trasladar a sus interacciones con sus padres.

Desarrollo de la identidad del adolescente

La pregunta "¿quién soy?" es un tema recurrente a lo largo de la adolescencia, que lleva a los adolescentes a un proceso de adquisición de un sentido de sí mismos como individuos únicos.

La identidad es compleja y dinámica, con múltiples dimensiones que forman el sentido único de cada persona. La identidad está influida por cómo nos vemos a nosotros mismos, cómo nos ven los demás y cómo vemos a los demás; tiene factores personales y sociales que se entrelazan. Aunque la formación de la identidad es un proceso que dura toda la vida, las piezas fundacionales se conforman durante la adolescencia.

La sociedad en general no valora todas las identidades por igual; algunas identidades están muy valoradas, otras están marginadas o estigmatizadas y devaluadas en los contextos sociales dominantes. Cuanto mayor sea la identidad estigmatizada —y cuantas más identidades estigmatizadas tenga un adolescente—, mayor será la marginación social que probablemente experimente. Como la sociedad aún rechaza a las personas no binarias y transgénero, tu adolescente necesita todo el apoyo y la ayuda que pueda obtener para construir un sentido positivo de sí mismo.

Dos aspectos fundamentales que constituyen parte de la identidad son el concepto personal y la autoestima. El *concepto personal* es la imagen que uno tiene de sí mismo y está determinado por la propia percepción de las cualidades, talentos, experiencias y objetivos; también puede incluir las propias creencias. Por ejemplo, el concepto personal de tu adolescente puede estar basado en que es latino, no binario, que le atraen los chicos, con una inclinación musical, atlética, centrada en la espiritualidad y también con una vocación para convertirse en arquitecto.

La *autoestima* es la forma en que una persona valora su concepto personal. Es la evaluación emocional y la consideración que tienen de su propia valía. La autoestima puede verse influida por los demás y por las percepciones sociales de diversos aspectos del propio concepto. La autoestima positiva y la confianza en uno mismo están vinculadas a una identidad propia positiva. En los próximos capítulos abordaremos numerosas formas en las que tú, como padre o madre, puedes ayudar a tu hijo adolescente no binario o transgénero en la formación de una identidad positiva, al apoyar la autoestima y la confianza en sí mismo.

¿CUÁL HA SIDO LA PARTE MÁS DESAFIANTE DE ESTA EXPERIENCIA Y CUÁL UNA PARTE INCREÍBLE DE ELLA?

La parte más desafiante ha sido "enfrentar" a gente que no lo entiende. Sin embargo, el proporcionar herramientas para el conocimiento ha ido abriendo puertas. Quien quiere lo entiende y quien no, no tiene caso insistir. ¡Lo más increíble es que mi hija ya me da besos y es cariñosa conmigo! Algo que no sucedió mientras no sabíamos o entendíamos su condición.

PADRE DE UNA CHICA TRANSGÉNERO DE 14 AÑOS, MÉXICO

Lo más desafiante es comprender que sí hay un cambio, que esto no es algo pasajero y que de ahora en adelante tendrás un hijo en lugar de una hija. Que será difícil para todos, pero que también debemos respetar. Lo increíble ha sido su determinación, su lealtad a sí mismo. Mi hijx merece todo mi respeto y admiración.

MADRE DE UN CHICO TRANSGÉNERO DE 24 AÑOS, CHILE

Ha sido desafiante darme cuenta de que, aunque yo creía que estaba abierta a la diversidad, no lo estaba en el caso de mi propio hijo. También ha sido un desafío tener que confiar en que él sabe más que yo, aunque sea un adolescente. Que sabe cómo se siente, cómo se identifica y qué es lo que necesita hacer, sin perder de vista que sigo siendo su madre y él es un adolescente que aún está aprendiendo, explorando y necesita que le pongan límites como a cualquier otro adolescente. Ha sido complicado lidiar con la incertidumbre y con los cambios.

MADRE DE UN CHICO DE 17 AÑOS QUE PRIMERO SE IDENTIFICÓ COMO UNA CHICA TRANSGÉNERO, PERO LUEGO COMO GAY, MÉXICO

Lo más desafiante pienso que ha sido mi propia deconstrucción como persona. El desaprender todo lo aprendido de la cisheteronorma y abrir mi mente a estas vivencias trans no binarias.

MADRE DE UN CHICO DE GÉNERO EXPANSIVO DE 18 AÑOS, MÉXICO

Nuestro hijx salió del clóset mayor y eso lo hace muy difícil en una sociedad conservadora.

MADRE DE UN CHICO TRANSGÉNERO DE 24 AÑOS, CHILE

Lo más increíble es que la diversidad ha permitido transformarme en una mejor versión de mí como ser humano. Soy más sensible y puedo ver las cosas que nos interseccionan, una verdadera fuente de aprendizaje y crecimiento; me siento inmensamente agradecida.

MADRE DE UNA CHICA TRANS DE 17 AÑOS, MÉXICO

Lo más increíble ha sido que en cuanto mi hija se definió como chica trans, su rostro cambió. Dejó de tartamudear y de estar tan sensible todo el tiempo. Ya cuando comenzó su tratamiento hormonal el mundo cambió por completo. Ella brilla y eso es lo más importante ahora.

MADRE DE UNA CHICA TRANS DE 18 AÑOS, MÉXICO

Capítulo 6
Lo que te quita el sueño

A veces no puedo dormir por la noche sabiendo que mi dulce hija corre un gran riesgo solo por ser ella misma en un mundo que aún no está preparado para recibirla. Quiero tenerla entre mis brazos el resto de mi vida, pero es adolescente, así que lo mejor es que yo salga y trate de hacer del mundo un lugar más seguro para ella.

Vamos a ser honestos con ustedes: este capítulo no es fácil de leer (tampoco fue fácil de escribir). En nuestro trabajo, escuchamos en voz de los padres, una y otra vez, el temor constante de que su hijo sufra un daño a causa de su género, ya sea por su propia mano o como víctima de la violencia perpetrada por otros. Te pedimos que nos acompañes y leas este capítulo, porque todos los que están criando a un niño transgénero o no binario tienen que ver este tema con los ojos bien abiertos. Lo que prometemos, sin embargo, es que no nos limitaremos a dejarte con estadísticas inquietantes. Gran parte del resto del libro te proporcionará información específica sobre lo que puedes hacer para ayudar a reducir las probabilidades de que tu hijo sufra daños, al identificar los enfoques de crianza específicos que puedes emplear para ayudarlo.

Hasta la fecha, las personas transgénero y no binarias han sido en su mayoría incomprendidas y marginadas; se ha investigado poco para comprender sus experiencias vividas o lo que se puede hacer para minimizar los factores de riesgo que las afectan. Esto empieza a cambiar y las investigaciones son aleccionadoras. Pero aun con estos signos de mayor aceptación y reconocimiento cultural, los estudios indican que las minorías de género se enfrentan a importantes retos. La discriminación contra las personas transgénero y no conformes con el género es omnipresente e institucionalizada, y tiene efectos devastadores en la seguridad física, la salud mental y el bienestar general a corto y largo plazo.

Las estadísticas pueden asustarte, pero no puedes permitirte el lujo de incorporarte poco a poco en este tema con tu hijo o dedicarte a debatir con los miembros de la familia, los colegios y otras comunidades si deciden o no apoyar a tu hijo adolescente. El momento de apoyar a tu hijo es ahora. Estás luchando para evitar que él o ella se convierta en una de estas estadísticas y las investigaciones indican lo que nuestro corazón ya sabe: tu amor y tu apoyo marcan una enorme diferencia.

Este capítulo examina algunas de las investigaciones más destacadas en este ámbito, especialmente en las áreas del suicidio, el clima escolar y otras áreas de discriminación por razón de género. Es hora de entrar en materia.

La investigación

> [Tras enterarme de que mi hijo era transgénero], le dije: De acuerdo... Me fui y empecé a investigar y llegué a la conclusión de que tenía que apoyarlo 100% para evitar las autolesiones, el suicidio, la drogadicción, así como para crear en mi hijo una fuerte resiliencia, autoestima y confianza en sí mismo. También contribuir a crear una comunidad en la que pueda florecer.

Las personas transgénero y no binarias se enfrentan a la discriminación en todos los aspectos de la vida. Las injusticias, que van desde el acoso verbal y la negación de servicios hasta las agresiones físicas o sexuales, son demasiado frecuentes. Ocurre en la familia, en la escuela, en los espacios públicos, en el transporte público, en las tiendas, en el lugar de trabajo, en el sistema judicial, en la sala de urgencias, en las consultas médicas, al intentar conseguir una identificación adecuada y al utilizar un baño. Para muchas personas abiertamente transgénero y para las que son visiblemente disconformes con su género, los actos relacionados con los prejuicios se producen con regularidad, en ocasiones varias veces al día. El estrés del juicio, los prejuicios y el rechazo de los demás se agrava con el tiempo y puede provocar niveles de sufrimiento tremendos, a menudo intolerables.

Suicidio

En 2014, el Instituto Williams (Facultad de Derecho de la Universidad de California en Los Ángeles) y la Fundación Americana para la Prevención del Suicidio publicaron un estudio histórico, *Intentos de suicidio entre adultos transgénero y no conformes con el género*. Los datos de más de seis mil encuestados (la mayor encuesta de adultos transgénero y de género no conforme realizada hasta la fecha), revelaron lo siguiente:

- 41% intentó suicidarse, superando ampliamente el 4.6% de la población general estadounidense que declara un intento de suicidio durante su vida.
- Otras variables demográficas revelaron que los intentos de suicidio eran más elevados entre quienes eran más jóvenes (de 18 a 24 años, 45%), multirraciales (54%), indios americanos o nativos de Alaska (56%), los que tienen un nivel educativo más bajo (estudios secundarios o menos, 48-49%) y los que tienen unos ingresos familiares anuales más bajos (menos de diez mil dólares, 54%).
- Los encuestados que experimentaron el rechazo de la familia y los amigos, la discriminación, la victimización o la violencia tienen un riesgo aún mayor de intentar suicidarse.
- De los que intentaron suicidarse:
  - ▶ 57% indicó que la familia decidió no hablar ni pasar tiempo con ellos.
  - ▶ 50-54% declaró haber sido acosado o intimidado en la escuela.
  - ▶ 63%-78% sufrieron violencia física o sexual en la escuela.

Aunque el informe Williams es el estudio más completo hasta la fecha, otros también revelan lo que sabemos desde hace tiempo: las personas transgénero, no binarias y otras personas de género expansivo corren un gran riesgo de considerar, intentar y morir por suicidio.

Las estadísticas en México incluyen a toda la población LGBTQ+. En 2021 el Instituto Nacional de Estadística y Geografía (INEGI) estimó que en la población general había 97.2 millones de personas de 15 años y más; de esta cantidad, cinco millones se autoidentifican como LGBT (es decir, 5.1% de la población de 15 años y más); 81.8% se asume parte de esta población por su orientación sexual, 7.6%, por su identidad de género y 10.6%, por ambas.[1] La tasa de suicidio es de 6.5 por cada 100 mil habitantes, pero solo distingue por sexo (mujeres 2.4 y hombres 10.9).

---

[1] https://www.inegi.org.mx/tablerosestadisticos/lgbti/

Según la organización Todo Mejora, Chile tiene las tasas más altas de suicidio adolescente en América Latina y algunos de los niveles más altos de violencia escolar. Los niños y adolescentes que son o parecen ser trans se encuentran entre los más vulnerables a la discriminación y corren un mayor riesgo de autolesionarse.

Los riesgos para los estudiantes LGBTQ+ están bastante bien documentados, pero la mayor parte del mundo carece de investigaciones cualitativas y cuantitativas sobre las tasas de discriminación y tendencias suicidas específicamente para jóvenes transgénero y no binarios. Según un estudio poblacional de 2022 de jóvenes de 15 a 17 años en Canadá,[2] los adolescentes transgénero tienen 7.6 veces más probabilidades de intentar suicidarse que sus pares cisgénero. Este estudio se alineó con el único otro estudio representativo a nivel nacional sobre la identidad de género y la salud mental de los adolescentes en Nueva Zelanda, que informó tasas 5 veces más altas de intento de suicidio entre los adolescentes transgénero que entre los adolescentes cisgénero.[3]

LÍNEA DE AYUDA VIRTUAL

Todo Mejora Chile, organización sin fines de lucro con la misión de animar, empoderar y conectar a jóvenes lesbianas, gays, bisexuales, transgénero y *queer* de todo el mundo, lanzó la primera línea de ayuda virtual LGBTQ+. Cuentan con una línea de ayuda gratuita, por chat y confidencial, atendida por profesionales que brindan apoyo y orientación a jóvenes LGBTQ+.

https://todomejora.org/apoyo/

La adolescencia es una época peligrosa

Si prácticamente uno de cada dos adolescentes trans intenta o consigue suicidarse, tenemos un problema social importante entre manos. Sé que puedo marcar la diferencia. Tengo que marcar la diferencia. Mi hijo, tu hijo, todos nuestros hijos necesitan saber que son amados y valorados y que su existencia tiene valor.

[2] https://www.cmaj.ca/content/194/22/E767
[3] https://www.sciencedirect.com/science/article/pii/S1054139X13007532

Los sentimientos de impotencia y soledad, junto con el rechazo familiar y social y otros tipos de discriminación, pueden hacer que los adolescentes sientan que los retos del día a día son demasiado grandes.

En 2015, los resultados de una encuesta en línea realizada a 923 jóvenes trans[4] canadienses de entre 14 y 25 años, titulada "Estar a salvo, ser yo: resultados de la encuesta canadiense sobre la salud de los jóvenes trans" (Canadian Trans Youth Health Survey), revelaron que, en los doce meses anteriores, 75% de los jóvenes de entre 14 y 18 años se había hecho daño a propósito sin querer morir; 65% de los jóvenes de entre 14 y 18 años había considerado seriamente el suicidio y más de un tercio había intentado suicidarse al menos una vez; casi uno de cada diez había intentado suicidarse cuatro o más veces.

Más que en ningún otro grupo, tu adolescente transgénero o no binario corre un gran riesgo de intentar o lograr suicidarse. Independientemente de los estudios que revises, de las estadísticas que leas, esta realidad es algo de lo que, como padre, debes estar consciente. Por aterrador que sea, ignorar la vulnerabilidad de tu adolescente respecto al suicidio no hará que desaparezca, tampoco puedes permitir que te paralice. Mientras intentas comprender y aceptar el género de tu adolescente, el reconocimiento de los peligros a los que se enfrenta puede impulsarte a tomar medidas para afrontar y cambiar las condiciones que conducen a estas sombrías cifras.

Mi hija, que lo había hecho tan bien durante tanto tiempo, se estaba desmoronando de repente. Llevábamos años sin hablar mucho de su género y entonces ocurrieron una serie de cosas que lo sacaron a relucir. Es doloroso admitirlo, pero me llevó algún tiempo darme cuenta de que necesitaba que estuviera disponible para ella de una manera muy diferente de la de antes. Tenía que cambiar lo que estaba haciendo, incluida la forma en que priorizaba mi tiempo. Tenía que estar en contacto con ella con mayor frecuencia, para comprobar y preguntar explícitamente cómo le iba, y para sentarnos juntos y hablar de las cosas de las que le quería hablar. Estaba en peligro, y esa realidad me aterraba.

Capacidad adquirida para autolesionarse y tolerancia al dolor
Lo que hace que los adolescentes pasen de la idea suicida a los intentos rea-

---

[4] En esta encuesta, las personas transgénero eran aquellas que se identificaban como "trans o *genderqueer*", o sentían que su género no coincidía con su cuerpo.

les de suicidio es complejo. Sin embargo, algo que es importante reconocer es que la exposición repetida al dolor físico, ya sea causado por sí mismos o por otros, puede conducir a un nivel de tolerancia al dolor que se observa habitualmente en quienes están dispuestos a quitarse la vida. Esto puede ser el resultado de conductas autolesivas, agresiones sexuales o físicas, o incluso intentos de suicidio anteriores.

Riesgos para la salud mental de los adolescentes transgénero y no binarios

Nuestro hijo sufrió muchos años ansiedad y depresión. Ahora sabemos que los temores en torno a su identidad de género eran una parte importante de su lucha.

Ni siquiera estoy segura de que él hubiera tenido el lenguaje adecuado para expresarlo hasta bien entrada la adolescencia. El asesoramiento lo ayudó a encontrar las palabras que necesitaba para sí mismo y para decirnos que era transgénero.

Estoy muy agradecida por haber podido encontrar a alguien que lo ayudara a salir de lo que era un lugar tan aterrador. Me estremece pensar lo que podría haber pasado.

Un estudio retrospectivo publicado en 2015 por el Centro de Salud Sidney Borum Jr. de Boston indicaba claramente que los adolescentes transgénero son una población vulnerable con un riesgo significativamente mayor de sufrir diagnósticos negativos en materia de salud mental en comparación con los adolescentes cisgénero.

Comparados con el grupo de control no transgénero, los jóvenes transgénero tienen una probabilidad significativamente elevada de sufrir depresión y ansiedad, además de que corren un riesgo mucho mayor de contar con comportamientos autolesivos.

En estas áreas, el riesgo se multiplicaba por dos o por tres en comparación con sus homólogos cisgénero.

El estudio canadiense descubrió que la presencia de síntomas depresivos en estos adolescentes está claramente relacionada con el apoyo familiar a su identidad y expresión de género. Solo 23% de los adolescentes que sentían que tenían padres que los apoyaban experimentaron depresión, mientras que 75% de los adolescentes que sentían que sus padres no los apoyaban mucho experimentaron depresión.

¿TE PREOCUPA QUE TU HIJO ESTÉ PENSANDO EN SUICIDARSE?

Señales de advertencia de suicidio
Cuatro de cada cinco adolescentes que intentan suicidarse dan claras señales de advertencia. Es importante que tomes en serio las siguientes y que busques ayuda si te preocupa que tu hijo adolescente pueda estar pensando en el suicidio. Estos comportamientos no siempre son indicios de pensamientos y sentimientos suicidas. Podrías preocuparte menos si observas uno o dos de estos signos con poca frecuencia; sin embargo, cuando se producen al mismo tiempo de forma constante durante más de dos semanas, pueden indicar una situación grave. Prestar atención a las señales de advertencia, buscar ayuda profesional, tender la mano y proporcionar apoyo a un adolescente con problemas puede, literalmente, salvarle la vida. Las señales son, entre otras, las siguientes:

- Hablar de suicidio
- Un intento anterior de suicidio
- Declarar que se siente desesperado, impotente o inútil
- Agudización de la depresión, el mal humor o el retraimiento
- Alejamiento de la familia, los amigos y las actividades
- Preocupación por la muerte o un fuerte deseo de morir
- Fluctuaciones drásticas de peso en cualquier dirección
- Asumir riesgos innecesarios o mostrar comportamientos autodestructivos
- Aumento del consumo de alcohol o drogas
- Descuidar la higiene personal y otras cuestiones de aspecto personal
- Dificultad para concentrarse y prestar atención
- Disminución de las calificaciones en la escuela
- Mostrar signos de extrema alegría tras periodos de depresión
- Pérdida de interés por las tareas escolares
- Llorar más a menudo
- Cambios en el sueño
- Cambios en los hábitos alimenticios
- Comportamientos fuera de lo normal
- Desinterés por las actividades extraescolares favoritas
- Visitar o llamar a las personas que les importan
- Despedirse, insinuando que no estarán en el futuro
- Regalar o tirar sus posesiones más preciadas
- Aumento de los síntomas físicos: dolores de estómago, de cabeza, dolores musculares, agotamiento
- Ansiedad o nerviosismo crónicos
- Expresar que se sienten solos

Presta especial atención a estas señales de advertencia si ha habido:

- Una muerte o suicidio reciente de un amigo o familiar
- Una ruptura sentimental reciente
- Un incidente negativo reciente relacionado con el género
- Aumento de los conflictos con los padres
- Informes de otros suicidios de adolescentes transgénero o no binarios en los medios de comunicación

No tengas miedo de preguntar
Tómate siempre en serio si tu hijo adolescente dice que quiere suicidarse. Pide ayuda inmediatamente. La Academia Americana de Psiquiatría Infantil y Adolescente (AACAP, por sus siglas en inglés) recomienda que, si te preocupa, es mejor preguntar directamente a un adolescente si está deprimido y si está pensando en quitarse la vida. En contra del temor común de que esto les meta ideas en la cabeza, en realidad comunica tu atención y apoyo al adolescente y le da la oportunidad de hablar de sus luchas.

Conseguir ayuda
- El Proyecto Trevor proporciona apoyo vital por teléfono, chat y texto a los jóvenes LGBT que se plantean el suicidio. También ofrecen apoyo a los padres y otros cuidadores que estén preocupados porque su hijo pueda estar en riesgo. Para más información, visita http://www. thetrevorproject.org/.
- El Proyecto Todo Mejora (It Gets Better Project, su nombre en inglés, organización sin fines de lucro que tiene la misión de animar, empoderar y conectar a jóvenes lesbianas, gays, bisexuales, transgénero y *queer* de todo el mundo) tiene filiales en Argentina, Brasil, Colombia, Chile, Guatemala, México, Panamá, Paraguay, Perú, Portugal y España, por lo que te recomendamos visitar su página web (www.itgetsbetter.org) en caso de necesitar ayuda o asesoría.

Sentirse inseguro en la escuela

Los compañeros la llamaban con nombres como "eso" o "bicho raro". Algunos profesores también se equivocaban con su nombre y sus pronombres, incluso después del cambio de nombre legal.

Los alumnos transgénero y no binarios afirman tener poca confianza en los administradores de su escuela. Dos tercios de los estudiantes que denunciaron incidentes de discriminación y violencia dijeron que no se hizo nada para resolver los problemas relacionados; lo peor es que el hecho de denunciar con frecuencia dio lugar a un aumento de los comportamientos negativos dirigidos hacia ellos.

En Gender Spectrum hemos tenido éxito en facilitar entornos escolares positivos e inclusivos en materia de género en todo tipo de escuelas. Los educadores suelen comentar que todos los estudiantes, no solo los que son transgénero o no binarios, se sienten más cómodos y seguros para comprender y expresarse como resultado del trabajo de su escuela en este ámbito. Por desgracia, sin una formación completa, la escuela no siempre es un refugio seguro para los jóvenes no binarios y transgénero.

Por ahora, resumiremos brevemente las investigaciones que reflejan lo que los jóvenes transgénero y no conformes con el género suelen experimentar actualmente en ausencia de formación sobre conciencia de género.

En un estudio de 2013 sobre 7 898 jóvenes (de entre 13 y 21 años), la Red de Educación de Gays, Lesbianas y Heterosexuales (GLSEN, por sus siglas en inglés) descubrió lo siguiente:

- Entre 60.5 y 75% de los estudiantes transgénero declararon sentirse inseguros en la escuela debido a su género.
- De 59 a 64% de los estudiantes transgénero y *genderqueer* evitan los baños y vestidores por sentirse inseguros o incómodos.
- 75% de los estudiantes transgénero se sentían inseguros en la escuela por su expresión de género.
- Entre 59 y 60% de los estudiantes transgénero y *genderqueer* declararon haber sufrido acoso verbal.
- Entre 22 y 29% de los estudiantes transgénero y *genderqueer* informaron sobre acoso físico.
- Entre 9 y 16% de los estudiantes transgénero y *genderqueer* denunciaron agresiones físicas.
- A 31.6% de los estudiantes transgénero se les había impedido llevar ropa que se consideraba inapropiada para su sexo asignado.
- A 42.2% de los alumnos transgénero se les impidió usar su nombre elegido.
- A 59.2% de los alumnos transgénero se les había exigido que utilizaran un baño o vestuario acorde con su sexo legal.

Un estudio de Goldblum *et al.* (2012) sobre la relación entre la victimización por razón de género y el suicidio en personas transgénero descubrió lo siguiente:

- De las personas que habían sufrido violencia de género en la escuela, 14.8% (6.6% del total de la muestra de 290) declaró que la violencia de género a la que se enfrentaban era lo suficientemente grave como para que fuera la razón principal o un factor que contribuyera a que no terminaran la escuela secundaria.
- Tanto las mujeres como los hombres transgénero que habían sufrido violencia de género en la escuela declararon un número significativamente mayor de intentos de suicidio que los que no habían sido víctimas de agresión.

Hasta hace poco, la mayoría de los datos sobre las experiencias de los estudiantes transgénero y de género diverso en la escuela provenían de Estados Unidos. Con el informe de 2019, *Una crisis global en el clima escolar: Perspectivas sobre estudiantes lesbianas, gays, bisexuales, transgénero y* queer *en América Latina,* eso cambió. La red de educación GLSEN y el proyecto internacional Todo Mejora se asociaron con organizaciones en Argentina, Brasil, Chile, Colombia, México, Perú y Uruguay para realizar encuestas nacionales de estudiantes LGBTQ+.

Aunque no realizaron investigaciones únicamente sobre la identidad de género, en la encuesta se incluyeron a estudiantes transgénero y *queer.* También se consideró la expresión de género como uno de los principales puntos de recopilación de datos.

En los siete países, los datos fueron claros: las escuelas se viven comúnmente como entornos hostiles para los estudiantes LGBTQ+, la mayoría de quienes experimentan acoso verbal y victimización de manera rutinaria en estos entornos de aprendizaje. En consecuencia, muchos se sienten inseguros en la escuela, evitan las actividades escolares o faltan a la escuela por completo. Este ambiente también afecta negativamente su salud mental, autoestima y sentido de pertenencia escolar.

El impacto del *bullying* o acoso ha sido bien estudiado en todo el mundo. De hecho, hay una gran cantidad de evidencia de que las consecuencias del *bullying* son significativas y pueden tener un impacto a largo plazo. El acoso pone a todos los jóvenes en un mayor riesgo de depresión, ideas suicidas, abuso de drogas y alcohol, violencia sexual, prácticas sexuales inseguras, y puede tener un impacto académico negativo. Para los jóvenes cuyo género es diverso, estos riesgos son aún mayores en comparación con el acoso por otras razones. Las investigaciones indican que los niños y adolescentes que son acosados, especialmente aquellos que son acosados con frecuencia, pueden tener resultados negativos en su salud física, mental y social hasta por 40 años.

Además del *bullying* basado en su identidad o expresión de género, los estudiantes LGBTQ+ en los siete países también experimentaron altos niveles de violencia física y sexual. Es tal la gravedad del problema que la mayoría de los estudiantes LGBTQ+ no denuncian la victimización al personal de la escuela ni se lo cuentan a sus familiares, y cuando lo hacen, no sienten que ayude a su situación.

Aprender en un entorno seguro y de apoyo es un derecho de todos los niños y adolescentes. No obstante, para los estudiantes transgénero y otros estudiantes de género expansivo, está claro, según los datos, que un clima escolar inseguro de violencia, intimidación y acoso interfiere con este derecho básico, y puede conducir a una mayor incidencia de suicidio.

Manuel Agustín fue el primer alumno trans en un instituto histórico metodista, aquí en Uruguay, que tiene un alumnado de 1200 personas que abarcan todos los grados de formación: primaria, secundaria y bachillerato. Nuestra primera idea fue preguntarle a mi hijo si quería cambiarse de escuela y comenzar como varón en uno nuevo, pero muy seguro de sí nos respondió: "Yo quiero que mis amigos y mi colegio conozcan quién soy en realidad".

Así que debimos acercarnos a la escuela para explicar qué estaba pasando y preguntar cuál era su posición al respecto. No solo tuvimos mucha suerte porque todos sus amigos le recibieron con alegría, sino que la mayoría de sus compañeros lo respetaron y aceptaron. Obviamente siempre hay algunos que no, pero nunca se generaron situaciones de violencia.

La respuesta de la escuela ante nuestra situación fue: "Nosotros queremos mucho a Agus. No sabemos qué tenemos que hacer porque nunca tuvimos un alumno que transicionara mientras estudiaba con nosotros, pero aprenderemos juntos", y así fue.

Las barreras tradicionales aparecieron rápidamente. Su nombre legal no coincide con el elegido por él. ¿Cuál baño debe usar? ¿Con quién hace gimnasia? ¿Con quién comparte cuarto en los campamentos? Y otro sinfín de interrogantes, pero la respuesta me la dio su terapeuta. Fue una respuesta sencilla y compleja a la vez: "Eduardo, él es un varón. Tiene que hacer todas las actividades con y como los varones".

En la escuela nos explicaron que en las fichas legales no podían cambiar el nombre en tanto no cambiara su nombre legal. Ahí nos tocó depender de la buena voluntad de los profesores. A principio de año hablaron con ellos y cambiaron el nombre en las listas de asistencia. Esto fue así hasta que logramos cambiar su nombre legal.

En cuanto a gimnasia, no era el mejor, pero logró cursar sin problemas la materia. Como corolario apareció el problema de los vestidores. Ahí debimos buscar una solución intermedia. Aquí en Uruguay tanto los vestidores de los clubes deportivos como de las instituciones educativas tienen la característica de que las duchas masculinas son un ambiente compartido. Entendimos que el costo para cambiar esto era excesivo y que era mucho más barato hacer un baño individual y así lo hicieron. Tenemos que aprender también que hay que buscar lo mejor para nuestros hijos y eso a veces significa ceder en algún aspecto.

Por suerte la transición de nuestro hijo fue mejor que la esperada, aunque soy consciente de que no siembre todas las historias son así.

Aquí en Uruguay, para nuestro asombro, el problema más común en los centros educativos no es el bullying ejercido por algún compañero, sino que los profesores o directores, o por causas ideológicas o religiosas, son quienes ponen más objeción a las transiciones de lxs alumnxs.

¿QUÉ SUGERENCIAS Y CONSEJOS TIENES PARA LAS ESCUELAS?

Mi sugerencia es que se informen y que trabajen con sus comunidades escolares para lograr la inclusión. También es importantísimo identificar a los estudiantes transgénero que pudieran estar en riesgo de ser víctimas de violencia en la escuela.

MARÍA FERNANDA CASTILLA PEÓN, ENDOCRINÓLOGA, MÉXICO

En mi experiencia he visto que las escuelas "viven entre la espada y la pared". Por un lado, se cobijan con la limitada educación integral en sexualidad que hay en los libros de texto. Por otro lado, viven día a día una enorme cantidad de experiencias que les hacen ver la urgente necesidad de esa educación, pero hay familias que se oponen a ella. Entonces, tenemos escenarios diferentes en una misma escuela. Mi sugerencia es recordar que la educación sexual es un derecho humano y constitucional.

VICENTA HERNÁNDEZ HADDAD, PSICÓLOGA Y EDUCADORA EN SEXUALIDAD, MÉXICO

¿CÓMO HAS TRABAJADO CON LA ESCUELA DE TU HIJX PARA
AYUDARLES Y QUÉ DESAFÍOS Y APOYOS HA ENFRENTADO
TU HIJX EN SU ENTORNO ESCOLAR?

Llevamos a diferentes especialistas a la escuela para que capacitaran desde el personal de limpieza hasta docentes, administrativos y psicólogos. Con sus compañeros, al estar juntos desde kínder, para ellos fue natural. Algunos maestros no lo entendieron y hubo papás que hacían comentarios negativos fuera de nuestra presencia.

PADRE DE UNA CHICA TRANSGÉNERO DE 14 AÑOS, MÉXICO

En la preparatoria ha sido un proceso súper fácil. Desde el primer momento que llegamos no hubo inconveniente, a pesar de que era una escuela católica. El director nos recomendó que agilizáramos los documentos legales para que mi hija saliera con sus documentos de preparatoria en regla, acorde a su nombre elegido. Le han respetado desde el día 1.

MADRE DE UNA CHICA TRANSGÉNERO DE 17 AÑOS, MÉXICO

No hicimos ningún trabajo con la escuela. Mi hija lo manejó ella sola.

MADRE DE UNA CHICA NO BINARIA, LUEGO TRANS,
COLOMBIANA VIVIENDO EN ESTADOS UNIDOS

El entorno escolar fue desafiante desde que era pequeño, porque sus gustos y su manera de ser eran distintos de los demás niños de su edad.

Ya en una escuela menos tradicional, cuando nos dijo que quería iniciar la preparatoria con su identidad femenina, tuvimos una reunión con el director del colegio para que él le contara sobre su identidad y pudiéramos acordar cómo hacer posible la transición. La preparación de esta plática fue complicada, estresante para mí, porque, aunque la escuela era más abierta, el tema de la diversidad sexual y de género no es un tema que se hable abiertamente en este país. La recepción del director fue muy positiva y ofreció todo su apoyo para hacer posible la transición en listas y que se le llamara con el nombre y pronombres adecuados, aunque no hubiera hecho aún el cambio legal de identidad.

> *Una vez que mi hijo decidió que no se identifica como mujer y que esta transición no fue necesaria, mi hijo y yo hemos trabajado con la escuela para que se hable abiertamente con les alumnes sobre la diversidad sexual y de género, se capacite al personal y se hagan algunas actividades entorno a estos temas, por lo menos durante el mes del orgullo LGBTQ+.*
>
> MADRE DE UN CHICO DE 17 AÑOS CUYA PRIMERA IDENTIDAD FUE UNA CHICA TRANSGÉNERO, PERO QUE AHORA SE IDENTIFICA COMO GAY, MÉXICO

> *En la secundaria tuvimos que ir con la trabajadora social a pedir apoyo para que hablaran con algunos profesores que eran muy duros en relación con la vestimenta de mi hijo.*
>
> PADRE DE UN CHICO TRANSGÉNERO DE 17 AÑOS, MÉXICO

Discriminación por razón de género, acoso, violencia y violencia sexual

Las personas transgénero y visualmente no conformes con el género tienen muchas más probabilidades de ser víctimas de la violencia, incluido el asesinato, simplemente por su identidad o expresión de género. Las estadísticas de agresiones y abusos sexuales son también mucho más elevadas para esta población. El estudio de Goldblum *et al.* (2012) también descubrió que la mitad de los encuestados transgénero declararon un historial de actividad sexual forzada y 60% indicaron que habían sufrido abusos físicos a lo largo de su vida.

Todos los estudios sobre jóvenes transgénero indican una exposición significativa a la discriminación y la violencia de género. En el estudio canadiense de 2015, 70% declaró haber sufrido acoso sexual, más de un tercio declaró haber sido amenazado o herido físicamente y 36% declaró haber sufrido acoso cibernético. En este mismo estudio, dos tercios experimentaron discriminación por su identidad de género y casi la mitad por su apariencia.

Debido a la discriminación combinada de etnia y género, los adolescentes transgénero y no binarios de color experimentan mayores niveles de acoso y violencia por razón de género en su vida cotidiana que los estudiantes blancos. Las mujeres transgénero de color se enfrentan a índices desproporcionadamente altos de violencia relacionada con el odio, con los mayores índices de asesinato por odio.

En su actualización de 2016, el Proyecto de Seguimiento de los Asesinatos de Personas Trans (Trans Murder Monitoring Project, TMM) documentó 2 115 casos de personas transgénero y de género diverso asesinadas en 65 países de todo el mundo en los últimos siete años, de los cuales 146 ocurrieron en Estados Unidos y Canadá, 117 en Europa y 1 654 en México, Centro y Sudamérica. De estos 2 115 casos, se ha denunciado el asesinato de 131 personas transgénero, no binarias y visualmente no conformes con el género menores de 20 años. Más de un tercio de estas víctimas eran menores de 18 años —al menos cinco tenían menos de 14 años.

Los investigadores principales de Transgender Europe, Carsten Balzer y Carla LaGata, declararon: "Las cifras del TMM muestran solo la punta del iceberg de los homicidios de personas trans y de género diverso a escala mundial, ya que estos casos son los encontrados a través de búsquedas en internet y de la colaboración con organizaciones y activistas trans. En la mayoría de los países, los datos sobre las personas trans y de género diverso asesinadas no se recaban de forma sistemática, y es imposible calcular el número de casos no denunciados".

Sin hogar

Cuando estaba en un albergue, perdía puntos porque no tenía el pelo largo ni usaba vestidos. Incluso mis modales me causaban problemas. El personal me decía que no "hablaba como una dama" o que era "demasiado caballerosa" cuando abría las puertas a las chicas. No me dejaban ser yo porque, para ellos, estaba fuera de los límites de género con los que se sentían cómodos.

La falta de hogar es una grave preocupación para los jóvenes transgénero y no binarios. Muchos se van de casa por los conflictos, el acoso y los abusos de la familia. Otros son expulsados de sus hogares por el rechazo de su familia a su género. El estudio canadiense "Estar a salvo, ser yo" descubrió que más de una de cada cuatro personas se había escapado de casa en el último año. Esto era mucho más probable en el caso de los jóvenes que habían sufrido abusos físicos o sexuales. Algunos estudios indican que los jóvenes LGBTQ+ representan entre 20 y 40% de todos los jóvenes sin hogar.

Muchos de los programas existentes para ayudar a mantener a los adolescentes fuera de las calles, como los hogares de acogida, los refugios de emergencia, las viviendas de transición, los centros comunitarios y otras agencias específicas para jóvenes, no son capaces de abordar de forma segura y eficaz las necesidades de los jóvenes transgénero y no binarios. Hay muchas razones para ello, como la falta de formación de los proveedores y de los padres de acogida, los prejuicios y el acoso de los adultos o de otros jóvenes en estos entornos y la discriminación institucionalizada.

Muchos programas obligan a los adolescentes transgénero a ser alojados según su sexo asignado y no según su identidad de género afirmada. A muchos no se les permite expresarse de acuerdo con su identidad. El acceso a una atención médica adecuada conforme a su género afirmado suele limitarse o denegarse. Por ello, junto con el abuso o la hostilidad en los lugares de acogida temporal o en los refugios, estos adolescentes huyen o evitan estos lugares, lo que hace que acaben sin hogar o en el sistema de justicia juvenil.

Es difícil saber cuántos chicos transgénero y no binarios están en la calle. Una vez que están allí, muchos prefieren quedarse a ir a los albergues, donde es probable que se enfrenten a altos niveles de transfobia, que van desde la confusión sobre el lugar de alojamiento hasta la violencia.

Justicia juvenil

El sistema de justicia juvenil es otro ámbito en el que los jóvenes transgénero y no binarios están excesivamente representados. El primer contacto que tienen con el sistema de justicia para menores suele ser el resultado de enfrentamientos con la familia por su identidad o expresión de género. Los jóvenes transgénero y no binarios tienen el doble de probabilidades de no tener hogar, sufrir abusos sexuales y padecer altos niveles de conflicto familiar que los demás jóvenes del sistema.

Las acusaciones de descontrol o incorrección son habituales cuando un adolescente no está dispuesto a cambiar su presentación de género por las objeciones de sus padres o tutores. Así, estos jóvenes suelen entrar en el sistema de justicia juvenil por el mero hecho de ser ellos mismos, en lugar de como resultado de un comportamiento perjudicial. Los jóvenes transgénero y no binarios sin hogar suelen recurrir a conductas delictivas y al trabajo sexual como mecanismos de supervivencia, lo que aumenta su riesgo de detención y encarcelamiento.

Algunos jóvenes transgénero sin hogar pueden sentir que el trabajo sexual es su única opción para obtener ingresos y el dinero necesario para acceder a las hormonas y otras formas de atención médica. Incluso cuando los jóvenes transgénero y no conformes con el género sin hogar no se dedican a actividades penalizadas, corren el riesgo de ser detenidos. Según un informe de Amnistía Internacional de 2005, la policía suele considerar a los jóvenes transgénero y no conformes con el género como delincuentes, y aplica de forma selectiva las leyes relativas a delitos menores relacionados con la "calidad de vida", como merodear, emborracharse en público, orinar en público y tirar basura en la calle. Los jóvenes transgénero y no binarios también pueden ser detenidos por el simple hecho de dormir en la calle, lo que constituye en sí mismo un delito en muchos lugares.

Adicción, sexo inseguro y VIH

La carga adicional de gestionar una identidad o expresión de género estigmatizada puede aumentar el riesgo de que un adolescente abuse de sustancias, mantenga relaciones sexuales sin protección y contraiga el virus de la inmunodeficiencia humana o VIH. Según un estudio, 10% de los jóvenes transgénero declararon haber mantenido relaciones sexuales inseguras; los jóvenes de mayor edad tenían el doble de probabilidades de haber mantenido este tipo de relaciones sexuales que los participantes más jóvenes (12% frente a 6%).

Además de la carga del estigma, existe una correlación directa entre los adolescentes que son maltratados en la escuela debido a su identidad o expresión de género y el uso y abuso de sustancias; cuanto mayor es el acoso, mayores son las posibilidades de abuso de sustancias, sexo sin protección y contagio del VIH. El riesgo vuelve a aumentar sustancialmente para los adolescentes transgénero y no binarios que no sienten el amor, la aceptación y el apoyo de su familia. Cuando los adolescentes se sienten seguros y acogidos en sus hogares y escuelas, disminuye la probabilidad de consumo de drogas, de alcohol y de relaciones sexuales sin protección, ya que es menos probable que necesiten esos mecanismos para gestionar su dolor.

Las hormonas y la disminución de la depresión

Una vez que empezó con la testosterona, corría a la habitación para mostrarnos los nuevos desarrollos puberales, el vello en el labio, el comienzo de la manzana de Adán, el pelo más grueso. ¡Estaba tan emocionado por pasar por la pubertad! Qué contraste con el miedo constante que tenía de no empezar a usar los bloqueadores lo suficientemente pronto y que le crecieran los pechos antes de que los bloqueadores pudieran empezar a funcionar.

Los estudios de investigación siguen demostrando que los jóvenes transgénero y no binarios que encuentran la congruencia mediante medidas médicas experimentan una disminución del estrés psicológico y un mayor bienestar general. En concreto, parece que el inicio de la terapia hormonal conduce a una notable disminución de los niveles de depresión, ansiedad y estrés, así como a un aumento de la autoestima y la calidad de vida.

Algunos estudios revelan que, tras iniciar la terapia hormonal, los marcadores de malestar psicológico de las personas transgénero eran comparables a los de la población general. Por el contrario, muchas personas transgénero y no binarias que desean la terapia hormonal, pero a las que se les anima o se les obliga a probar primero otras medidas de alineación, muchas veces no consiguen el alivio de los síntomas de salud mental que obtienen los que reciben la terapia hormonal; por lo tanto, tienen un riesgo mayor de depresión y otros problemas de salud mental.

Los adolescentes transgénero de color en Estados Unidos se enfrentan a los niveles más altos de discriminación institucionalizada

Para los jóvenes de color no conformes con el género, no binarios y transgénero, la combinación de la discriminación basada en el género con el racismo cultural e institucionalizado omnipresente agrava el efecto negativo de forma significativa y con mayor frecuencia conduce a resultados devastadores.

Un informe de la ciudad de Nueva York mostraba que 82% de los jóvenes transgénero sin hogar eran individuos multirraciales negros e hispanos; estos informaron haber sufrido porcentajes más altos de violencia de género (71.4%). Los adolescentes transgénero y no binarios de color corren un mayor riesgo de ser detenidos por la policía, tienen más probabilidades de acabar en el sistema de justicia juvenil, se enfrentan a mayores niveles de agresión física y acoso verbal en los espacios públicos, y tienen mayores niveles de contagio del VIH. Los jóvenes de color tienen menos acceso a la atención médica relacionada con la condición transgénero, por lo que es más probable que utilicen hormonas que consiguen en la calle, sin la debida supervisión médica indispensable para garantizar su seguridad.

Los jóvenes transgénero y no binarios proceden de todos los niveles sociales. Aunque todos se enfrentan a enormes obstáculos, las desigualdades relacionadas con el género y la etnia agravan tanto los retos como los riesgos para los jóvenes transgénero y no binarios de color. Aunque todos los jóvenes de género expansivo necesitan verse reflejados en la cultura y la sociedad, las investigaciones realizadas con jóvenes transgénero de color indican que ver modelos positivos de sus propias comunidades influye mucho en la aceptación personal, la autoestima y la consolidación de la identidad.

Las personas no conformes con el género que se distinguen a simple vista corren mayor riesgo

Sin importar que alguien sea transgénero, no binario o simplemente no conforme con su expresión de género, las personas que se distinguen a simple vista como no conformes con su género suelen correr un mayor riesgo de sufrir ataques físicos, agresiones sexuales y brutalidad policial que sus homólogos transgénero visualmente conformes. Las personas visualmente disconformes pueden tener barba y usar falda o ser una persona cuya apariencia hace que la gente asuma que es un hombre, pero en realidad se identifica como mujer o no binaria y utiliza los baños de mujeres. Las personas visualmente no conformes tienen menos probabilidades de buscar o recibir tratamiento médico debido a la discriminación y a menudo se les niega por completo la atención relacionada con la transición. El estudio canadiense "Estar a salvo, ser yo" reveló que dos tercios de los participantes declararon haber sido discriminados por su identidad de género y aproximadamente la mitad por su aspecto físico.

En el capítulo 10, "Lo que puedes hacer para mejorar las probabilidades", examinaremos el efecto de diversas prácticas de crianza en la salud a largo plazo de los adolescentes transgénero y no binarios. Aunque no hay garantías ni píldoras mágicas que aseguren el bienestar de un niño, hay algunas buenas noticias. Hay pruebas sólidas de que el apoyo de la familia es la clave para una mayor salud y bienestar de estos adolescentes. Tu amor y tu apoyo tienen una repercusión significativa. Al utilizar prácticas de apoyo basadas en la evidencia y fomentar actividades que mejoren la resiliencia, al educarte en el tema, defender a tu hijo y encontrar la atención médica y mental necesaria, puedes mejorar de manera significativa las posibilidades de que tu hijo tenga una vida larga y provechosa.

Para la comunidad de países latinoamericanos, es necesario hacer un llamado internacional para la protección de la infancia y adolescencia trans, como lo manifestó la OEA en el comunicado de prensa que publicó el 16 de mayo de 2017,[5] un día antes del Día Internacional contra la Homofobia, la Transfobia y la Bifobia (17 de mayo), documento del cual publicamos a continuación un fragmento:

> Las/os/es niñas/os/es y adolescentes trans y de género diverso también son más vulnerables a la violencia en la escuela (acoso) y a la exclusión en la clase, en los juegos, en los baños y en los vestuarios, camino a la escuela y a casa y en la red (ciberacoso).
>
> Un entorno hostil puede, lamentablemente, llevar a estudiantes trans y de género diverso a abandonar la escuela y la familia a una edad temprana. Quedan expuestos a la carencia de hogar, a los mercados laborales informales, a la economía delictiva, a ser objeto del uso de perfiles por la policía y a un ciclo de pobreza, marginación y más discriminación y violencia para el resto de su vida.
>
> Instamos a los Estados a que adopten y apliquen medidas para prohibir la violencia, así como leyes contra la discriminación que abarquen la identidad y la expresión de género y la orientación sexual, tanto real como percibida, como motivos prohibidos de discriminación, a que elaboren programas de enseñanza y material didáctico incluyentes, a que capaciten y apoyen a los docentes y demás personal escolar, a que ofrezcan programas de educación y apoyo para padres y madres, a que proporcionen acceso seguro y no discriminatorio a los baños y a que lleven a cabo programas de concientización para cultivar el respeto y la comprensión de la diversidad de género.
>
> El rechazo deja a las/os/es niñas/os/es y adolescentes trans y de género diverso más expuestos a padecer problemas de salud mental, como sentimientos de aislamiento y depresión, que pueden desembocar en lesiones autoinfligidas y suicidio. Por lo tanto, es crucial crear espacios seguros y propicios donde estas personas jóvenes puedan recibir apoyo directamente para ayudarles a abordar los prejuicios y la discriminación que puedan enfrentar.

---

[5] https://www.oas.org/es/cidh/prensa/comunicados/2017/061.asp

¿CUÁLES SON LAS MAYORES DIFICULTADES QUE AFRONTAN LAS NIÑAS, NIÑOS Y JÓVENES NO BINARIOS Y SUS FAMILIAS?

Lo principal es el entorno social. A veces no son sus padres, sino la familia indirecta.

GABRIEL DÍAZ, PSIQUIATRA, CHILE

La poca aceptación por parte de profesores y directivos de las escuelas, y por parte de los padres de los otros niños dentro del sistema escolar, es, sin duda, algo que debe cambiar.

ANGÉLICA RESTREPO, PSICÓLOGA, COLOMBIA

Los miedos de las familias, las barreras ideológicas de la sociedad, la ignorancia y los mitos.

ELIZABETH TORRES, SEXÓLOGA, COLOMBIA

Los miedos, enojos y dolores que pasa toda la familia, debido a la desinformación y los mitos que se han venido acumulando desde hace ya muchos siglos. Eso hace que las infancias y adolescencias diversas vean retrasados sus procesos de transición.

FERNANDO ÁLVAREZ, SEXÓLOGO, MÉXICO

Las barreras culturales, la ignorancia y la violencia son factores que en definitiva representan obstáculos para estas familias y sus hijxs.

DR. MARIO ANGULO, ENDOCRINÓLOGO, COLOMBIA

A veces escucho que los mismos padres no comprenden a sus hijes y a veces incluso les rechazan. Ojalá pudiera hacerles entender que deben escuchar a sus hijes.

Otro obstáculo para estas familias y sus hijes es que en las escuelas no respeten la identidad de género de lxs niñxs, sobre todo en el uso del baño acorde a su identidad de género.

MIRIAM ÁNGEL, FACILITADORA DE UN GRUPO DE APOYO, MÉXICO

La falta de información, el temor al qué dirán, aspectos religiosos, creencias irracionales y algo fundamental: enfrentarse al duelo de las expectativas que tenían acerca de la persona, incluyendo matrimonio e hijos, lo cual en la actualidad puede tener toda persona, independientemente de su sexo, identidad de género y orientación sexual.

VICENTA HERNÁNDEZ HADDAD,
PSICÓLOGA Y EDUCADORA EN SEXUALIDAD, MÉXICO

El cambio ha sido lento. Ha sufrido depresión y disforia.

PADRE DE UN CHICO TRANS DE 17 AÑOS, MÉXICO

Capítulo 7

Apoyar a tu hijo adolescente en su camino de género

Cuanto más hemos tratado el tema del género de forma positiva, mejor ha sido su estado de ánimo; es como si se hubiera levantado una nube, ya no tiene dolores de cabeza. Probablemente tres veces a la semana se iba a dormir llorando. Ya no lo hace.

Género personal

La tendencia que tiene nuestra sociedad a pensar en el género en términos binarios pasa por alto la riqueza y la complejidad del género. Como hemos dicho, existen múltiples dimensiones del género: el cuerpo, la identidad de género y la expresión de género (incluidos los roles de género). Cada una de estas dimensiones también está informada por la intersección única de identidades que cada uno de nosotros tiene. Todos somos algo más que nuestro cuerpo, nuestra identidad de género y nuestra expresión de género. También somos nuestra etnia, clase, sentido del lugar geográfico, historia familiar, roles y expectativas de género de la comunidad, etc. La verdad es que hay innumerables formas en que las personas expresan, sienten e identifican el género. Nuestro género personal representa la forma en que todas estas identidades e influencias se unen de forma única y se encarnan en cada uno de nosotros.

El género personal en la cultura familiar

A veces puede parecer que el género de tu hijo adolescente está en conflicto con tu familia, tu cultura, tu fe o tu comunidad en general, lo que puede suscitar un complejo conjunto de lealtades que parecen jalar en distintas direcciones. Tal vez sea un tema con el que estés familiarizado, ya que puedes haber tenido tus propias dificultades con las expectativas de género en tu familia o comunidad, pero el nivel de disonancia entre las expectativas puestas en ti y tu género personal puede no haber sido tan grande como el de tu hijo. Para tu adolescente, esta disonancia puede ser tremenda. Pensar que ser fiel a uno mismo pueda significar la pérdida del apoyo familiar y cultural es demasiado difícil de soportar para muchos.

El género no es la única arena donde se plantea este posible conflicto cultural, pero como es un área que crea fuertes sentimientos por parte de todos los implicados, puede ser especialmente complicada de navegar. Es muy probable que tu hijo también sienta esta tensión. Según nuestra experiencia, los adolescentes se esfuerzan mucho por averiguar cómo cumplir las expectativas familiares sin decepcionar a sus seres queridos y son muy conscientes del difícil lugar en el que pueden encontrarse sus padres al intentar atender las necesidades de sus hijos y, al mismo tiempo, afirmar sus creencias, valores, relaciones y expectativas familiares. Hazle saber a tu hijo que lo quieres y lo apoyas y que quieres que trabajen juntos para encontrar un camino que honre a todos.

Dar un lugar al género de tu hijo

> Mi hijo es no binario en su presentación. La gente suele confundirlo con una chica. Se identifica como chico, pero su pelo largo, su sensibilidad, su belleza y sus gestos le causan muchos problemas. No quiere cambiar su aspecto, pero puede sentirse invalidado por quienes piensan que cómo luce lo hace femenino.

¿Cómo puedes, como padre, mantener tu propia identidad al tiempo que apoyas a tu hijo para que haga lo mismo? Si tomamos como punto de partida que cada persona es única, entonces debemos encontrar una manera de que las personas que no existen dentro del binarismo de género, o que no se expresan de forma coherente con las normas y expectativas culturales, sigan teniendo un lugar dentro de su familia y su cultura y religión.

Muchos padres se encuentran en esta lucha. No hay enfoques sencillos ni respuestas fáciles. Tendrás que encontrar formas de apoyar a tu adolescente al interior de su propia cultura. Siempre que sea posible, pregúntale: "¿Cómo puedo ayudarte a dar sentido y navegar por estas partes de tu identidad que parecen crear una sensación de conflicto?". Mientras exploras esta cuestión personal, puedes preguntarte: "¿Cómo puedo apoyar a mi hijo y conseguir que mi familia y mi comunidad hagan lo mismo?". Hemos visto a personas de muchas culturas diferentes propiciar la reconciliación del niño y la comunidad de una forma maravillosa; aunque no es fácil, es posible. Confiamos en que puedas encontrar el camino adecuado para conseguirlo.

Las decisiones tomadas en este proceso pueden tener consecuencias a largo plazo en la salud y el bienestar de tu hijo. Si tu familia o comunidad no está dispuesta a respetarlo y aceptarlo, puedes enfrentarte a la elección entre apoyar a tu adolescente o ser aceptado y validado por tu familia o tu comunidad. Tu hijo interiorizará las decisiones que tomes en esta situación. Si eliges la validación de los demás en lugar de apoyarlo, sentirá que está solo en este proceso. Este tipo de desconexión de los padres y la familia puede tener consecuencias devastadoras.

¿En qué punto se encuentra tu adolescente cuando te unes a él en su camino?

Muchos adolescentes se dan cuenta de su identidad de género por sí mismos. Pueden haber luchado con sus sentimientos durante años antes de hablar contigo sobre eso, al mantener el conflicto en torno a su género en privado hasta que los riesgos de la expresión personal ya no superan los beneficios. Otros adolescentes pueden hacértelo saber al principio de su proceso de autorrealización.

Lo que tu adolescente necesita es específico para él o ella: los plazos y los pasos a seguir tienen que ver con sus necesidades y circunstancias particulares. Algunos adolescentes tardan años en explorar lo que les ocurre y en encontrar un sentido completo de congruencia; es un desarrollo lento. Otros tienen muy claro el camino que tienen por delante y avanzan a gran velocidad hacia la congruencia. Si este es el caso de tu hijo adolescente, puede ser necesario que te subas a bordo rápidamente o que te arriesgues a que actúe de forma independiente para buscar los cambios que cree que necesita, como conseguir hormonas a través de internet, en lugar de hacerlo con tu apoyo mientras está bajo el cuidado de un médico.

Tu adolescente puede no ser tan valiente como parece

Ten en cuenta que hay una idea errónea que tienen muchos de los padres con los que nos encontramos, quienes consideran que su hijo adolescente parece estar al tanto de toda esta cuestión del género y creen que son simplemente ellos, como padres, los que tienen que ponerse al día. Aunque este puede ser el caso inicialmente, el camino hacia la plena autoaceptación de una identidad de género menos común y todavía tan marginada es largo y multifacético. Tu hijo o hija puede al principio sentir que tiene que actuar como si estuviera completamente bien consigo mismo para poder ganarse tu apoyo, pero una vez que esté más seguro de tu amor inquebrantable, puede revelarte (y tal vez a sí mismo por primera vez) lo asustado o inseguro que está.

Conviértete en el aliado de tu hijo

Después de hablar con mi terapeuta, me senté con mi hija y le dije que si quería vivir su vida como quien realmente sentía que era, que yo estaría con ella en cada paso del camino. Fue como si le hubiera dado las llaves de un reino que ella no sabía que existía. Me dijo: "¿Quieres decir que puedo hacerlo?". Le dije: "¡Por supuesto!". Y comenzó el proceso de transición.

Tanto si tu adolescente te acaba de decir que es transgénero o no binario, como si hizo la transición socialmente hace años, hay muchas áreas de cambio y decisiones que deben tomarse durante los años de la adolescencia. Es un momento crítico en la relación. Los adolescentes y sus padres no siempre están de acuerdo; cuando se añaden los matices de la expresión de género y las decisiones sobre la modificación del cuerpo, la adolescencia puede ser muy compleja. Combina esa complejidad con una fuerte dosis de urgencia por parte de tu hijo adolescente y podrás entender por qué esta época resulta tan estresante. Si tu hijo te percibe como un aliado, es probable que experimentes menos estrés en la relación entre ambos. Ser un aliado no significa que tengas que estar de acuerdo con todo lo que quiere; significa, sin embargo, que sabe que estás de su lado, trabajando activamente con él o ella para averiguar cómo satisfacer mejor sus necesidades.

Estar disponible

Los jóvenes transgénero y no binarios necesitan un apoyo adicional durante la adolescencia. Puedes marcar una diferencia significativa en los resultados a largo plazo de tu hijo si estás disponible y te mantienes en contacto con él o ella durante esta época. La adolescencia es dura en el mejor de los casos. Desde el punto de vista del desarrollo, es una época de individualización que implica naturalmente el alejamiento de los padres y el desarrollo de relaciones más fuertes con los compañeros. Así, si quieres mantener una relación estrecha con tu adolescente, por muy difícil que sea, también debes concederle el respeto y la autonomía que necesita durante esta fase para crecer.

Entabla una conversación

> Había estado muy deprimida y aislada, así que le pregunté si le pasaba algo en concreto. Por su respuesta me di cuenta de que así era. Le dije que no iba a salir de su habitación hasta que me contara lo que pasaba. Me dijo de mala gana: "Soy un chico".
>
> ❖
>
> Mi hija parece tan autosuficiente que me olvido de que necesita y quiere el contacto conmigo. A veces solo se trata de acurrucarse y ver un programa de tele favorito, pero cada vez más se trata también de la forma en que ella ve el mundo, de asuntos de justicia en la escuela y en el mundo en general. A menudo, en estas conversaciones escucho sus pensamientos sobre temas de los que no suele hablar, como el género. Sin estas pláticas sobre "grandes ideas", no sabría tanto sobre su mundo cotidiano y cómo lo experimenta.

Es importante que mantengas abiertas las líneas de comunicación con tu adolescente en torno a las cuestiones de género. Habla de tus propias experiencias con el género y de cualquier limitación que hayas experimentado a causa de las normas de género, para que entienda que todo el mundo tiene una historia de género, no solo las personas de género no conforme. Si aún no forma parte de tu manera de actuar, intenta plantear el tema con tu adolescente de forma regular, para que no piense que es algo que solo él quiere discutir. Una forma de hacerlo es hablar sobre el género tal como aparece en los medios de comunicación y la cultura pop. Los adolescentes suelen estar más abiertos a tocar el tema cuando la conversación no se centra en ellos. Estas conversaciones sobre el género tienen varios propósitos. Ayudarán a tu hijo a superar su propia confusión personal y permitirán que no se sienta tan solo en sus exploraciones. Las conversaciones te ayudarán a comprender mejor con qué está luchando tu adolescente y cómo se siente y, por último, les permitirán a los dos consolidar su conexión, lo que también aumentará la capacidad de resiliencia de tu hijo.

Establece el tono de estas exploraciones para que tu hijo adolescente sienta tu aprobación y apoyo.

Siempre que hables de género, recuerda mantener un lenguaje corporal neutro o acogedor. Sé consciente de tus expresiones faciales. Lo ideal es que tus palabras, tu tono de voz y tu lenguaje corporal comuniquen acercamiento y apertura. La aceptación de quién es tu hijo puede llegar muy lejos, así que haz lo que puedas para hacerle saber que lo quieres por ser fiel a sí mismo y que quieres saber quién es realmente. Deja a tu adolescente espacio para explorar y para no tenerlo todo resuelto todavía. Hazle saber que su casa es un lugar donde puede ser él mismo y no tiene que preocuparse por el rechazo o el juicio, en especial el tuyo. Anímalo a abrirse a ti para que juntos, como un equipo, puedan explorar lo que es adecuado para él o ella.

Celebra la fuerza de tu adolescente

Cuando tu hijo ve que comprendes por lo que está pasando, aumenta su sensación de conexión y disminuye su aislamiento. Esto fomenta su resiliencia. Tómate el tiempo de reconocer regularmente su fuerza. Hazle saber que lo admiras. Sé claro con tu hijo adolescente sobre tu compromiso con él o ella y con su bienestar.

Haz preguntas (pero no interrogues)

A veces, los padres interrogan a sus hijos de forma involuntaria, lo que puede indicar enfado, miedo o desconfianza. Los mismos sentimientos pueden aparecer al hacer preguntas sobre el género de tu hijo. A nadie le gusta sentirse interrogado; asegúrate de que tus preguntas sean realmente preguntas.

Comparte con él o ella qué cosas te gustaría conocer mejor. Muéstrate curioso e interesado. Una forma de establecer una conexión durante este tipo de conversaciones es responder a esas mismas preguntas tú mismo. Cuando sea apropiado, esta puede ser una forma estupenda de que todos los miembros de tu familia compartan algo sobre sí mismos y lleguen a conocerse más profundamente. Si tienes otros hijos, es una manera de que se sientan involucrados y valorados. Es importante que cuando hables de género con tu adolescente transgénero o no binario comprendas todo lo que puedas sobre su género personal. No te limites a preguntar cuál es su identidad de género, averigua qué significa esa identidad para él y cómo ve su género como parte del tapiz más amplio de lo que es.

Apertura para admitir los errores

Mi compañera fue muy dura con nuestro hijo, expresando que no creía que las hormonas fueran adecuadas para los adolescentes transgénero.

Cerró la conversación antes de que empezara. Eso dañó definitivamente su relación. Después de hablar largo y tendido con otras familias en situaciones similares, se dio cuenta de que estaba equivocada. Se disculpó y lo solucionaron, pero les llevó algún tiempo.

Si anteriormente has abordado las conversaciones sobre el género de tu hijo de una forma negativa o contraria, debes saber que es posible cambiar la dinámica establecida, pero puede llevar un poco de tiempo para que confíe en tu nueva apertura y cambio de enfoque. Puede que tu adolescente se muestre combativo cada vez que saques el tema del género. Es probable que esto se deba a que se siente a la defensiva, incomprendido, herido o temeroso de ser juzgado. Tal vez no esté preparado para hablar contigo de un tema tan personal. Lo primero que puedes hacer para recuperar su confianza es disculparte y volver a intentarlo. Pídele que lo vuelva a hacer y comparte la respuesta que desearías haber dado. Aunque no hablen, es probable que escuchen. Puede ser útil escribirlo en una carta y dársela a tu hijo. Si lo haces, debes saber que esta carta significará mucho. Intenta mantener tus preocupaciones, dudas o miedos fuera de ella, pues este contexto no es el momento ni el lugar para expresarlas. Cuando le pidas perdón por tu forma de abordar su género en el pasado, comunícale tu amor, apoyo y disposición a escuchar su experiencia y a ayudarlo en todo lo que puedas.

Cuando tu hijo adolescente guarda silencio

Hace más de un año que salió del clóset a través de un texto, pero mi hijo sigue sin hablar abiertamente conmigo sobre su género. En casa tenemos muchas charlas generales sobre el género, pero nunca se llega a lo personal.

Algunos adolescentes comparten con sus padres sus sentimientos sobre su género y luego cierran la comunicación sobre el tema. Esto puede ser una respuesta de autoprotección a su reacción original, o puede que simplemente sientan la necesidad de decírtelo, pero aún estén inseguros respecto de muchos aspectos de su género. Bríndale a tu hijo adolescente el espacio necesario para compartirlo poco a poco. Puede sentirse herido o rechazado si has respondido de una forma que no es la ideal, si lo has presionado para que dé más información de la que está dispuesto a compartir o si has cuestionado la validez de sus afirmaciones sobre su género. También puede tener miedo al rechazo o estar tan confundido que no sepa cómo hablar del tema. Tal vez tenía suficiente valor el día que te lo dijo, pero ese coraje ha desaparecido. Si lo compartió contigo por correo electrónico o por mensaje de texto, hablar cara a cara puede hacerlo sentir demasiado vulnerable. Esto puede ser frustrante como padre, sobre todo si puedes ver que tu hijo está sufriendo.

Si tiene dificultades para hablar contigo, anímalo a que comparta lo que le resulte más cómodo. Algunos se sienten mejor enviando un correo electrónico o un mensaje de texto sobre lo que sienten o están pasando. Otros se sienten mejor hablando con sus padres por teléfono, aunque sea desde su habitación. Tal vez tu hijo prefiera hablar primero con su hermano o con un amigo y que esa persona lo comparta contigo en su nombre (o que ambos hablen contigo). Básicamente, haz lo que puedas para crear un puente de seguridad entre los dos, de modo que puedas darle la seguridad a tu hijo de que, independientemente de lo que sienta, estarás a su lado y lo ayudarás a superarlo.

Si el silencio es solo una parte de un conjunto de comportamientos que los dejan a ambos desconectados, puede que tengas un problema mayor. Por ejemplo, si tu adolescente se retrae después de que le digas que crees que debería esperar un año antes de empezar a tomar hormonas o que tiene que seguir yendo a su colegio a pesar del acoso, puede ser que el silencio —y el retraimiento— tengan que ver con el límite que has puesto. Si sospechas que es así, compruébalo. Si la condición que estableces lo hace desconectarse de ti, será difícil saber qué le pasa. Puede caer en la depresión, hacer planes para conseguir hormonas por su cuenta, planear una huida o contemplar la posibilidad de autolesionarse como reacción a este límite. Habla con tu adolescente, intenta reabrir las líneas de comunicación. Cualquier momento en que tu adolescente se retraiga puede ser el tiempo adecuado para iniciar una terapia familiar.

Cuando tu hijo adolescente se cuestiona activamente su género

Está bien no saberlo

Mi hija nos dijo que era pansexual y decidió cambiarse el nombre por uno de género neutro. Al principio, pensó que también podría tener una identidad de género no binaria, pero con el tiempo se ha dado cuenta de que se siente mujer. Es su orientación sexual la que es neutral y de género inclusivo, no su identidad de género.

Se necesita tiempo para poder entrar plenamente en contacto con tu género. Dado que todos estamos bajo la influencia de la sociedad en relación con nuestro género inferido (basado en nuestro sexo asignado al nacer), puede ser un proceso largo desprenderse de lo que nos han dicho sobre cómo comportarnos y ser capaces de reconocer quiénes somos auténticamente.

Resiste el impulso de apresurar a tu hijo adolescente para que "decida" un género. Puede ser difícil estar en un lugar de no saber; es más cómodo cuando las cosas son definitivas. Sin embargo, cuando se trata del género, a veces la única forma de encontrar el ajuste correcto es probar algo y vivir con eso durante un tiempo. Es un proceso que no puede ni debe realizarse precipitadamente.

Demuestra a tu hijo adolescente tu compromiso de aprender con él o ella. Hazle saber que no pasa nada si se siente confuso o abrumado, que no está solo porque tú eres su compañero en este proceso. Es completamente normal que tenga miedo e incertidumbre mientras explora cuál es su género y lo que esto puede significar para su futuro. Aunque parezca que no, él quiere tu aprobación.

Uno de tus objetivos es ayudar a tu adolescente a desligar su proceso de autodescubrimiento de su deseo de tu aprobación y del miedo a tu rechazo. Uno de los regalos más hermosos que puedes hacerle es tu estímulo. Puedes ayudarlo a llegar a un lugar de conciencia personal y de autoaceptación que, de otro modo, no habría podido alcanzar por sí mismo.

Hazle saber a tu hijo que es normal

Ser transgénero o no binario es completamente normal, pero puede que tu adolescente no lo sepa o no se sienta así. A lo largo de la historia, muchas personas han sentido que eran transgénero, que pertenecían a otro género o que eran una mezcla de géneros. Algunas culturas aún reconocen la existencia de múltiples géneros. Las personas no binarias y transgénero están en todas partes, aunque no siempre son visibles. Puedes compartir con tu hijo que todos nos relacionamos con personas transgénero y no binarias de forma habitual, pero que tal vez no lo sepamos. Son dentistas, padres, profesores, auxiliares de vuelo, modelos, arquitectos, etc. Son parte de la sociedad y siempre lo han sido. Si tu hijo adolescente se siente aislado, puedes compartir libros, videos, blogs y películas que muestren la diversidad de las personas transgénero y no binarias a lo largo del tiempo.

Ayúdalo a explorar la complejidad del género

Es posible que tu hijo adolescente no sepa mucho sobre la complejidad del género. Muchos adolescentes han oído hablar de las personas transgénero, pero pueden tener algunos conceptos erróneos sobre ellas. Los adolescentes nos han dicho con frecuencia que pensaban que no eran transgénero porque les dijeron que, si no sabían que lo eran desde pequeños, entonces no podían serlo. Aunque es estupendo que la gente se familiarice con los niños transgénero, es lamentable que algunas personas no se den cuenta de que es perfectamente natural reconocer la propia identidad de género transgénero o no binaria en cualquier momento de la vida.

Los adolescentes a menudo ni siquiera son conscientes de la existencia de las identidades no binarias. Puede que sientan que el género que se asume que tienen es incorrecto, pero tampoco sienten que sean del "otro" género. No ven a las personas con identidades de género no binarias en el mundo que les rodea, y desde luego no están representadas positivamente en la cultura dominante, por lo que a veces depende de nosotros, como padres, hacerles saber que las identidades de género no binarias existen. Una vez que los adolescentes no binarios están expuestos a la idea de que hay algo más que un hombre, una mujer y una persona transgénero, el mundo puede abrirse y ellos pueden ver espacio para sí mismos y reclamar su identidad.

El espectro de género

Es bueno asegurarle a tu adolescente, desde el principio de sus conversaciones sobre el género, que este es un espectro y que cada uno de nosotros tiene su propio género personal. Comparte con tu hijo que una persona puede estar en cualquier parte de ese espectro o incluso sentir que está fuera de él. Puede ser que lo único que sepa con seguridad es que no se identifica con el género que se supone que tiene. Esto puede ser tan cierto para un adolescente transgénero que ha hecho la transición social antes de la pubertad como para un adolescente que acaba de expresar su incomodidad de género. Cuando un adolescente es consciente de que no se siente cómodo en su género, es una respuesta natural querer saber exactamente dónde se sentirá cómodo y dónde se encuentra dentro del espectro. Todos queremos respuestas cuando se trata de lo desconocido. Por desgracia, no siempre es lo que permitirá a una persona sentirse mejor. A veces, la única forma de determinarlo es por ensayo y error. Este proceso puede ser frágil y extraño. El camino adolescente de autodescubrimiento del género se complica por el hecho de que tu hijo está averiguando todo esto mientras está bajo el escrutinio de los demás. También se ve agravado por los demás aspectos del desarrollo de un adolescente. Tu apoyo durante este periodo de cuestionamiento y confusión es inestimable.

Ayuda a tu hijo para que entienda que no tiene que ser gay para ser transgénero o no binario

A algunos adolescentes les cuesta reivindicar su género porque piensan que todas las personas transgénero y no binarias son gays o lesbianas, y ellos no se sienten así. Explícale a tu hijo o hija que el género y la orientación sexual son aspectos separados entre sí. Ser transgénero o no binario tiene que ver con la identidad de género de una persona y la orientación sexual tiene que ver con la atracción sexual que siente por otros. Hay muchas personas transgénero y no binarias de todas las orientaciones sexuales.

Ayuda a tu hijo a entender que puede mantener su género en privado y seguir siendo transgénero o no binario

Algunos adolescentes creen que las personas transgénero que han visto en la televisión y en otros lugares no son representativas de lo que ellos mismos experimentan y, por lo tanto, piensan que no deben ser transgénero. Las personas que han visto pueden tener una presentación de género diferente de la suya, o tal vez tu adolescente siente que debe dejar su género en privado y cree que para ser transgénero o no binario debería tener una actitud comunicativa y política abierta. Tu hijo tiene que entender que hay muchas formas de ser transgénero o no binario. Recuérdale que tal vez nunca sean conscientes de otros adolescentes transgénero que guardan para sí la realidad de su género, ya que simplemente se mezclan, por lo que nadie podría señalarlos por su género.

Deja de lado las ideas preconcebidas

Estábamos frente a frente en el mostrador de la cocina y me dijo con insistencia que se sentía más cómodo en la sección de chicos de la tienda, como si se estuviera mejor ahí que en la sección de chicas, en donde se sentía incómodo. Quería usar ropa de chico. Le expliqué que en realidad nunca había sido una chica "ñoña" y que por lo visto prefería una apariencia masculina. No me importaba el tipo de ropa que usara. Salimos y se compró unos jeans y unas camisas nuevas. Básicamente, no entendí lo que realmente intentaba decirme, aunque lo dejé expresarse de la forma que quisiera. En realidad, no entendí lo que realmente intentaba expresar.

Estar abierto a lo que es y tratar de dejar de lado las ideas preconcebidas, las nociones y las preferencias en relación con la identidad de género o la expresión de género de tu hijo adolescente permitirá que este explore quién es sin sentir que hay un guion que debe seguir.

Las identidades y la autoconciencia de la propia identidad pueden cambiar, profundizarse y desarrollarse con el tiempo. A veces estos cambios están relacionados con la exposición a identidades y expresiones que tu adolescente no sabía que existían antes; otras veces, estos cambios son el resultado de la maduración personal o el resultado de una liberación de una estigmatización interiorizada. Lo que tu hijo elija como su identidad puede cambiar con el tiempo, o tal vez no. Intenta dejar de lado cómo crees que va a ser y deja que se desarrolle de forma natural.

Vivir con lo desconocido

Tuvimos que empezar a medicar a nuestro hijo para suprimir las hormonas de la pubertad. Siempre se había sentido niño y niña y todos necesitábamos tiempo para averiguar qué pubertad sería la adecuada para él.

El autodescubrimiento no suele ser lineal. Cuando se trata de la exploración del género en la adolescencia, el camino puede implicar mucho ensayo y error antes de alcanzar la claridad.

Haz todo lo posible para dar a tu hijo adolescente el espacio necesario para explorar su género y las formas en que quiere expresarlo. Apoyándolo y animándolo, este encontrará lugares de expresión personal y autodeterminación que le parezcan correctos y lo hagan sentir bien. Al principio, puede ser más fácil para él o ella encontrar los lugares que simplemente lo ayuden a sentirse mejor. Con el tiempo y con tu apoyo, tu adolescente pasará orgánicamente de la confusión al conocimiento de sí mismo, tomará decisiones sobre la autoexpresión y se asentará finalmente en un lugar de estabilidad e integración. Puede ser incómodo pasar por este proceso para el que no hay una guía. Intenta hacer las paces con quien es y con su proceso de descubrimiento: puede ser un regalo el camino hacia un destino desconocido.

Entender lo que está pasando: un paso a la vez

Llegar a un punto de aceptación y expresión de su auténtico género es un camino en el que cada paso ilumina el siguiente, y la única forma de saber si un paso es el adecuado o no es probarlo. Aunque tu hijo tenga claro que es transgénero o no binario desde hace años, la adolescencia puede traer consigo muchas encrucijadas nuevas y a menudo no anticipadas en relación con su género. Podrás ver un poco más del camino que tienes ante ti con cada paso que tu hijo adolescente dé hacia la identidad y la expresión. Puede que no seas capaz de ver todos los giros, las vueltas y los senderos laterales que hay por delante, pero puedes confiar en que cada paso aclarará el siguiente. En cada nueva etapa, tu adolescente y tú ganarán claridad, encontrarán los recursos necesarios y explorarán las opciones adecuadas. Este proceso se repite una y otra vez.

Por ejemplo, si tu hijo sabe que quiere cambiar su nombre por algo que le parezca adecuado, puede probar unos cuantos antes de decidirse por uno que le guste de verdad y empezar a usarlo. A continuación, ambos averiguarán la mejor manera de decírselo a los demás en sus círculos sociales y familiares, cómo abordar este cambio en la escuela, formalizar un cambio de nombre legal (si se desea) y actualizar los documentos de identidad (si se desea y si es posible). Este es un ejemplo de una trayectoria bastante clara.

Otras no tienen una progresión tan lineal. Por ejemplo, puede que tu adolescente y tú hayan determinado que la terapia hormonal era el siguiente paso hacia la congruencia corporal solo para enterarse, después de iniciar las hormonas cruzadas, de que no se sentía bien. O tu adolescente puede haber descubierto que está preparado para expresar su género de una determinada manera en algunos entornos, como en su grupo de jóvenes, pero quizá no en la escuela.

Anima a tu hijo a que se adapte a sus sentimientos mientras prueba cosas nuevas y explora diferentes partes del espectro de género. Cada paso revela el siguiente. Probar algo y descubrir que no se siente "bien" no indica un paso atrás, una confusión o haber hecho algo equivocado; es solo que no siempre pueden saber qué se siente bien hasta que lo prueban. Una vez que lo hacen, queda claro cuál es el mejor paso siguiente. Es un proceso de perfeccionamiento para pasar de lo que se siente mal a lo que se siente mejor y, finalmente, a lo que se siente bien.

Resiste cualquier impulso de desalentar la experimentación continua o que invalide la experiencia de tu hijo o hija con su género solo porque todavía está en proceso de desarrollo. Una vez que él o ella haya alcanzado la congruencia (de nuevo, puede que esto no ocurra hasta que tenga veintitantos años), tal vez puedas respirar aliviado. Deberías hacerlo. Es probable que a partir de aquí todo sea más fácil. Pero ten en cuenta que el autodescubrimiento y el crecimiento personal son procesos que duran toda la vida.

¿Cómo puedo ayudar a mi hijo si tiene problemas con su género?

Si tu hijo adolescente expresa que no se siente "bien" en el género que ha asumido, es importante ver si pueden identificar juntos qué es lo que le resulta incómodo. Ayudar a tu hijo a identificarlo lo ayudará a ver dónde puede no sentirse acorde con su auténtico *yo*. Una vez que hayas encontrado la fuente o fuentes de incomodidad, puedes ayudarlo a trabajar paso a paso para encontrar lo que siente coherente con quien es.

Si tu hijo está seguro de lo que necesita para sentirse congruente, pero tú aún no estás de acuerdo, considera la posibilidad de permitirle dar pasos que sean reversibles. Esto te permitirá ganar tiempo para aumentar tu comprensión de lo que le ocurre a tu hijo, al tiempo que le permites avanzar en su camino.

El mismo enfoque vale la pena si sospechas que tu adolescente puede estar precipitándose. Considera la posibilidad de permitirle el acceso a los supresores de la pubertad y apoyar la autoexpresión reversible. Pero también debes saber que se trata de una línea muy fina. Como ya comentamos, los adolescentes transgénero y no binarios son muy sensibles al rechazo y vulnerables a una serie de factores de riesgo mayores. También debes saber que tu adolescente no necesita tu permiso para buscar muchos de los cambios que desea ver en sí mismo. Sin embargo, sin tu permiso y apoyo, pueden buscar lo que necesitan fuera de fuentes médicas seguras y eso los pone en un riesgo importante.

Cada persona se lo imagina de forma diferente

Empecé a hacerme preguntas el año pasado por estas fechas, porque tuve un recital de piano en el que llevaba ropa de vestir de género bastante neutro y mi madre me dijo que tenía un aspecto andrógino. En ese momento no supe bien por qué, pero estuve encantada el resto del día. En aquel tiempo no creía realmente en las identidades no binarias, así que pensé que simplemente no era tradicionalmente femenina. Me he estado cuestionando un poco a lo largo de este tiempo, diciéndole a un par de amigos que estaba bastante segura de que era una chica, pero ¿quién sabe?

La gente reconoce su género de diferentes maneras. Para algunas personas, es un proceso largo en el cual se da un paso tras otro y se ensayan diferentes cosas por tamaño antes de encontrar la talla correcta. Otras personas tienen más bien una epifanía, un momento o una serie de momentos que pueden señalar cuándo se dieron cuenta de cuál era su género.

No importa cómo descubra tu hijo su género. No hay una forma que sea mejor ni la correcta. Descubrirlo requiere paciencia por parte de todos los implicados. Puede que tu hijo adolescente ya tenga una idea de cuál es la dirección adecuada para él. Puede que tenga clara su identidad de género y su expresión preferida y quiera empezar, o seguir, el camino hacia la congruencia. Otros adolescentes solo saben que algo de su género inferido no es definitivamente adecuado, pero no saben qué es lo que está bien todavía.

El género es una fusión de cuerpo, identidad, expresión, cultura y experiencia vital que, cuando se entreteje, se convierte en el tejido de nuestra identidad: nuestro género. Por supuesto que es complicado. Los comportamientos, estilos y preferencias no tradicionales no significan necesariamente que alguien sea transgénero. Son componentes de la expresión personal que pueden o no estar vinculados a la identidad de género. Muchos adolescentes necesitan una gama más amplia de autoexpresión para sentirse congruentes, pero también sienten que el sexo que se les asignó al nacer es una buena combinación (al menos tan buena como cualquier otra). Pueden sentir, o no, que son no binarios. Algunos pueden necesitar intervenciones médicas para sentirse alineados.

Por ejemplo, si tu hijo tiene un sexo femenino asignado al nacer y se identifica como varón, tal vez no quiera alterar su cuerpo, pero sí quiere cambiar su nombre y pronombre, y llevar el pelo, la ropa y los accesorios que le parezcan adecuados… así que su cuerpo parece "femenino", pero su apariencia es "masculina". O tu hijo puede tener una expresión de género fluido, y usar pantalones un día y una falda o un vestido con maquillaje al siguiente, mientras sigue identificándose como varón. O tal vez tu hijo, que tiene un sexo masculino asignado al nacer, se identifique como mujer y quiera presentarse como tal en el mundo, seguir la terapia hormonal y los cambios legales para sentirse congruente, pero no le interesan los cambios quirúrgicos en su cuerpo. Tu hija puede utilizar un pronombre de género neutro y atarse los pechos, pero seguir identificándose firmemente como chica y como tu hija. Estas son solo algunas de las infinitas formas en que se vive el género en el mundo.

Cuando te das cuenta de que la inclusión de género es algo más que aceptar que algunas personas sienten que han nacido en el cuerpo equivocado y que, en realidad, hay innumerables identidades y expresiones de género posibles, tal vez todo esto sea más o menos difícil de comprender. Se requiere un cambio de paradigma completo por tu parte. La brecha generacional puede parecer bastante amplia en momentos como este.

Ayudar a tu hijo adolescente a identificar las áreas de malestar

Lloraba por mi primera menstruación cuando tenía 11 años, y mi madre no paraba de decirme que era "parte de convertirse en mujer", pero cuando pensaba en ello, no quería convertirme en mujer; no quería tener esa posibilidad o implicación en absoluto y me lo guardaba para mí, porque pensaba que era un bicho raro, pero sabía que estaba mal, mal, mal.

Es posible que tu adolescente conozca el origen de su malestar de género. Sin embargo, algunos tienen una sensación de malestar más global y les cuesta identificar áreas específicas. Comprender dónde existe el malestar es importante para crear una mayor congruencia. Si no sabemos qué es lo que está mal, no sabremos cómo ayudar a corregirlo. Ten en cuenta que la incomodidad por sí sola no significa intrínsecamente que tu adolescente sea transgénero o no binario. Los tipos y niveles de malestar son importantes, pero lo más importante es escuchar lo que lo que tu hijo te dice sobre lo que es. En el momento en que te plantee la cuestión, es probable que haya reflexionado, investigado y hablado con otras personas sobre su percepción de lo que es.

PREGUNTA

Hacer preguntas puede ser una gran herramienta para que tu adolescente y tú se hagan una idea. Asegúrate de que tus preguntas sean abiertas y recuerda que estás escuchando y buscando comprensión, no tratando de "arreglar" las cosas. Se trata de un proceso de exploración únicamente. He aquí algunos ejemplos de preguntas:

- Cuando te imaginas tu futuro, ¿qué ves? ¿Qué género crees que eres? ¿Cómo te describirías a ti mismo?
- ¿Te imaginas como padre o madre? ¿Te ves a ti mismo como una madre, un padre o algo más?
- Imagínate feliz en el futuro: ¿cómo te ves dentro de diez años? Imagínate infeliz en el futuro, ¿cómo te verías dentro de diez años? ¿Cómo influye tu género en tu futuro feliz? ¿Y en tu futuro infeliz?
- ¿Conoces a alguien que parezca tener tu mismo género? ¿Con qué aspectos te identificas?
- ¿Con quién te comparas en las películas o programas de televisión, en la escuela y en los medios de comunicación? ¿A quién admiras en cuanto a su género? ¿Con qué cosas te identificas?
- ¿Te sientes cómodo con tu género? ¿En qué aspectos te sientes cómodo y en cuáles no?
- ¿Sabes cuándo empezaste a cuestionar tu identidad de género? ¿Cómo empezaste a tener la sensación de que tu género podía ser diferente de lo que otros o yo te decíamos al respecto?
- ¿Te sientes seguro ahora sobre tu género o todavía te estás haciendo preguntas?
- ¿Has compartido tus sentimientos sobre tu género con alguien más? ¿Cómo han respondido?
- ¿Cómo te han hecho sentir los cambios de la pubertad?
- ¿Hay partes de tu cuerpo de las que te sientes desconectado?
- ¿Sientes que la gente ve tu verdadero yo cuando te miran? Si no es así, ¿sabes qué tendría que pasar para que los demás te vean más fácilmente tal como te experimentas a ti mismo?

Malestar por el rol de género

Me siento asfixiada por las expectativas que todo el mundo tiene de mí. Parece que cada frase empieza con "Se supone que las chicas no deben...", pero nunca seré una chica como ellos quieren que sea.

Algunas personas sienten que su género inferido se ajusta a su identidad y presentación de género. Pero siguen sintiéndose incómodas con su género. Esta incomodidad puede ser el resultado de los roles determinados. A menudo son las expectativas que los demás (la familia, la cultura, la sociedad) tienen de ellos lo que no les ajusta bien. Pueden sentir que estas expectativas son demasiado restrictivas o muy fijas. Puede que no les gusten los mensajes que reciben sobre cómo experimentar y expresar sus emociones, cómo interactuar con los demás, qué se considera apropiado que hagan o digan, o qué aficiones o carreras preferir. Aunque estos estereotipos afectan a todo el mundo, para algunos son más conflictivos que para otros, y las presiones para conformarse pueden resultar insoportables. Comportarse de acuerdo con el rol de género que se espera puede sentirse como una actuación en una obra de teatro, y el miedo a ser descubierto como si fuera un impostor es muy común.

Si tu adolescente se siente incómodo con las expectativas en relación con los roles de género, pídele que considere cómo sería si pudiera escapar del sexismo o ser tomado más en serio mientras tiene el aspecto o actúa de la forma que le resulta más natural. Es posible que lo que estén experimentando sea un problema de sexismo con el que chocan continuamente. En este caso, tal vez no sea la identidad de género lo que les incomode, sino el deseo de liberarse de un rol de género tradicional.

La incomodidad respecto a los roles de género inferidos puede incluir una identidad transgénero o no binaria. Aquellos que se salen de las expectativas marcadas por los roles de género son objeto de diferentes tipos de burlas, violencia y acoso. Estos adolescentes suelen experimentar una tremenda homofobia dirigida hacia ellos, independientemente de su orientación sexual. Esto es especialmente significativo para los chicos que se sienten limitados por los roles o la expresión de género masculinos.

Malestar por la expresión de género

Me siento como travesti cuando me pongo la ropa que mi madre quiere que use. No quiero sentirme encasillada sobre lo que tengo que usar. Quiero ponerme lo que me haga sentir bien —y eso puede cambiar a veces—, aunque nunca es súper femenino.

No quiero que mi madre me diga lo que tengo que usar o que limite mis opciones. Mis gustos cambian, pero siguen siendo válidos.

Algunos adolescentes se sienten incómodos con la forma en que se presentan al mundo. Pueden sentir que llevan un disfraz cuando aparecen con ropa tradicionalmente masculina o femenina. Algunos adolescentes necesitan la libertad de expresarse fuera de las expectativas de género para sentirse mejor. La incomodidad de un adolescente con su expresión de género se corresponde a veces con una identidad de género transgénero o no binaria, pero a veces es solo un deseo de expresarse.

A menudo los padres asumen que, si su adolescente es transgénero, querrá ajustarse a los roles de género estereotipados y a la expresión de género asociada a su género afirmado; aunque este es el caso de algunos de ellos, no lo es para otros. Como se han liberado de su género inferido, puede ser que también se hayan liberado de las limitaciones del sistema de género hasta cierto punto. Por ejemplo, pueden elegir continuar con los mismos intereses que siempre han tenido, independientemente de las asociaciones de género relacionadas con esas preferencias. Un adolescente al que se le asignó un género femenino al nacer, pero que se identifica como un chico, puede elegir o seguir usando algo de maquillaje. O un adolescente al que se le asignó un género masculino al nacer, pero que se identifica como chica, puede llevar a veces ropa "de hombre".

Malestar corporal

Algunos adolescentes transgénero y no binarios sienten una incomodidad en su cuerpo relacionada con el género que va más allá de lo que es habitual en los adolescentes. Otros se sienten cómodos con su cuerpo tal como es. La relación de una persona no binaria o transgénero con su cuerpo es muy personal. Aunque un adolescente se sienta incómodo en general con su cuerpo, también pueden gustarle muchos aspectos de este y decidir que los cambios deseados se realicen simplemente a través de su forma de expresarse, sin necesidad de terapia hormonal o cirugía. Otros necesitarán modificaciones corporales para alcanzar la congruencia.

Cuando explores el malestar corporal con tu adolescente, intenta alejarte de las suposiciones que tengas sobre su cuerpo basadas en tu identidad de género percibida o expresada. Haz preguntas como "¿Te sientes bien en tu cuerpo físico?". Si la respuesta es negativa, entonces pregunta: "¿Por qué no?", para que te lo aclare. Estas conversaciones no te comprometen a un camino de modificación corporal, sino que ayudan a tu hijo adolescente a aclarar lo que siente sobre sí mismo. Sin importar lo que decidan en el futuro, las conversaciones sobre la comodidad o incomodidad con su cuerpo pueden crear una conexión más profunda entre tu hijo y tú, para proporcionar una mayor comprensión de su experiencia en un momento dado.

Malestar por la identidad de género

Soy de género fluido. Me costó mucho tiempo descubrirlo porque pensaba que había tres géneros: chico, chica y transgénero. Nadie me dijo que había otras personas como yo ahí afuera y, una vez que lo hicieron, me costó mucho creerles, ya que nunca había oído hablar de la fluidez de género.

❖

Sé lo que no es mi identidad de género; todavía estoy trabajando para averiguar la mejor manera de decir lo que sí es.

La mayoría de nosotros no crecemos con un lenguaje de género. Incluso la identidad de género más común, "cisgénero", se añadió hace poco al diccionario. En 2021, la Real Academia Española (RAE) incluyó las siguientes definiciones en el *Diccionario de la lengua española*:

Cisgénero: Que se siente identificado con su sexo anatómico.
Transgénero: Que no se siente identificado con su sexo anatómico.

En octubre de 2020, la RAE incorporó a su observatorio de palabras el pronombre "elle". Sin embargo, tres días después, la misma RAE decidió retirar la entrada de esta palabra y argumentó que el término había causado confusión en esa lista de palabras que aún no aparecen en el diccionario, pero que suelen generar dudas.

Hasta hoy, la RAE no ha vuelto a incorporar el pronombre "elle" en el observatorio de palabras y, por lo tanto, tampoco está incluido ni reconocido en el diccionario. Esperamos que en el futuro próximo vuelva a incluir dicho pronombre, pues recordemos que el lenguaje ha sido creado por el ser humano para reflejar y describir su realidad, la cual es diversa.

Con la adición de estas nuevas palabras, la RAE finalmente dio un paso importante en términos de la visibilidad de la diversidad de género. Así que no es de extrañar que los adolescentes luchen por entender y encontrar un lenguaje para su identidad de género. La mayoría no sabe que hay una diferencia entre el sexo y el género, y que el género es algo más que sus genitales; ¿cómo podemos esperar que tengan el lenguaje que mejor defina su experiencia cuando ni siquiera se ha compartido con ellos el concepto de *género*?

Si tu hijo adolescente se siente incómodo con su identidad de género, tal vez le lleve algún tiempo encontrar, probar y establecer una identidad que le parezca la adecuada. No pasa nada. El mero hecho de ayudarlos a sentirse cómodos sabiendo lo que no son, aunque no tengan un nuevo lenguaje para ponerlo en el lugar preciso, probablemente será un tremendo alivio para ellos.

USO CORRECTO DE LOS PRONOMBRES

En el español utilizamos los pronombres para hablar de una persona cuyo nombre no conocemos o simplemente deseamos omitir para evitar las repeticiones; son de gran utilidad en el habla cotidiana, sin embargo, cuando se trata de los pronombres para la tercera persona, estos nos han quedado cortos, pues no son suficientes para incluirnos a todes. Estos pronombres, que son "él", "ella", "ellos" y "ellas", llevan en sí mismo un género, ya sea masculino o femenino, sin embargo, excluyen a todes aquelles cuyas identidades son nobinarias y, por tanto, no se identifican de manera exclusiva con el género masculino o con el femenino, o incluso con ninguno de los dos. Por ello, usar los pronombres correctos no solo permite incluirnos a todes, sino que es una forma de respetar a les otres y a su identidad.

Para utilizar correctamente los pronombres en tercera persona lo primero es no asumir el género de otra persona a partir de su apariencia, ya que al intentar adivinarlos o simplemente asumirlos, se está invalidando la identidad de la persona y eso es irrespetuoso y ofensivo.

¿Y entonces qué pronombres debes usar? La clave está justo en preguntarlo. Para muchas personas trans cuya identidad es binaria (es decir, hombre o mujer), está bien utilizar el pronombre tradicional con que se identifiquen (que será "él" o "ella" según sea el caso), sin embargo, para otres estos pronombres no serán adecuados, pues sus identidades no se enmarcan en el sistema binario de género, como las personas de género fluido o no-binaries. En su caso, se deberá preguntar a la persona y apegarse a su respuesta. Cada vez más, los pronombres "elle" en singular y "elles" en plural han ido ganando terreno en el español y se han posicionado como una alternativa efectiva a los pronombres binarios.

Para referirnos a personas no binarias, además de utilizar el pronombre "elle", también deben utilizarse las terminaciones (llamadas desinencias) neutras de sustantivos y adjetivos, de manera que para los sustantivos sería, por ejemplo, "niñe", "compañeres" y "novie" acompañados del artículo "le" y "les" (le niñe, les compañeres, le novie), y en el caso de los adjetivos sería "pequeñe" o "enojades", de manera que al final quedaría "le niñe pequeñe" y "les compañeres enojades".

También es importante que sepas que los pronombres que una persona usa pueden cambiar con el tiempo o en distintos espacios, por ejemplo, en el caso de las personas no binarias pueden usar pronombres neutros solo en espacios en los que se sientan segures, y es válido y debe respetarse cuando la persona así lo desea. La persona siempre tendrá la razón en los pronombres que desee usar y estos deberán ser respetados.

Siempre que no estés segure de los pronombres de una persona o grupos de personas puedes optar por utilizar pronombres que les incluyan a todes, como los neutros "elle" en español y "they" en inglés, o evitar el uso de pronombres y utilizar en su lugar expresiones como "todo el mundo" o "las personas". Ignorar los pronombres correctos de una persona cuando se saben es una manera de agredirles e irrespetarles e incluso de invisibilizarles, como si no existieran, mientras que respetarlos y usarlos de manera correcta es una forma de demostrar respeto y hacerles sentir validades e incluides. (Todo Mejora, blog. Pronombre Neutro "Elle" e Identidades NoBinaries: Conoce La Historia de Lino Fernández. https://itgetsbetter.org/mexico/blog/lesson/pronombres/).

Bárbara Guerrero, Diana Ojeda y Luis Ángel Castellanos

Incomodidad con los pronombres

Los pronombres pueden ser complicados. Cuando la American Dialect Society anunció que su palabra del año en 2015 era el "they" ("ellos") en singular,[1] quedó claro que el lenguaje se pone al día con la experiencia de muchas personas, incluidos los jóvenes, como parece que está sucediendo en español al emplear "elle". La importancia de los pronombres se situó en el centro de la discusión de nuestra cultura sobre el género.

Los pronombres marcan la diferencia. Algunas personas se sienten incómodas con los pronombres que otros utilizan para referirse a ellas

---

[1] En inglés se usa el pronombre "they" (ellos) como pronombre singular, para evitar el femenino ("she") o masculino ("he") (N. de la T.)

y descubren que otro pronombre les queda mejor. Varios adolescentes transgénero expresan haber tenido una epifanía de género cuando alguien utilizó el pronombre "equivocado" y se sintieron muy bien. Muchos adolescentes exploran varios pronombres diferentes antes de encontrar el que mejor se adapta a ellos. Algunos tienen un sentido más fluido del género y les gusta que sus pronombres cambien con sus cambios de género. Otros se sienten cómodos con cualquier pronombre y dejan que la persona que interactúa con ellos decida qué pronombre utilizar.

Si tu hijo adolescente parece reaccionar cuando la gente utiliza pronombres "incorrectos" al referirse a él, pregúntale: "¿Hay algún pronombre que te parezca mejor?".

Elegir un nuevo pronombre puede acompañar o no el deseo de cambiar otros aspectos de uno mismo. Encontrar el pronombre adecuado puede ser todo lo que se necesita. Para otros, el cambio de pronombre es un reflejo de la identidad de género que requiere también otros cambios. Es interesante observar que cada vez más centros de estudios y universidades estadounidenses permiten a los estudiantes elegir entre opciones de pronombres neutros en sus formularios de solicitud de inscripción, para reconocer que las identidades de género y los pronombres asociados están en expansión.

Incomodidad con el nombre

Existen casos en los que las personas se dan cuenta de que su nombre de pila no encaja con ellos. Pueden tener la sensación de que este no corresponde con su género desde el momento de la autopresentación. Pregunta a tu hijo si se siente incómodo con su nombre. Si es así, pueden explorar cuál podría convenirles más.

Pueden utilizar el nuevo nombre en casa durante un tiempo para saber si le gusta. Algunos adolescentes experimentan con un nuevo nombre en un nuevo contexto (como una situación de voluntariado o una actividad extraescolar). A partir de ahí, pueden decidir si quieren que todo el mundo empiece a usar ese nombre.

Desarrollar nuevos niveles de confianza

A medida que tu hijo explora, llega a comprender y se siente cómodo con su género, aprende a confiar en sí mismo y, además, a pedir a los que lo rodean que también confíen en él. Se trata de un proceso muy frágil, sobre todo porque nadie lo tiene todo claro desde el principio.

En última instancia, tu hijo adolescente es el único que puede descubrir su género. Esa es la buena y la mala noticia. Como padre, puede resultar desalentador y aterrador observar a tu hijo, sobre todo en los momentos de dificultad, sabiendo que no puedes simplemente abrazarlo y hacer que todo mejore (¿recuerdas esos días?). Puedes estar en su equipo, pero esto no es algo que puedas hacer por ellos, por mucho que te gustaría quitarles esta carga de los hombros. Sin embargo, acompañar a alguien en este proceso puede marcar la diferencia. Hazle saber lo mucho que significa para ti y asegúrale de todas las maneras posibles que no está solo en este camino de autodescubrimiento y que confías en su capacidad para entenderse a sí mismo y lo que necesita.

¿Qué protecciones existen para la juventud transgénero en tu país/región?

Hay leyes en la actualidad que permiten al niño ser tratado de acuerdo con los pronombres y nombres preferidos. Estas leyes se viabilizan a través del Instituto Colombiano de Bienestar Familiar (ICBF) que se encarga de velar por los derechos de los niños.

También tienen derecho a recibir valoraciones por clínica de género y recibir medicamentos si luego de la valoración se confirma una identidad trans o diversa.

A los 17 años y previa valoración de un equipo experto, pueden cambiar su género en su tarjeta de identidad. Este cambio solo puede ser realizado una vez.

Angélica Restrepo, psicóloga, Colombia

En relación con la salud, existe el programa de acompañamiento para niñas, niños y adolescentes trans y género no conforme. La Circular N° 5 indica sobre el trato y el registro con el nombre social en la red de salud. Existe también la Ley 21.430 relativa a las garantías sobre la niñez.

En cuanto a la educación, en Chile está la Resolución Exenta N° 812, que otorga garantías en el trato con nombre social, presentación personal, uso de servicios higiénicos, actividades extraprogramáticas y capacitación para planteles educativos sobre estudiantes trans. También tenemos el protocolo ante posible vulneración de derechos.

Juan Carlos Tapia, Fundación Juntos Contigo, Chile

En la Ciudad de México y otros estados de la República Mexicana se ha avanzado mucho. En la Ciudad de México puede hacerse cambio de acta de nacimiento por vía administrativa, lo cual abre muchas puertas en otros servicios, como los educativos y los de salud. Incluso ya existe una clínica de salud del gobierno de la ciudad para atención a personas trans* y también reciben niñxs y adolescentes.

MARÍA FERNANDA CASTILLA PEÓN, ENDOCRINÓLOGA, MÉXICO

Existen, pero no son conocidas. Lo que no se difunde no se lee y lo que no se lee no existe.

GABRIEL DÍAZ, PSIQUIATRA, CHILE

¿HAY ALGUNA PROTECCIÓN LEGAL QUE HAYAS BUSCADO?

En la secundaria tuvimos que obligarles e hicimos una denuncia ante el Conapred (Consejo para Prevenir y Eliminar la Discriminación) y la Secretaría de Educación. Aun con todo, fue muy difícil para ella. Derivado de esto hemos participado en foros y conversatorios para platicar nuestra experiencia y guiar a más familias en cómo pueden defender los derechos de sus hijxs aunque sean menores de edad.

MADRE, MÉXICO

La Clínica Condesa nos dio toda la información necesaria, así como el grupo de familias trans.

MADRE, MÉXICO

En Uruguay tenemos la Ley Trans número 19684 y su decreto reglamentario 104/019 que defiende muchos derechos tanto para la población adulta como para infancias y adolescencias.

PADRE, URUGUAY

Hicimos el cambio de su acta de nacimiento en el estado de Jalisco y fue muy rápido. Eso ayuda mucho a la autoestima de nuestro hijo. Mi consejo es que se acerquen a un juzgado civil. Es muy rápido y es a bajo costo.

PADRE, MÉXICO

En el caso de cambio de acta de nacimiento y otros papeles legales, mi consejo para otros padres es que hay que hacerlo en el momento adecuado y no precipitarse o incluso tenerle miedo al cambio legal. Cada caso/circunstancias son diferentes.

PADRE MEXICANO QUE VIVE EN ESTADOS UNIDOS

Capítulo 8

Comprender cómo afecta el estrés de minorías a tu hijo adolescente

Es duro vivir en un mundo en el que me dicen que no existo.

Las experiencias de los jóvenes transgénero y no binarios no pueden entenderse del todo sin observar el efecto que tienen las complejas formas de opresión y estigmatización. Es una desafortunada realidad, pero muchos tenemos que lidiar con las tensiones diarias que conlleva formar parte de un grupo estigmatizado, ya sea a causa de nuestra etnia, género, clase, orientación sexual, capacidad física, religión u otra identidad.

Si has tenido esa experiencia, algunas de las estrategias que has utilizado para responder a la opresión pueden ayudarte a entender y apoyar a tu hijo en su camino de género. Por supuesto, habrá diferencias sustanciales entre tus experiencias y las suyas, y es posible que tu adolescente no quiera oír cómo puedes relacionarte con lo que él está atravesando. Sin embargo, es posible que ambos puedan encontrar puntos en común en sus experiencias que les resulten útiles.

¿Qué es un estigma?

Un *estigma* es la desaprobación extrema por parte de la sociedad en general de una persona o grupo de personas por algún factor divergente de las normas culturales. Una persona estigmatizada se ve como diferente, como "otra". Esa diferencia devalúa y hace que la persona sea percibida por los otros como defectuosa e inferior. El prejuicio contra la persona estigmatizada conduce a la evitación social y al rechazo por parte de los demás. El estigma es específico de una época concreta y lo crea cada sociedad con base en los estereotipos, valores e ideas vigentes. Así, lo que es un estigma hoy en tu cultura puede no serlo en otras culturas o subculturas, sociedades o en otros momentos. Las personas con identidades estigmatizadas se enfrentan a la exclusión, a la discriminación e incluso a la violencia, que son comportamientos socialmente aprobados.

Para los adolescentes transgénero y no binarios, formar parte de una minoría de género significa que tienen que enfrentarse a la ignorancia, a los estereotipos, los prejuicios, la victimización y la discriminación con base en el estigma a causa de su identidad o expresión de género.

Muchas formas de discriminación

Si no has sido directamente objeto de discriminación sistémica, puede ser difícil para ti comprender el grado en que el estigma constante afecta a tu hijo. Seguramente eres consciente de las formas obvias de discriminación a las que se enfrenta, y esas definitivamente pasan factura. Pero los desprecios, desaires, insultos, desafíos del entorno y comunicaciones verbales y no verbales de cada día son igualmente difíciles. Entre ellas se encuentran todas las formas culturalmente aceptables en las que los demás comunican su desprecio, hostilidad o desaprobación de las personas y que se basan únicamente en su pertenencia a un grupo minoritario marginado. A menudo se trata de formas de discriminación no intencionadas ni examinadas que establecen lo que se considera "normal" y lo contraponen a la experiencia de la minoría, considerada como menos válida, inferior y errónea.

Para empezar a comprender de verdad la experiencia diaria de tu hijo adolescente, comprueba durante una semana este tipo de reacciones, pregúntale qué tipo y cuántas de estas interacciones negativas ha tenido ese día. Observa y escucha también a tu hijo cuando está ahí afuera, en el mundo, y trata de captar ejemplos de esto cuando ocurra: cuando la gente pone los ojos en blanco, hace comentarios sarcásticos o preguntas que parecen inocentes pero que cuestionan intrínsecamente quién es o cómo se expresa. Al registrar mentalmente estas experiencias cotidianas, empezarás a comprender el efecto perjudicial que pueden tener en tu adolescente.

La discriminación suele verse como si se tratara solo de actos individuales entre personas o grupos de personas. Esto puede traer a tu mente imágenes de cualquier cosa, desde comentarios mezquinos hasta comportamientos excluyentes, e incluso agresiones físicas. Pero si observamos estos actos de forma aislada, perdemos la capacidad de comprender y abordar realmente el problema. Vemos estas agresiones como los actos de unas pocas manzanas podridas y pasamos por alto los cambios estructurales que hay que enfrentar para evitar este tipo de comportamientos. Estos actos individuales hirientes se producen en contextos de opresión más amplios. Si no existieran estos sistemas de opresión, las interacciones interpersonales que pueden ser tan abiertamente hirientes para tu hijo estarían menos presentes y serían menos aceptadas.

Discriminación cultural e institucional

[Alguien que creía que era una amiga] y yo tuvimos un altercado en la cafetería [de la escuela] y me enojé porque estaba sentada ahí atacándome. Yo no le había dicho nada. Solo estaba comiendo mi almuerzo. Cuando vino el agente de policía, nos pidió que nos calláramos y yo dije: "No, pero si yo no le estaba diciendo nada a esta chica y ahora ella se va a dar la vuelta y va a empezar a hablarme y a comportarse como una estúpida. No voy a tolerarlo, no lo haré. Yo solo estoy comiéndome mi almuerzo y ocupándome de mis cosas". Y eso fue todo. Pero cuando el prefecto se acercó y dio un paso hacia mí, le dije: "Mira, hombre, ni siquiera soy yo quien grita, así que ¿por qué te diriges a mí?". Y él me dijo: "Pues te vas ahora mismo a tu sección", así que bajé y empecé a quejarme porque no me parecía justo. "¿Por qué me traes aquí abajo? Ella sigue allí sentada, comiéndose tranquilamente su almuerzo. Eso no es justo". Así que me dijeron: "Bueno, pues podemos darte una penalización por alteración del orden público" (Gattis y McKinnon, 2015).

Cualquiera que empiece a aprender y comprender la complejidad del género se enfrenta con el poder de la discriminación. Empiezas a reflexionar y a ver con una nueva perspectiva los mensajes culturales que se transmiten con tanta constancia que se convierten en parte del aire que respiras. Puedes reconocerlo en la forma en que las concepciones binarias de género forman parte del lenguaje con el que la mayoría de nosotros crecimos: "¿Vas a tener un niño o una niña?", "Ella es una chica tan agradable y bonita; él es muy fuerte y un gran atleta", "Así son los chicos". La invisibilidad también forma parte de la discriminación cultural. La mayoría de nosotros crecimos sin ser conscientes de la diversidad de género que nos rodea.

Si ayudas a tu hijo transgénero o no binario a navegar por los sistemas de género en la escuela, en el atletismo o en los organismos estatales y federales (pasaportes, licencias de manejo, etc.), ya te has enfrentado con la forma en que las instituciones incorporan la discriminación cultural a sus sistemas. Se vuelve evidente cómo la discriminación está integrada en nuestras instituciones. Estas barreras intuitivas crean angustia mental y condiciones opresivas para las personas transgénero y no binarias. No se trata de un acto individual de discriminación cuando un empleado le dice a tu hijo que se cambie de ropa o se quite el maquillaje para tomarle la fotografía de la licencia de manejo; esta es una discriminación institucional. La fotografía es solo una parte más de un proceso que comenzó exigiendo un marcador de género binario en el formulario de solicitud. Este tipo de discriminación se observa en todas las formas en que las instituciones y sus sistemas no tienen en cuenta las necesidades —o la existencia— de las personas transgénero y no binarias.

¿Por qué es importante comprender estos niveles de opresión? Porque son el contexto en el que tu hijo tiene que navegar por todos los demás aspectos de la vida fuera del hogar. Las diversas formas de opresión que experimenta cada día crean capas adicionales de estrés y dificultades para él o ella. Una vez que entiendas esto, puedes ayudarlo a aprender a navegar por estos sistemas y a reconocer que las luchas que enfrenta no tienen que ver con él como individuo. Cuanto más entienda los sistemas de opresión y desarrolle múltiples formas de hacer frente a las presiones, más podrá desarrollar su capacidad de resistencia y evitar la interiorización de los mensajes negativos. Tú puedes ser esencial para ayudarlo en esto.

Todos necesitamos ser resilientes. La vida puede ser desordenada y compleja. El mundo a menudo no funciona como nos gustaría que lo hiciera, pero aunque la resiliencia es necesaria para vivir en el mundo tal como es hoy, muchos de nosotros nos hemos comprometido activamente a crear el mundo en el que queremos vivir, haciéndolo más inclusivo para todas las personas. Aunque es importante ayudar a tu adolescente a desarrollar su capacidad de resiliencia para que pueda enfrentarse a las formas en que los demás pueden intentar rechazarlo y humillarlo, también es importante que entienda que el cambio es posible; de hecho, el cambio es inevitable. Y todos incidimos en la creación del cambio que queremos ver. Él o ella tiene que saber que está bien no quedarse callado cuando alguien trata de avergonzarlo o menospreciarlo, que defenderse a sí mismo y a otros que son discriminados forma parte de cómo mejoramos las cosas. Ayudarlo a pensar en cómo afrontar estos actos de discriminación (ya sean pequeños o sistémicos) desde el inicio, y a encontrar posibles formas para poder manejarlos de forma eficaz cuando surjan, puede ser algo muy empoderador.

Veamos ahora lo que se sabe sobre el estrés que genera el estigma. Conocer sus efectos te ayudará a entender cómo contrarrestarlos proactivamente cuando son negativos.

El estrés de minorías

Necesito saber que me quieren, me aceptan y que creen en mí, que la vida tiene un sentido y que algún día lo encontraré. Aunque eso es cada vez más difícil de creer (HRC y *Gender Spectrum*, 2014).

El estrés y la angustia atribuibles a la condición de minoría de una persona se denomina estrés de minorías. Se ha demostrado que este tipo de estrés, en lo que respecta a las personas transgénero y no binarias, alcanza niveles significativos y tiene una relación directa con los trastornos mentales. Debido a este, los adolescentes transgénero y no binarios presentan más cuadros de salud mental negativos en comparación con los jóvenes cisgénero.

Estudios recientes demuestran que cuando una persona transgénero o no binaria vive en un entorno con demasiados factores estresantes externos basados en el género (como la violencia, la discordia familiar, la intimidación, el acoso, el rechazo de la familia, la falta de afirmación del género, el aislamiento social y la falta de una atención médica respetuosa y adecuada), corre el riesgo de sufrir mayores niveles de malestar psicológico.

Cuanto mayor sea el nivel del estrés de minorías, mayor será el nivel de riesgo de sufrir problemas de salud mental, como abuso de sustancias, comportamiento sexual de riesgo, trastorno de estrés postraumático (TEPT), ansiedad, autolesiones, perturbaciones del estado de ánimo, angustia y prácticamente todos los demás trastornos. Los sucesos y las interacciones negativas y recurrentes relacionadas con la condición de minoría de género tienen resultados de gran alcance, omnipresentes y potencialmente devastadoras para la salud mental. En el caso de los jóvenes transgénero y no binarios, existe una relación directa entre los niveles del estrés de minorías y el porcentaje de intento de suicidio.

El modelo de estrés de minorías de género

El modelo de estrés de minorías de género y la medida de resiliencia (al que nos referiremos en adelante como modelo de estrés de minorías de género) fue desarrollado por la doctora Rylan Testa y amplía el modelo de estrés de minorías de Meyer con el fin de examinar los factores de estrés y las implicaciones de salud mental asociadas a estos para los adolescentes transgénero y no binarios.

Este modelo describe cómo los factores estresantes externos específicos, relacionados con la propia condición de minoría, conducen directamente a factores estresantes internos específicos y cómo esa combinación conduce a su vez a sentimientos de baja autoestima. Hay cuatro áreas de estresores externos que tienen el mayor efecto negativo:

- Victimización por razones de género
- Rechazo por razones de género
- Discriminación por razones de género
- La no afirmación de la identidad de género

Estos estresores externos conducen a tres tipos de estresores internos:

- Expectativas negativas sobre acontecimientos futuros
- Transfobia o estigma internalizado
- Ocultamiento (no revelación de la propia identidad de género o historia de género)

Estos factores estresantes se han relacionado con un aumento de la percepción de los jóvenes de que son una carga para los demás y de que tendrán dificultades para encontrar relaciones y un sentido de pertenencia, y ambos están directamente relacionados con un aumento de la posibilidad de suicidio y otros resultados de problemas de salud mental. Aunque todos estos factores estresantes afectan la salud y el bienestar de tu hijo, hay algunos más específicos que tienen mayor relación con una posibilidad de suicidio; estos se señalan con un asterisco (*) a continuación. Hablaremos de estos factores de estrés con más detalle.

Factores de estrés externos

Victimización verbal y física por motivos de género
Las personas transgénero y no binarias forman parte de una minoría de género muy estigmatizada, por lo tanto, tienden a ser vulnerables a las

amenazas a su seguridad y bienestar general. Las experiencias de violencia y discriminación de las personas no binarias en su apariencia o comportamientos, y de las que se sabe o se percibe que son transgénero, están muy extendidas. Los adolescentes transgénero y no binarios corren un mayor riesgo de sufrir victimización verbal y física por motivos de género. Esto puede incluir intimidación, acoso, daño a la propiedad personal y violencia física o sexual relacionada con su condición de género. Un entorno seguro y acogedor puede hacer mucho para contrarrestar estos riesgos.

Rechazo por razones de género*

El rechazo por razones de género es una de las formas más perjudiciales de estrés externo de minorías para los adolescentes transgénero y no binarios. El grado en que un adolescente experimenta esta forma de rechazo repercute directamente en cómo se siente consigo mismo. Se trata de un área muy concreta en la que tu respuesta como padre tiene una influencia directa positiva o negativa en la salud y el bienestar actuales y futuros de tu adolescente. Este tipo de rechazo es exactamente lo que parece: rechazar a alguien por su género. Esto puede ocurrir de muchas maneras: perder amigos u oportunidades sociales por su identidad o expresión de género, dejar de ser bienvenido o hacer que se sienta incómodo en casa o en las reuniones familiares. El rechazo por razones de género también se produce cuando a tu hijo adolescente no se le permite jugar en los equipos deportivos de su género afirmado o unirse a un club debido a su identidad o expresión de género.

Ya sea que el rechazo provenga de la familia, la escuela, los amigos, las parejas sentimentales, las comunidades étnicas o religiosas, los efectos suelen ser devastadores. Hemos escuchado miles de ejemplos a lo largo de los años y son desgarradores.

Discriminación por razones de género

La discriminación por razones de género puede ser un hecho cotidiano para muchas personas transgénero y no binarias, e incluye situaciones como la dificultad para recibir atención médica, encontrar un baño adecuado, conseguir un trabajo y obtener documentos de identidad.

No afirmación de género*

Esto sucede cuando los demás no apoyan la afirmación de la identidad de género o la expresión de género de una persona. Por ejemplo, a una chica transgénero se le puede pedir que vaya a la clase de gimnasia de los chicos, o a un chico transgénero se le puede llamar por su nombre legal (de chica) durante la asistencia a la escuela. Si alguien con una identidad no binaria te pide que utilices un pronombre de género neutro (por ejemplo, elle) y tú sigues utilizando pronombres asociados a su supuesto género, eso no es un acto de afirmación. La no afirmación de la identidad de género de tu hijo puede producirse con mayor o menor frecuencia en función de cómo se interprete su expresión de género. La no afirmación se asocia a la angustia mental, así como a la percepción del estrés vital general, la depresión y la ansiedad social.

La no afirmación de género se produce cuando una persona:

- tiene que explicar con frecuencia su identidad de género a la gente.
- tiene que corregir con frecuencia los pronombres que utilizan los demás.
- tiene dificultades para ser percibida como su género afirmado.
- tiene que esforzarse para que la gente interprete su género con precisión.
- tiene que ser "hipermasculino o femenino" para que la gente acepte su género.
- no tiene la validación de su género por su aspecto o su cuerpo.
- es maltratada e incomprendida porque los demás no ven su género como él, elle o ella lo ve.

Factores de estrés internos

El modelo de estrés de minorías de género nos ayuda a ver cómo los factores estresantes externos, especialmente los sentimientos de rechazo y de no afirmación, pueden llevar a un adolescente no binario o transgénero a interiorizar el estigma, lo que da lugar a una imagen negativa de sí mismo y a una baja autoestima.

Los factores de estrés externos, como la discriminación y la victimización por razones de género, pueden contribuir a que una persona crea que su género es la causa principal de la violencia y esto aumenta todavía más su angustia. Las investigaciones demuestran que los estudiantes que creen que son objeto de violencia o discriminación por su identidad presentan un mayor riesgo de sufrir resultados negativos que los que creen que son objeto de violencia por alguna otra razón. En otras palabras, la forma como una persona percibe y atribuye la causa de la situación determina en parte el efecto de esta. Si cree que sufrió un asalto al azar, por ejemplo, esto le producirá estrés, pero si cree que el objetivo del atraco fue a causa de su género, entonces el impacto del suceso se agrava aún más.

Expectativas negativas ante futuros acontecimientos*

Uno de los resultados del estrés de minorías es la hipervigilancia que surge al empezar a *esperar* el rechazo y la victimización de otras personas. Una persona estigmatizada navega por su mundo intentando evitar cualquier situación potencialmente molesta o peligrosa. Es como tener el interruptor de adrenalina siempre encendido y puede ser agotador, porque dificulta la participación plena en otras actividades cotidianas.

Imagina que intentas concentrarte en un complejo problema de matemáticas cuando te preocupa que la persona que está detrás de ti esté a punto de avergonzarte frente a tus compañeros o de agredirte físicamente después de las clases. La ecuación matemática que tienes delante puede pasar a un segundo plano mientras consideras una serie de posibilidades muy perturbadoras.

La hipervigilancia también puede desarrollarse a medida que una persona estigmatizada desarrolla un radar bien afinado que busca aliados en cualquier situación. A esto se le ha llamado escanear en busca de seguridad. Los jóvenes pueden convertirse en maestros en la búsqueda de ese adulto o estudiante que utiliza un lenguaje neutro en cuanto al género o que tiene una presentación más de género expansivo. Encontrar a estos aliados puede ser útil, pero incluso eso requiere energía adicional.

El miedo a futuras experiencias de victimización, discriminación o rechazo se manifiesta de la siguiente manera: Si expreso mi identidad de género:

- los demás no me aceptarán.
- no seré contratado para los trabajos que quiero.
- la gente pensará que estoy loco o que soy un enfermo mental.
- la gente pensará que soy repugnante o un pecador.
- la gente pensará mal de mí o me despreciará.
- podría ser víctima de un delito o de violencia.
- podrían detenerme o acosarme.
- podrían negarme la atención médica.

Transfobia o estigma internalizado*

También existe el peligro de que tu hijo adolescente interiorice los mensajes que le dicen que lo que es y la forma en que experimenta y expresa su género son incorrectos. El estigma internalizado, a veces llamado transfobia internalizada, ocurre cuando una persona cree los mensajes negativos que oye sobre su género y siente odio, ira o vergüenza por lo que es. Cuando esto ocurre, los riesgos aumentan significativamente, ya que es extremadamente difícil tener una consolidación positiva de la identidad de género cuando se han interiorizado estos mensajes. Si tu adolescente ha interiorizado el estigma, también aumenta la probabilidad de que no denuncie los acontecimientos negativos que experimenta (acoso, discriminación, violencia, etc.) a las autoridades y a otras personas que tienen poder para tomar decisiones para resolverlos. Más trágico aún es que, debido al estigma interiorizado, tu hijo o hija no se sienta seguro ni cómodo para hablar de los sucesos negativos o del trauma, ni siquiera contigo.

Cuando un adolescente tiene un estigma o transfobia interiorizada, puede:

- molestarle su identidad o expresión de género.
- sentirse deprimido o infeliz al pensar en su género.
- sentirse marginado por su identidad o expresión de género.
- preguntarse por qué no es "normal".
- sentirse avergonzado o abochornado debido a su género.
- envidiar a las personas que son cisgénero.
- sentirse aislado o separado de los que comparten una identidad o expresión de género similar.
- negar su género.

Ocultamiento

> Aunque las únicas respuestas negativas que he recibido han sido de adultos, sigo teniendo miedo de decir a otros chicos de mi edad que soy trans. Supongo que es transfobia interiorizada. Pero siempre tengo que recordarme a mí mismo que la gente de mi edad es mucho más tolerante que sus padres.

Una vez que eres consciente de los diferentes factores de estrés a los que se enfrenta tu hijo, no es de extrañar que, si él o ella no es visualmente disconforme en su presentación de género, él (y tú) tal vez prefieran ocultar su condición de transgénero o no binario a los demás. La investigación indica, sin embargo, que la autodisimulación —ocultar intencionadamente la historia o la identidad de género de uno mismo (no confundir con ser selectivamente discreto sobre con quién compartir esta información)— disminuye aún más la autoestima, lo que a su vez aumenta la angustia. El ocultamiento también reduce las posibilidades de conectar con una comunidad transgénero o no binaria, lo que se sabe que reduce la experiencia de aislamiento que experimentan los jóvenes.

Ocultar su género puede dejar a tu hijo aislado. Este es el caso habitual de los adolescentes que recibieron apoyo en su identidad y expresión de género desde la infancia y puede que nadie los conozca como personas transgénero o no binarias más allá de su familia y posiblemente sus amigos más cercanos. El aislamiento se crea con el tiempo. Asimismo, incluso cuando un adolescente es acogido por sus amigos, su familia y su escuela, si no conoce a nadie más como él o no se ve reflejado de manera positiva en el mundo (comunidad, medios de comunicación, etc.), puede sentirse muy solo.

Cuando los adolescentes transgénero y no binarios tienen miedo de que los demás conozcan su historia de género, pueden censurar o cambiar su forma de hablar de ciertas experiencias de su pasado.

La mayoría de la gente se centra en los actos específicos de estigmatización (acoso, violencia, etc.) cuando piensa en el estrés de las minorías; sin embargo, este marco nos ayuda a ver que esta es solo una dimensión del estrés que sufre un individuo.

De hecho, no solo los actos específicos de estigmatización son factores de riesgo de suicidio por sí mismos, sino que la imagen negativa que tiene la persona de sí misma y los sentimientos de baja autoestima que se crean en ella tras estas experiencias también dañan la salud y el bienestar generales de la persona estigmatizada.

Cuando tu hijo adolescente tiene múltiples identidades estigmatizadas

Al vivir en Portland (Oregón), una ciudad muy progresista en materia de derechos LGBTQ, he aprendido a quererme como persona queer. Pero Portland no tiene una diversidad racial ni es racialmente progresista. Aquí no se me valora como hombre negro. Al igual que en el resto del país, se me considera peligroso, como un criminal, cuando no he cometido ningún delito. Aunque Portland sea progresista en algunos aspectos, sigo experimentando a diario recordatorios de que hay mucha gente en esta ciudad que piensa que soy sucio, poco atractivo, poco inteligente e inferior. Me han convertido en un símbolo, luego me han criminalizado y, en última instancia, me han tratado como si no tuviera ningún valor. No sé cómo amarme a mí mismo como persona joven, negra y queer, cuando el mundo me dice que no soy alguien que merezca ser amado. Sin embargo, no puedo dejar de ser negro como tampoco puedo dejar de ser gay, o genderqueer, o jamaiquino, ni puedo designar una de esas identidades como más importante que la otra.

Los adolescentes no binarios y transgénero que tienen menos privilegios o múltiples identidades marginadas y estigmatizadas se enfrentan a presiones, discriminación y victimización adicionales. Esta forma de degradación casual, constante y en su mayoría aceptada, es muy difícil para los jóvenes que están tratando de controlar personalmente todos los aspectos de su identidad. Otros aspectos identitarios, como la orientación sexual, la etnia y la religión, pueden influir y cruzarse con la identidad y la expresión de género, creando una experiencia de género más compleja y única. Esta misma intersección de identidades hace más difícil la clasificación de tantos mensajes diferentes que pueden erosionar la autoestima. En consecuencia, los jóvenes no binarios y transgénero integrados en otros tipos de minorías corren un riesgo mucho mayor y necesitan más apoyo para vivir en una cultura dominante que los devalúa de muchas maneras.

Esto hace que sea especialmente importante la visibilidad de los adultos y jóvenes transgénero y no binarios que comparten las mismas identidades minoritarias adicionales de tu hijo. Por ejemplo, algunos adolescentes pueden oír de otros que ser transgénero es un asunto de blancos. Si él o ella es una persona de color, este estereotipo sirve para mermar aún más su experiencia, por eso puede ser útil para los jóvenes conocer a personas como la actriz afroamericana Laverne Cox; la funcionaria latina y judía de la Casa Blanca, Raffi Freedman-Gurspan; la escritora y activista afroamericana Tiq Milan; así como a otros modelos y líderes de minorías de género de otros países. También puede ser reconfortante para los jóvenes conocer cómo su propia herencia cultural puede tener profundas raíces en un sistema cada vez más no binario. Se ha escrito mucho sobre las identidades no binarias en culturas de todo el mundo y hay información de este tipo en muchos lugares, incluida la página web de Gender Spectrum.

Suicidio y estrés de minorías

*No sabía cómo decírselo a mis padres. Sabía que se sentirían muy de-
cepcionados de mí. Pensé que sería mejor para todos que muriera.*

Todos estos factores de estrés hacen que los adolescentes transgénero y
no binarios tengan la sensación de ser una carga para los demás, incluidos
los padres (percepción de carga) y un mayor temor a que sus necesidades
de pertenencia queden insatisfechas (pertenencia frustrada). Aunque son
muchos los factores que determinan que un adolescente transgénero y no
binario contemple el suicidio o que incluso intente quitarse la vida, las
investigaciones indican que hay algunos factores de predisposición:

* pertenencia frustrada: aislamiento y falta de conexión
* percepción de ser una carga
* confusión o malestar por la identidad de género
* baja autoestima

Al tratar de comprender los altísimos porcentajes de ideas suicidas y de
intentos de suicidio de los jóvenes no binarios y transgénero, es importante
examinar el contexto del estrés de minorías. Considerarlo de este modo
puede ayudar a poner en perspectiva algunos de los alarmantes porcentajes
de suicidio y ayudarte a reducir estas posibilidades para tu hijo adolescente.

Pertenencia frustrada: aislamiento y falta de conexión

*Era malo con la gente para que no se acercaran a mí, para que no me
preguntaran nada, para que no tuviera que responder a preguntas incómodas. Odié a la gente durante un tiempo. Para mí hoy estar callado
significa estar a salvo (Gattis y McKinnon, 2015).*

Los adolescentes transgénero y no binarios experimentan con frecuencia
los principales factores de predisposición al suicidio: aislamiento, soledad,
desconexión social y falta de apoyo debido sobre todo a su condición de
minoría de género. El rechazo y el miedo al rechazo mantienen a muchos
adolescentes transgénero y no binarios aislados y desconectados de los demás. La pertenencia frustrada está marcada por la falta de apoyo. También
se asocia con la soledad, los sentimientos de rechazo, el retraimiento social

y los conflictos familiares por situaciones de género. Los adolescentes transgénero y no binarios que sienten una conexión —incluso con un adulto—
tienen menos riesgo de suicidio.

Percepción de ser una carga

A menudo vemos adolescentes que sienten que son una carga para sus
familias. El adolescente observa las dificultades que tiene su familia con
su identidad o expresión de género y se pregunta si todo iría mejor si "no
estuviera". Es posible que centre su atención en los costos económicos
(gastos médicos, terapéuticos, legales, de ropa, etc.), en el tiempo dedicado a
tratar con otras personas (escuela, actividades extraescolares, profesionales)
y en las complicadas dinámicas familiares (padres que discuten, divisiones
en la familia, hermanos acosados), porque todas son situaciones asociadas a
su género, lo que lo lleva a determinar que su mundo estaría mejor sin él.
Es importante recordar que se trata solo de una percepción: tal vez tú no
sientas que es una carga, pero si él cree que lo es, se trata de un problema
importante y de un factor de riesgo para él.

Confusión e incomodidad de género

Las investigaciones demuestran que una de las principales razones por las
que las personas transgénero y no binarias intentan suicidarse —según lo
han referido quienes no tuvieron éxito en sus intentos de suicidio— está
relacionada con la confusión y la incomodidad de género. En el pasado, se
pensaba que la causa principal del aumento del malestar psicológico era la
diferencia entre la identidad de género de una persona y su sexo asignado
al nacer, lo que sugería que el malestar era innato e inevitable. Sin embargo,
las investigaciones actuales muestran que los sentimientos de angustia en
torno a ser transgénero o no binario (o solo a la posibilidad de serlo) son las
formas internalizadas más perjudiciales y peligrosas del estrés de minorías.
La angustia procede del estigma cultural interiorizado, asociado a tener un
género diferente al que se asume que alguien tiene, a tener una identidad
de género estigmatizada y a los sentimientos de que su identidad de género
no es congruente con su cuerpo (disforia de género).

Baja autoestima

Es fácil que los adolescentes transgénero y no binarios sientan vergüenza
y baja autoestima por su condición de minoría de género. Ya hemos exa-
minado cómo la baja autoestima se desarrolla por la exposición repetida a

la discriminación y a situaciones negativas. La baja autoestima también se desarrolla a partir de mensajes de estigmatización interiorizados, así como por las percepciones reales o percibidas, el miedo al rechazo, el acoso y otras formas de victimización por razones de género.

Crianza para contrarrestar el estrés de minorías

Si comprendes los distintos factores de estrés a los que se enfrenta tu hijo y el efecto que esto tendrá en él a lo largo de su vida, podrás entender mejor por qué la crianza para apoyar y mejorar su capacidad de resiliencia es potencialmente vital para él o ella. Si comprendes cómo puede afectar el estigma a tu hijo adolescente y su capacidad para repercutir en múltiples áreas de su salud y bienestar general, puedes estar atento a las formas de contrarrestar el impacto negativo tanto ahora como en el futuro.

Capítulo 9

Apoyo profesional y consideraciones de salud mental

Tengo que ser sincera; empecé a sentir que quizá estaba loca o algo por el estilo. No sabía exactamente lo que era; pensaba que debía ser una especie de bicho raro. Me habría hecho mucho bien que un terapeuta me ayudara, pero mi madre no sabía dónde encontrar a alguien que lo entendiera. Tenía miedo de que intentaran alejarme de ella. Una vez que me di cuenta de que era transgénero y de que había otras personas como yo, me sentí muy agradecida por no estar loca…

❖

Nunca he acudido a un centro de salud mental. Me inquieta que puedan preocuparse más por mi identidad de género y mi sexualidad (con las que me siento bastante seguro) que por mis problemas reales (Veale et al., 2015).

Queremos comenzar este capítulo de forma muy clara: la identidad y la expresión de género no causan problemas de salud mental. Más bien es el efecto de las reacciones negativas al género de una persona —el acoso, la discriminación y el estigma social al que se enfrenta— lo que crea el contexto para los problemas de salud mental. Es fácil desarrollar trastornos cuando tus amigos, tu familia, tus profesores, tus compañeros de clase, tu religión o la sociedad en general no aceptan quién eres. Los problemas psicológicos de los jóvenes transgénero y no binarios también surgen de las luchas que pueden tener con un cuerpo que no coincide con su psique. Intentar tener una identidad o expresión de género menos común en una sociedad que trata por todos los medios de imponer la conformidad también tiene sus propios desafíos de salud mental.

Algunos adolescentes se esfuerzan por comprender lo que les ocurre. Al principio tal vez no tengan ni idea de que la depresión, la ansiedad o la angustia que sienten están relacionadas de algún modo con el género. Es habitual experimentar mucha confusión antes de llegar a reconocer que se es transgénero, no binario o incluso de género expansivo. Esto es especialmente cierto si tu hijo adolescente desconocía previamente todo el espectro que la diversidad de género puede tener. El hecho de dejar de lado las nociones previas de lo que creían ser puede producir una profunda sensación de desequilibrio, especialmente si todavía no tienen un lenguaje para explicar lo que son. Algunos adolescentes experimentan alivio una vez que tienen un lenguaje para el malestar o la angustia que sienten. Para otros, su depresión o ansiedad aumenta cuando se dan cuenta de que son transgénero o no binarios, sobre todo si creen que esto creará un conflicto en sus sistemas de apoyo familiar o social. Tampoco es raro que los adolescentes experimenten depresión o ansiedad durante el proceso de decidir lo que necesitan para lograr la congruencia de género y mientras toman las medidas para conseguirlo, lo que puede requerir años. Por supuesto, todos los jóvenes transgénero y no binarios atraviesan una amplia gama de emociones cuando sufren rechazo y discriminación. Puede ser difícil para estos adolescentes navegar por su mundo; el apoyo familiar y profesional puede ser el salvavidas que necesitan para sobrevivir y, en última instancia, para salir adelante.

¿Mi hijo necesita asesoramiento o terapia?

> Lo que me dice mi terapeuta es que, aunque no sepa qué es exactamente lo que me pasa, voy hacia las cosas que me hacen sentir mejor y me alejo de las que me hacen sentir peor. Eso tiene sentido para mí. Ojalá tuviera sentido para mi madre. Ahora la necesito de verdad.

Tu adolescente transgénero o no binario no necesita terapia simplemente porque tenga una identidad de género distinta a la cisgénero. Sin embargo, los adolescentes no binarios y transgénero, por muy bien adaptados que estén, pueden beneficiarse de trabajar (individualmente o como parte de un grupo) con un terapeuta u otro adulto con conocimientos y formación en cuestiones de género y en los problemas de la adolescencia. Los terapeutas y consejeros pueden ser fundamentales para ayudar a tu hijo a identificar su género y empoderarlo para que tenga un sentimiento positivo respecto de sí mismo. El asesoramiento psicológico puede ayudar a los adolescentes a aumentar su resistencia frente a la adversidad, permitiéndoles acceder a su fuerza interior, perfeccionar sus habilidades para enfrentar situaciones y tomar decisiones, desarrollar sistemas de apoyo y aprender a aceptarse a sí mismos. También es posible que tu adolescente tenga que acudir a un terapeuta o consejero como requisito previo para recibir determinados servicios médicos o quirúrgicos relacionados con su búsqueda de congruencia.

Los terapeutas y consejeros formados para trabajar con este grupo de edad pueden ayudar con la depresión, la ansiedad, la reducción de daños, los problemas escolares, los problemas familiares, el desarrollo de la resiliencia y el refuerzo de la autoestima. A veces, un adolescente está dispuesto a compartir cosas con un consejero que no puede compartir con su familia.

Hay muchos aspectos de una relación terapéutica que son beneficiosos, quizá ninguno más que la afirmación de la identidad de género de tu hijo o hija. Esta es una de las razones por las que un terapeuta no solo debe aceptar la diversidad de género, sino que también debe conocer bien los factores de estrés específicos a los que se enfrentan los jóvenes transgénero, no binarios y de género expansivo. Este tipo de apoyo a menudo puede ser increíblemente útil para integrar las múltiples identidades que cada uno de nosotros tiene, especialmente cuando parecen estar en desacuerdo unas con otras. También puede ayudar a todos los miembros de tu familia a comprender y valorar la identidad de género de tu adolescente, proporcionando una forma en la que cada persona comunique sus sentimientos al respecto y se pueda abordar cualquier problema que necesite atención.

El papel de la terapia para la familia

Tanto si tu familia está en crisis en torno a la identidad de género o la expresión de género de tu hijo como si no lo está, la adolescencia puede ser una época importante para tener un consejero individual y familiar. Las investigaciones confirman la eficacia de las intervenciones en y con la familia no solo para prevenir futuras dificultades, sino también para tratar problemas existentes como los trastornos alimentarios, la depresión y el abuso de sustancias tóxicas. Un estudio longitudinal de 2011 sobre adolescentes en Estados Unidos descubrió que aquellos que se sentían muy valorados por su familia y que podían confiar en los miembros de esta tenían un riesgo sustancialmente menor de padecer enfermedades mentales (Paradis *et al.*, 2011). Un entorno de apoyo psicológico puede ser el contexto ideal para establecer estos enfoques. Trabajar con un consejero u otro supervisor capaz de afirmar el género de tu adolescente (que también sea consciente de los retos que ustedes como padres experimentan) puede ayudar a aliviar parte de la angustia de tu familia. Proporciona un lugar para hacer preguntas, reunir información y resolver algunos de los problemas con los que más luchan.

Un terapeuta también puede ayudar a tu familia a cambiar los patrones de comunicación que no funcionan y a identificar lo que cada miembro de esta, incluidos los hermanos, puede necesitar. Si la conexión entre tu hijo adolescente y tú está desgastada, un consejero familiar o un trabajador social puede ayudar a conectarlos de nuevo y ofrecer un espacio para tu familia con el fin de discutir abierta y productivamente los temas relacionados con el género. Si hay creencias culturales o religiosas que consideras que no aceptan la diversidad de género, un terapeuta familiar que respete tus valores culturales, sin dejar de afirmar el género de tu adolescente, puede ser de gran ayuda. Es posible volver a encontrar un lugar pacífico en su relación, en el que puedan entenderse y disfrutar pasando tiempo juntos.

Cuándo buscar terapia

¿Cómo sabes cuándo necesita terapia tu hijo adolescente? Si acude a ti diciendo que quiere ver a un terapeuta, ese sería un indicador claro. Si no es así, como un primer paso, podrías preguntarle directamente a tu hijo. Si te dice que cree que esto podría ayudarlo, entonces puede ser una buena opción durante el tiempo que a él le parezca útil. Por otro lado, si te dice que no le interesa, pero tú notas comportamientos que muestran un estrés importante u otros factores que indican falta de bienestar, dile lo que ves y pídele que considere la posibilidad de ir, aunque solo sea un par de veces para saber si es de ayuda.

Como muchos adolescentes transgénero, no binarios y aquellos que se cuestionan el género son hipersensibles a la insinuación de que puede haber algo malo en ellos, es importante que le asegures a tu hijo desde el principio que tu sugerencia sobre la terapia no es más que un deseo de proporcionarle todo el apoyo posible. Quizá quieras hacerle saber que entiendes que puede haber cosas de las que le gustaría hablar con alguien que no seas tú y que la terapia le dará un lugar seguro para hacerlo. Dependiendo de la madurez de tu adolescente, podrías compartir con él los elementos del estrés de minorías y lo fácil que es interiorizar los mensajes negativos sobre sí mismo; un espacio de apoyo puede ser una forma útil de enfrentarse a estos factores de estrés y construir reservas internas de resiliencia.

Lo mejor es que busques ayuda para tu hijo o hija independientemente de su deseo expreso de no ir a terapia si observas alguno de los siguientes comportamientos:

- *Aislamiento significativo.* Tomar distancia de la familia, los amigos y otras interacciones humanas. Aunque la mayoría de los adolescentes necesitan cierto espacio separado de su familia, si observas un nivel de aislamiento inusual, es importante que hables con tu adolescente sobre lo que le ocurre. Muchos jóvenes transgénero y no binarios se apartan de la vida familiar porque les resulta difícil conciliar lo que sienten que son con lo que creen que su familia espera que sean. Temen que compartir su identidad y su género con su familia pueda provocar un rechazo. El retraimiento también puede indicar que tu hijo adolescente tiene problemas de sociabilidad en la escuela, problemas de baja autoestima o simplemente que se siente fuera de lugar mientras evoluciona hacia su auténtico género. Considera el aislamiento o el retraimiento significativos como una señal de advertencia sobre la que debes actuar.
- *Inmovilidad por las dudas sobre sí mismo y por un discurso negativo.* Si la baja autoestima impide a tu hijo perseguir los intereses que tiene, si empieza a pasar una cantidad de tiempo mucho mayor en casa o dice abiertamente frases muy negativas sobre lo que es, necesita hablar con alguien y conseguir ayuda para verse a sí mismo de forma más saludable.
- *Actuar de forma peligrosa.* Muchos adolescentes transgénero y no binarios sufrirán acoso, burlas, amenazas de violencia o abusos a causa de su género. Cuando un adolescente carece de recursos para hacer frente a estos daños y al dolor que conllevan, puede actuar de forma violenta o agresiva. Tómalo como un indicio de que tu hijo necesita ayuda.
- *Cambios significativos de comportamiento.* Tu hijo puede necesitar ayuda si se ha distanciado de sus amigos, o si observas cambios notables en su comportamiento en relación con el sueño, la alimentación, la cantidad de tiempo que pasa solo, el interés por la escuela o en su rendimiento escolar.
- *Cambios significativos en la comunicación.* Tu hijo puede necesitar ayuda profesional si se cierra y no está dispuesto a hablar contigo de los temas que solía tratar o si se ha vuelto más agresivo en su forma de hablarte.

- *Deprimido, ansioso o angustiado*. Si tu adolescente experimenta alguna de estas emociones y esto se vuelve persistente o afecta su calidad de vida, el apoyo profesional puede ayudarlo.
- *Hablar de suicidio*. Si tu hijo habla de suicidio, busca ayuda profesional de inmediato.

Consulta a tu hijo con regularidad. Habla con él de su día. Debes estar atento por si le surgen preocupaciones; si es así, siéntete con la prerrogativa de obtener más información. Escucha lo que tienen que decir otras personas relacionadas con él o ella. A veces, sus amigos, la familia extensa, los amigos de la familia, el consejero escolar o un profesor pueden lanzar una alerta si ven cosas que les preocupan y saben que valoras su perspectiva.

¿Cómo elijo un terapeuta o profesional de la salud mental?

La primera vez que me reuní [con mi consejera] tuve que decirle mi nombre legal para conseguir mi documentación, y entonces me dijo: "De acuerdo, este es tu nombre legal, ¿cómo quieres que te llamen?". Genial. Me encanta esto. Y me presenté ante ella y quiso ayudarme "en lo que pudiera". Siempre era bienvenido... a hablar con ella sobre cualquier problema que tuviera (Gattis y McKinnon, 2015).

Una vez que hayas decidido que vas a buscar el apoyo de un terapeuta o consejero, debes identificar al profesional más adecuado para las necesidades de tu hijo y de tu familia. No todos los terapeutas están bien informados sobre las cuestiones de género con respecto a niños y jóvenes. Cuando busques los servicios de los profesionales, pregúntales cuál es su experiencia trabajando con jóvenes transgénero, no binarios y de género expansivo. El terapeuta equivocado podría causar más problemas que ofrecer soluciones. Si no puedes encontrar un terapeuta calificado en tu zona, considera la posibilidad de encontrar a alguien con quien te sientas cómodo y que esté abierto a aprender; entonces este podría consultar con otro terapeuta que tenga experiencia en cuestiones relacionadas con el género y la juventud. Algunas familias optan por trabajar con un profesional experimentado a través de Skype, aunque debes tener en cuenta que puede haber problemas de licencia si el terapeuta está fuera de tu país.

¿Cuándo se necesita una carta para las hormonas o la cirugía?

En Estados Unidos, algunos lugares y proveedores de servicios médicos necesitan una carta de un profesional de la salud mental para asegurar la cobertura del seguro, o para que el médico pueda prescribir hormonas o realizar el procedimiento quirúrgico deseado. Si tu hijo adolescente busca este apoyo, asegúrate de que los proveedores cumplen los requisitos. Es importante el seguimiento continuo de la relación terapéutica. Si el terapeuta es el adecuado, mantén abiertas las líneas de comunicación entre tu adolescente y tú, tanto como con el terapeuta. Debes asegurarte de que el entorno sigue siendo de apoyo y afirmación para tu hijo.

Si necesitas ayuda para encontrar un profesional de la salud mental que esté comprometido con la atención afirmativa y el apoyo a los jóvenes con diversidad de género, busca centros de género en tu país que pueden remitirte con alguien competente. Al final del libro hay una lista de varias organizaciones y grupos de apoyo en Hispanoamérica que podrían orientarte.

ALGUNAS PREGUNTAS PARA ELEGIR A LOS PROFESIONALES QUE TRABAJARÁN CON TU HIJA/HIJO O TU FAMILIA

- *¿Ha trabajado antes con jóvenes transgénero, no binarios o que se cuestionan el género? ¿Está dispuesto a aprender si puedo sugerirle algunos recursos para ello?*
  Muchos profesionales no tendrán experiencia previa con niños y jóvenes en el trabajo específico de género, pero si tienen una mentalidad de verdad abierta y están dispuestos a aprender, ese es el factor más importante.

- *¿Cuál cree que es su papel en el camino de género de un adolescente?*
  Desconfía si un profesional quiere ayudar a tu hijo adolescente a ajustarse a los roles de género más tradicionales o indica que su tratamiento puede cambiar la identidad o expresión de género de tu hijo. Un profesional que transmita a tu hijo mensajes negativos sobre quién es, incluido su género, podría tener más efectos dañinos que positivos.

La idea es encontrar profesionales que reconozcan la diversidad de género como un aspecto natural de la humanidad que atraviesa todas las facetas de la identidad, la geografía y otro tipo de diferencias. Busca un profesional cuyo objetivo sea apoyar a tu hijo en cualquiera que sea su auténtico camino en relación con su género.

- *¿Cree que los adolescentes son demasiado jóvenes para determinar su identidad de género? ¿Cree que los adolescentes pueden buscar medidas de congruencia, incluyendo opciones médicas, como hormonas o cirugía?*
  Busca profesionales que entiendan que los niños pueden conocer su identidad de género a cualquier edad y que no se les puede poner en ninguna caja ni obligarlos a seguir un camino concreto. La idea es que este pueda seguir la pista de tu hijo adolescente y crear un espacio seguro para que descubra su verdadera identidad y aquello que necesita para sentirse congruente.

- *¿Está familiarizado con los géneros no binarios?*
  Trata de encontrar profesionales que entiendan que el género es un espectro.

- *¿Y si no estoy en el mismo punto que mi pareja o que el otro progenitor de mi hijo?*
  Lo ideal es que los profesionales se reúnan con las familias en el "punto emocional en el que están" en ese momento y que comprendan que madres y padres tienen que pasar por su propio proceso. Un profesional calificado puede ayudar a las familias a tomar decisiones difíciles cuando los adultos y los jóvenes no están de acuerdo y necesitan ayuda para entenderse.

Principios de la atención afirmativa al género

Los profesionales de diversos campos reclaman hoy una atención y un modelo de apoyo afirmativos para los jóvenes transgénero, no binarios y de género expansivo. Ahora existe un conjunto de conocimientos sobre los elementos necesarios de dicha atención. Cada vez más, los psicólogos, terapeutas, trabajadores sociales, consejeros y muchos otros encargados de apoyar el desarrollo saludable de sus jóvenes pacientes reconocen la necesidad de ayudarlos a entender su género, así como de enseñarlos a navegar por las reacciones de los demás sobre este.

Las redes de profesionales de la salud mental establecen un conjunto de prácticas que permiten la exploración segura y saludable del género por parte de los jóvenes. Estas prácticas, a su vez, se basan en principios básicos:

- Existen variaciones naturales de género; estas variaciones no son intrínsecamente negativas y no deben clasificarse como desórdenes.
- Los roles y las presentaciones de género son diversos y variados en todas las sociedades a lo largo del tiempo, y cualquier intento de analizarlos debe tener en cuenta distintos factores culturales e históricos.
- El auténtico género surge de la compleja interacción entre el propio cuerpo, la expresión de género y la identidad de género.
- El género no está fijo, sino que evoluciona tanto para los individuos como para las culturas a lo largo del tiempo.
- La orientación sexual y la identidad de género son aspectos diferentes pero relacionados de la identidad; cualquiera puede estar en cualquier lugar de cada espectro.
- La congruencia de los sentimientos internos con la presentación externa de género es esencial para el bienestar a largo plazo.
- El estigma, los prejuicios y la violencia afectan la salud a corto y largo plazo de las personas transgénero y no binarias.
- La identidad de género se cruza con todas las demás identidades. Tener múltiples identidades minoritarias aumenta el estigma y el estrés de minorías que va asociado al género.
- Los jóvenes transgénero y no binarios tienen más posibilidades de vida sana cuando tienen familias que los apoyan.
- La ambigüedad como lugar temporal o permanente de identidad o expresión de género es algo común.
- Todas las identidades y expresiones de género merecen el mismo respeto.
- Las patologías asociadas al género de un adolescente suelen ser el resultado de las reacciones negativas de quienes lo rodean y no de lo que está en el interior del individuo.

Estos y otros principios relacionados muestran que existe un campo creciente de atención y práctica afirmativa en materia de género. En lugar de basarse en nociones estrictamente binarias y socialmente normativas sobre el género, esta atención afirmativa tiene una serie de características. En concreto, la atención afirmativa en materia de género:

Reconoce las percepciones de género de la persona como algo real y genuino

En lugar de asumir que el terapeuta conoce la forma correcta de desarrollar el género del paciente, los proveedores de salud mental afirmativa crean un espacio en el que las experiencias del adolescente sobre sí mismo se valoran como auténticas y reales. Esto no significa que el profesional no anime al paciente a explorar este aspecto de sí mismo, sino todo lo contrario; sin embargo, el profesional sabe que para que dicha exploración se produzca, la persona debe sentirse vista y escuchada como conocedora de su propia experiencia.

Ayuda a la familia a crear un entorno de apoyo

Al conocer la enorme repercusión de la familia en la salud y el bienestar a largo plazo de los jóvenes no binarios, transgénero y de género expansivo, los profesionales de la atención afirmativa de género trabajan con la familia para crear un hogar seguro. Son conscientes de los riesgos significativos y potencialmente mortales a los que se enfrentan los jóvenes sin el apoyo de su entorno. Sin comprometer los valores familiares, el profesional puede fungir como guía respecto a prácticas parentales de apoyo y educar sobre cómo evitar comportamientos potencialmente perjudiciales; también puede contribuir a normalizar las reacciones de los miembros de la familia y en el área de los problemas de adaptación.

Equilibra las necesidades de todos los implicados

Puede ocurrir que las madres y los padres se acerquen a un profesional de la salud mental en busca de respuestas concretas, desesperados por saber cómo se resolverá la situación, mientras que los adolescentes pueden estar ansiosos por tener acceso a las opciones médicas de congruencia que desean. Es importante encontrar un modo de atender las necesidades del adolescente y las de la familia, en especial si parecen estar en conflicto. Esto puede significar que la familia también necesite asesoramiento. De hecho, dependiendo de la situación, pueden ser los padres, y no el adolescente, los que necesiten apoyo de salud mental, sobre todo si el adolescente se siente cómodo en su género, pero la familia sigue angustiada.

En cualquier caso, es fundamental que el profesional de la salud mental trabaje con las personas que rodean al adolescente para que se sientan más cómodas con la incertidumbre inherente a la situación y se muevan con la rapidez adecuada para atender las necesidades de salud y bienestar del adolescente.

Afirma la fuerza del adolescente

En esta misma línea, es importante que el adolescente transgénero o no binario y su familia tengan la oportunidad de percibir el género cuestionado de forma equilibrada. A pesar de los diversos retos, también hay muchos aspectos positivos que hay que afirmar cuando el adolescente intenta descubrir o insiste en que se le vea como realmente es.

Apoya al adolescente y a su familia en la ruta por el mundo que los rodea

Los profesionales de la salud mental pueden servir como solucionadores de problemas al ser capaces de comprender los diversos contextos de la vida del adolescente y pueden ayudar a desarrollar diversas estrategias para responder o adaptarse a los retos que se presenten.

Ya sea con otros miembros de la familia, en el vecindario o en la comunidad, en la escuela o en los lugares de culto, el género de un niño o joven puede verse como un blanco fácil para cualquier tipo de comentario o cuestionamiento público y quizás incluso para una condena directa.

Ayudar a las familias y a los adolescentes a anticiparse y responder con confianza y de manera firme en dichas situaciones es un aspecto fundamental de la atención y el apoyo afirmativos.

Reconoce los verdaderos problemas de seguridad

Los profesionales de la salud afirmativos reconocen la necesidad de proteger al adolescente transgénero o no binario y a su familia. Pueden ayudar al adolescente a identificar las situaciones en las que su seguridad puede verse comprometida, emocional o físicamente, y a buscar soluciones eficaces con antelación.

Los profesionales de la salud mental deben trabajar para ayudar a sus pacientes a reconocer estas situaciones y proporcionarles las herramientas necesarias para evitar o minimizar los efectos negativos. En el caso de experiencias difíciles, discriminatorias, de acoso o violencia, el profesional puede ayudar a todos a procesar el efecto del suceso.

Un mantra importante de la atención afirmativa al género es la seguridad desde el principio, la seguridad hasta el final; es aquí donde este enfoque puede tener su repercusión más importante. Cuando se les afirma en la autenticidad de su experiencia, es más probable que los jóvenes se traten a sí mismos de forma más positiva y que esperen e insistan en lo mismo de quienes los rodean.

Se mantiene al día sobre las opciones médicas

Muchos adolescentes transgénero y no binarios necesitarán algún tipo de tratamiento médico para llegar a la plena congruencia, por lo tanto, el conocimiento del profesional de la salud sobre las opciones médicas más actuales sirve para ayudar en el proceso de confirmación de género. Los proveedores de salud mental cuya atención es afirmativa están llamados a trabajar en colaboración con los médicos del paciente cuando sea necesario. Los tratamientos médicos se consideran adecuados cuando conducen a la congruencia y se respetan las opciones médicas no binarias.

Tiene una sólida comprensión del estrés de minorías

La conciencia del estrés de minorías y los medios basados en la investigación para reforzar la resiliencia son parte integral del contexto en el que se desarrolla la terapia. La atención afirmativa entiende que el tratamiento de los jóvenes transgénero y no binarios suele ser complejo debido al impacto del estrés de minorías en la terapia, incluidas las actitudes negativas interiorizadas y los sentimientos de baja autoestima, así como la falta de reconocimiento o negación de la gravedad del efecto de la discriminación, la violencia y el acoso.

Un proveedor afirmativo es consciente de los factores de estrés adicionales asociados a las opresiones múltiples y trabaja para ayudar al adolescente a integrar todas sus identidades y a consolidar una identidad personal positiva. Un buen profesional es consciente de los factores de resiliencia específicos de los jóvenes transgénero y no binarios y los promueve directamente con él y su familia, cuando le parece conveniente.

PELIGROS DE LA TERAPIA DE CONVERSIÓN

No es de extrañar que los retos para las personas transgénero y no binarias puedan parecer abrumadores. Nadie quiere que su hijo se enfrente a tanto dolor y a tantas dificultades. Los tremendos temores sobre el futuro de tu hijo pueden hacerte pensar: "¿Cómo puedo evitar que mi hijo adolescente sea transgénero, no binario o no conforme con el género para que no tenga que pasar por todo esto?". Por esta y otras razones, algunas familias intentan ayudar a su hijo transgénero o no binario llevándolo a terapia, a campamentos o a otros programas diseñados para "curarlo" de su identidad de género o de lo que perciben como comportamientos disconformes con el género. Algunos de los padres que optan por esto creen que actúan desde un lugar de amor y apoyo. Los líderes religiosos u otros miembros respetados de su comunidad pueden haberles aconsejado que esto ayudará a su hijo.

La "terapia reparativa", también conocida como terapia de conversión, se refiere a la terapia u otras acciones diseñadas para alterar la orientación sexual o la identidad de género de una persona. Queremos ser muy claros aquí: no existen pruebas clínicas ni validez científica que demuestre que dicha terapia es eficaz. De hecho, hay muchas pruebas de que es perjudicial y puede agravar peligrosamente los factores de riesgo ya comentados. Si tu hijo está sometido a una terapia de este tipo o estás participando en un programa diseñado para "curarlo", te instamos encarecidamente a que abandones este tratamiento de inmediato y busques más información sobre este tipo de enfoque, para evitar un daño potencial que pueda ser irreparable para tu hijo.

¿Cuáles son los riesgos asociados a la terapia de conversión?

Se ha demostrado que la terapia de conversión da lugar a mayores niveles de autoculpabilidad, vergüenza, sensación de deshumanización, pérdida de la fe religiosa o espiritual, depresión, culpa, desesperación, autodesprecio, aislamiento, suicidio, abuso de sustancias tóxicas y aumento de la hostilidad hacia los padres, entre otros comportamientos no deseados.

¿Qué dicen las organizaciones de salud mental sobre la terapia de conversión?

Muchas de las principales organizaciones de salud mental y médica se han manifestado públicamente en contra de la terapia reparativa, citando los peligrosos efectos que puede tener. La Academia Americana de Psiquiatría Infantil y Adolescente (2012) afirma que dicha terapia "puede fomentar el rechazo familiar y socavar la autoestima, la conexión y el cariño, que son importantes factores de protección contra la ideación y los intentos de suicidio".

Estas organizaciones también afirman que no existe credibilidad científica que respalde su uso. La Asociación Estadounidense de Psiquiatría afirma: "Además, los informes anecdóticos sobre 'curas' se ven contrarrestados por declaraciones anecdóticas sobre daños psicológicos. En las últimas cuatro décadas, los terapeutas 'reparativos' no han producido ninguna investigación científica rigurosa que corrobore sus afirmaciones de curación''.

LAS NACIONES UNIDAS HAN PEDIDO UNA PROHIBICIÓN
GLOBAL DE LA "TERAPIA DE CONVERSIÓN"

En julio de 2020, el experto independiente sobre orientación sexual e identidad de género de la ONU, Víctor Madrigal-Borloz, dijo al Consejo de Derechos Humanos que las prácticas de terapia de conversión son "inherentemente discriminatorias, que son un trato cruel, inhumano y degradante, y que dependiendo de la gravedad o los dolores y sufrimientos físicos o mentales infligidos a la víctima, pueden constituir tortura". El informe afirma que "la investigación muestra que hoy en día las principales fuerzas impulsoras detrás de estas prácticas dañinas son los líderes religiosos y los prejuicios".

El informe de la terapia de conversión también afirma: "Cuando las decisiones de los padres [...] están basadas en el miedo y el prejuicio, una relación afectuosa y amorosa se convierte en una pesadilla dañina con el potencial de causar un daño permanente e irreparable. Los niños y adolescentes son particularmente vulnerables a esto, ya sea porque pueden ser fácilmente coaccionados a 'terapias de conversión' por padres temerosos o porque se les inculcan sistemáticamente ideas falsas y sesgadas sobre la diversidad sexual y de género [...] Demasiadas vidas han sido arruinadas y muchas otras lo serán si estos intentos inhumanos y terapias de conversión no son interrumpidos".

Cada vez más países están aprobando leyes para erradicar las prácticas de conversión. Argentina, Brasil, Chile, Ecuador, Paraguay, Uruguay y las jurisdicciones subnacionales de México y España prohíben o restringen penalmente la práctica de la terapia de conversión, ya sea de manera específica o indirecta. Las prohibiciones de terapia de conversión indirecta son cuando los países no las prohíben explícitamente a través de las leyes; sin embargo, los proveedores de salud mental no permiten que las prácticas sean utilizadas. España y México tienen prohibiciones en todo el país que están esperando la aprobación final al momento de escribir este artículo.

Lucas Ramon Mendos. (2020). *Curbing Deception: A world survey on legal regulation of so-called "conversion therapies"*. Génova: ILGA World. https://bit.ly/3YT2zps

¿Qué protección legal existe?

El estado de California fue el primero en aprobar una legislación que prohíbe a los terapeutas intentar cambiar la identidad de género de cualquier persona menor de 18 años. Otros estados, como Nueva Jersey, Oregón, Illinois, Vermont y el Distrito de Columbia han aprobado leyes similares, y muchos más estados están intentando aprobar ahora una legislación similar.

En Canadá, Ontario y Manitoba también han aprobado este tipo de legislación y Malta está tratando de que exista una prohibición a nivel nacional. En algunos países las leyes prohíben los esfuerzos por alterar la expresión de género y permiten las terapias que fomentan las habilidades para manejar las presiones, con objeto de promover la aceptación del ser de la persona, la exploración o consolidación de la identidad y la autoaceptación. La leyes también permiten que los terapeutas ayuden a los pacientes que deseen buscar medidas de congruencia médica y social.

En Estados Unidos, el presidente Obama pidió que se pusiera fin por ley a la "terapia de conversión transgénero". Un alto asesor de la Casa Blanca respondió en 2015 a una petición en la que se solicitaba la prohibición federal de la terapia de conversión diciendo: "Compartimos su preocupación por la terapia de conversión y sus efectos devastadores en la vida de los jóvenes transgénero, así como de los gays, lesbianas, bisexuales y jóvenes *queer*... Como parte de nuestra dedicación a la protección de la juventud estadounidense, esta administración apoya los esfuerzos para prohibir la terapia de conversión para los menores".

En 2015, Ontario, Canadá aprobó el proyecto de ley 77, la Ley de afirmación de la orientación sexual y la identidad de género. El proyecto de ley prohíbe a los proveedores de servicios de salud ofrecer cualquier servicio destinado a cambiar la identidad de género de una persona menor de 18 años. También establece específicamente que los proveedores pueden seguir prestando atención de apoyo para facilitar las habilidades de afrontamiento, el apoyo social y la exploración y el desarrollo de la identidad. Asimismo, permite que los proveedores sigan practicando la cirugía de reasignación de sexo.

Al momento de escribir este libro, el Comité contra la tortura de la Organización de las Naciones Unidas (ONU) está examinando la terapia de conversión como una posible violación de la Convención contra la tortura y otros tratos o penas crueles, inhumanos o degradantes, lo que la convierte en una cuestión de derecho internacional y de derechos humanos.

No puedo hablar del sistema de salud sin hacer referencia a la ley integral para personas trans número 19684, ya que cuando mi hijo decidió transicionar esta ley estaba en ese entonces entrando a la Cámara de Senadores para ser aprobada. Nuestra familia y sobre todo mi esposa y mi hijo decidimos visibilizar nuestras vidas para mostrar la necesidad de una ley como la que se quería aprobar.

Gracias a la aprobación de dicha ley, mi hijo y todas las personas trans tienen derecho a ser atendidas por un grupo interdisciplinario especializado en la atención de las personas trans. Además esta ley obliga al sistema de salud público y privado a proveer a esta población con necesidades específicas, hormonas, bloqueadores de la pubertad o realizar las cirugías de afirmación de género de forma gratuita.

En nuestro caso, hablamos en especial de la masculinización pectoral en varones trans, pero cabe destacar que ningún tratamiento quirúrgico ni medicamento son obligatorios para ser reconocidos como una persona trans. Solo lo harán aquellos que lo deseen, incluso aquellos menores con la autorización de alguno de sus padres o tutor pueden acceder gratuitamente a estos procedimientos.

En nuestro caso, nuestro hijo Manuel lo que necesitaba urgentemente era detener el periodo menstrual porque mes a mes le recordaba todo aquello que él no era. La endocrinóloga que lo atendió era una profesional familiarizada con el tema, ya que había escrito la guía de hormonización para las personas trans de Uruguay. Eso fue lo primero que aprendí: teníamos que buscar dentro del sistema de salud aquellos médicos que estuvieran familiarizados y sensibilizados para dar una correcta atención a mi hijo.

Su adolescencia logró transitarla al mismo ritmo que sus compañeros, usando una terapia de hormonas cruzadas (o de reemplazo) para que sus rasgos masculinos fueran apareciendo de a poco como sus pares masculinos.

Unos años después sintió la necesidad de hacerse la masculinización pectoral (cirugía para remover el pecho), ya que encontraba que las mamas le impedían realizar muchas actividades, así como reafirmar su imagen.

Este proceso no fue sencillo. Si bien en Uruguay tenemos la ley y el decreto que obliga a realizar gratuitamente este tipo de cirugías, no establece ningún sistema de sanciones para aquellos que no lo cumplen. Es importante a la hora de que otros países tengan estas iniciativas tener en cuenta esto.

Mi hijo tenía 16 años y ya estábamos en proceso de pedir la cirugía cuando empezó la pandemia de covid-19 y como el prestador de salud no quería realizar ese procedimiento de forma gratuita nos dejaron en espera dos años. Para ello debimos cambiar de prestador a uno que cumpliera con todas las obligaciones y un equipo especializado.

Si bien yo había autorizado que mi hijo pudiera realizarse la operación siendo menor, al momento de realizarla él ya había cumplido sus 18 años. En lo personal no deseaba hacerse una faloplastia, pero incluso si la deseara no hay médicos experimentados en Uruguay para realizarla, aunque en la ley esté contemplada.

PADRE DE UN CHICO TRANSGÉNERO DE 18 AÑOS, URUGUAY

Problemas y diagnósticos concurrentes

Aunque sigo luchando contra la depresión, la ansiedad y el trastorno de estrés postraumático, desde que aprendí más sobre el género y fui capaz de descubrir quién soy, de salir del clóset y hablar abiertamente al respecto, mi vida y mi forma de interactuar con la gente han mejorado drásticamente y ya no tengo tendencias suicidas (Veale et al., 2015).

Cuando un adolescente está explorando su género, puede ser difícil para él, para ti o para un terapeuta descubrir qué pasa exactamente, ya que puede haber otros problemas de salud mental que se presenten al mismo tiempo. El panorama puede ser complejo. A veces estos problemas de salud mental o de comportamiento se resolverán o se mitigarán al reclamar su auténtico género y recibir las medidas de alineación necesarias; sin embargo, en otras ocasiones los problemas de género y de salud mental son problemas distintos. Cuando los problemas coexistentes son graves, como la depresión, las conductas autolesivas, los trastornos alimentarios, el aislamiento suicida o el abuso de sustancias tóxicas, puede ser un reto para el adolescente, el orientador o los padres saber cuál es el problema que hay que tratar primero. Si la disforia de género no es el primer problema en recibir atención, ocurren dos escenarios:

1. El problema de salud mental puede no remitir hasta que se aborde la disforia, ya que es el factor subyacente para algunos adolescentes. Es habitual en los jóvenes no binarios y transgénero que los problemas de salud mental estén motivados por la cuestión de género. Una vez que esta se aborda y se inician las medidas de congruencia, los demás problemas psicológicos que también están presentes suelen disminuir o resolverse.
2. Del mismo modo, si se tratan primero los otros problemas clínicos, la disforia puede ser mucho mayor que antes, porque el adolescente

puede haber estado utilizando ese comportamiento (trastornos alimentarios, uso de drogas, cortarse) como medio de desahogo para minimizar su disforia. Así, eliminar este mecanismo puede servir para resaltar o agravar el problema subyacente.

Cuando se presentan otros problemas, como los trastornos del desarrollo, las condiciones del espectro autista o la esquizofrenia, puede ser difícil para el adolescente explorar y articular plenamente su identidad de género.

También puede ser difícil para las personas con diagnósticos múltiples recibir medidas de alineación médica adecuadas, a pesar de que el *Manual diagnóstico y estadístico de los trastornos mentales* (DSM) reconoce que tanto la disforia de género como otras afecciones pueden coexistir y de hecho lo hacen.

Las personas con afecciones simultáneas deben tener los mismos derechos y acceso a una atención adecuada para su disforia de género. Sin embargo, en muchos casos, un médico no recetará hormonas cruzadas ni realizará cirugías de alineación de género sin una carta en la que se indique que los problemas de género no son producto de otra afección o bien debe decirse claramente que el problema coexistente no interferirá con los tratamientos médicos relacionados con el género.

Muchos profesionales de la salud mental no están al día de las cuestiones de género y no están dispuestos a redactar esas cartas; por lo tanto, los diagnósticos de trastornos simultáneos pueden afectar el acceso a las medidas de congruencia. Sin embargo, no hay ninguna razón por la que no se pueda tener una enfermedad mental y ser transgénero o no binario. No son mutuamente excluyentes y, por lo general, una no es la causa de la otra. Si el personal médico de tu hija o hijo rechaza las medidas de congruencia debido a la coexistencia de enfermedades y tú crees firmemente que son enfermedades distintas, sigue buscando a un personal médico que te escuche y te proporcione la atención y el apoyo adecuados.

Condiciones del espectro autista

El Asperger hizo que fuera más difícil darme cuenta de que era trans. No era consciente de la mayoría de los aspectos sociales del género. Hasta mi adolescencia, me costó mucho reconocer y verbalizar lo que sentía. Esto hacía que fuera difícil distinguir la disforia de cualquier otro tipo de malestar. Externamente, los indicadores de disforia de género se atribuían a mi autismo: no usar vestidos ni pelo corto por mis problemas sensoriales, resistirme a usar brasier y ocultar la menstruación porque el cambio me resulta abrumador, no relacionarme con las chicas por falta de comprensión social, etc. Una vez que hice la transición, socializar fue más fácil, y mi depresión y ansiedad fueron menos graves. Sigo teniendo Asperger, por supuesto, pero los aspectos negativos son más fáciles de manejar ahora que he hecho la transición.

❖

Nunca sospeché que estuviera en el espectro autista hasta que hice la transición y dejé caer la máscara que la sociedad quería que llevara. Cuando empecé a actuar como mi verdadero yo, no podía entender por qué me costaba tanto que algunas personas me entendieran. Empecé a hacer amigos, poco a poco, y en un momento dado me di cuenta de que todos mis amigos tenían Asperger. Cuando se lo dije a mi pareja, me dijo que creía que ya estaba establecido que yo también lo tenía. Me ha ayudado mucho el hecho de buscar información sobre el espectro autista y consejos de otros Asperger que me ayudan a afrontar las cosas.

Aunque cada vez hay más estudios que intentan analizar la coexistencia de los trastornos del espectro autista (TEA) y las identidades transgénero, se trata de un campo demasiado nuevo para poder responder de forma concluyente a muchas de las preguntas que plantean los padres y los profesionales de la salud mental. Parece que puede haber un mayor porcentaje de TEA entre los jóvenes transgénero que en la población general, pero se necesita todavía más investigación.

Los padres de un adolescente que se identifica como transgénero o no binario y se encuentra en el espectro autista a menudo se esfuerzan por dilucidar si los problemas de género son reales o un síntoma del TEA. No siempre está claro. Esto se debe a que muchos de los criterios de cada uno se solapan, así como a la posibilidad de que la identificación transgénero o no binaria sea una manifestación de una obsesión relacionada con el espectro autista. De nuevo y por desgracia, la investigación aún no es muy concluyente para poder a responder esta o cualquier otra pregunta general.

Las investigaciones hasta ahora parecen indicar que un mayor porcentaje de personas transgénero o no binarias se encuentran en el espectro del autismo. Al parecer también podría haber un mayor porcentaje de personas del espectro autista que son transgénero o no binarias. Sin embargo, hay tantos factores en juego que hacer estas correlaciones con certeza en este momento es imposible. El tamaño de la muestra es ciertamente un factor: hay un pequeño número de personas en el espectro autista y un pequeño número que se identifican como transgénero; el número de personas que son ambas cosas es realmente muy pequeño.

Como madre o padre, es importante que entiendas que hay criterios que se solapan tanto para los diagnósticos de disforia de género como para los de TEA. Ten cuidado con los nuevos diagnósticos de TEA en tu adolescente no binario o transgénero. Si tu adolescente tiene dificultades y ansiedad sociales, no entiende las señales sociales o se siente aislado, esto no significa necesariamente que tenga Asperger o que esté en otra parte del espectro autista. Algunos adolescentes transgénero dejan de cumplir los criterios del TEA después de la transición o cuando sus síntomas se disipan con la congruencia. En otras palabras, para algunos jóvenes, los síntomas que se observan son un subproducto del estrés o la angustia de género y no son síntomas del espectro autista. Por otra parte, a algunos adolescentes transgénero y no binarios solo se les diagnostica TEA una vez alcanzada la congruencia de género, ya que se suponía que todas las preocupaciones estaban relacionadas con el género, cuando en realidad eran ambas cosas.

No cabe duda de que hay experiencias que se solapan tanto para los adolescentes como para sus familias. Por ejemplo, las personas con condiciones específicas de autismo y las personas con identidades de género menos comunes forman parte de grupos marginados y estigmatizados que a menudo se malinterpretan entre la población general. Además, ambos corren un riesgo mayor de depresión y suicidio debido a esa estigmatización y, por desgracia, a menudo los especialistas en género no son especialistas en TEA y viceversa. Esto puede dar lugar a frecuentes diagnósticos erróneos y a dificultades para conseguir la atención adecuada, incluidas las necesarias medidas de congruencia médica para las personas transgénero o no binarias.

Estar en el espectro autista y ser transgénero o no binario presenta un mayor nivel de complejidad a la hora de interactuar en la vida cotidiana. Por ejemplo, cuando las señales sociales están ausentes, o no se perciben, puede ser más difícil identificar las situaciones que no son seguras para una persona transgénero o no binaria. Esto es algo de lo que hay que ser consciente para que tu adolescente pueda recibir el apoyo que necesita para expresarse con autenticidad.

Los profesionales están tratando de ponerse al día con este doble diagnóstico de TEA y disforia de género, para saber cómo apoyar mejor el acceso a las medidas de congruencia deseadas. A algunos les preocupa que el consentimiento informado en este caso específico no sea posible, mientras que otros descartan esta noción y la consideran derivada de la continua falta de comprensión sobre las personas con TEA. Las personas con espectro autista son por lo general cuestionadas sobre su capacidad para comprender y defender sus intereses, dudando de la autenticidad de su experiencia y sus emociones. Como dijo un joven: "Cuando le dije a la gente que era transgénero, tuve que enfrentarme al hecho de que todos dudaran de mí y pensaran que estaba obsesionada con el género. Es un punto de vista tan paternalista pensar que ellos saben más que yo sobre mi propia experiencia".

Cuando se trata de apoyar a los adolescentes transgénero y no binarios con TEA en busca de la congruencia, hay una mayor necesidad de formas de apoyo diferentes de las de los adolescentes que no tienen TEA. Por ejemplo, los adolescentes con TEA pueden tener que considerar cuestiones más complejas de salud y seguridad sexual asociadas a su proceso de transición. Como cada uno de estos grupos es un objetivo de acoso, abuso y discriminación, su riesgo de interacciones negativas y potencialmente peligrosas es mayor.

Estar en el espectro autista y ser transgénero o no binario presenta un mayor nivel de complejidad a la hora de interactuar en la vida cotidiana; por ejemplo, cuando no se perciben con claridad las señales sociales, puede ser más difícil para una persona transgénero o no binaria identificar las situaciones que no son seguras. Esto es algo que hay que tener en cuenta para que estos adolescentes puedan recibir el apoyo que necesitan para expresarse con autenticidad y a la vez mantenerse seguros. Las herramientas concretas que se utilizan para guiar a un adolescente transgénero o no binario con TEA para que evalúe las situaciones de riesgo potencial y se proteja a sí mismo pueden diferir de las de los adolescentes sin TEA.

Un terapeuta como miembro valioso de tu equipo

La terapia puede ser transformadora para ti, para tu familia y tu adolescente. Puede aumentar la autoestima de todos y ser una forma vital de apoyo afirmativo para que tu hija o hijo se experimente a sí mismo. Es excelente contar con un profesional de la salud mental como parte de tu equipo que pueda colaborar con tu hijo y tu familia y que pueda defenderlo siempre que sea necesario. Muchos terapeutas acaban reuniéndose con miembros de la familia extensa e incluso con escuelas y organizaciones religiosas para ayudarlos a comprender y satisfacer mejor las necesidades del joven. Si se requieren cartas o evaluaciones formales para que tu hijo tenga acceso a medidas de congruencia médica, esta persona puede proporcionarlas como una extensión natural del trabajo que ya hace con él o ella.

¿QUÉ SUGERENCIAS O CONSEJOS TIENES PARA LOS PROFESIONALES?

Como psiquiatra mi sugerencia es respetar tiempos y no enjuiciar, así como también ver cada familia y niñx trans como un mundo distinto, tomándose el tiempo para cada caso. Cuando tomamos una infancia trans tomamos toda una familia también.

GABRIEL DÍAZ, PSIQUIATRA, CHILE

En particular con los padres, encontramos aspectos que inciden en las actitudes parentales hacia los niñxs con identidades diversas, dentro de los que se cuentan: los roles de género, las actividades familiares, el niño, las relaciones interpersonales, la familia extensa, el barrio, los profesionales de la salud y otros elementos macro, como las creencias religiosas, las percepciones de masculinidad-feminidad, el manejo cultural de la sexualidad, el sistema de salud, el sistema legal, entre otros. A partir de estos aspectos, se sugiere considerar estas variables en la intervención terapéutica para hacer valoraciones más respetuosas y contextualizadas con estas familias.

ANGÉLICA RESTREPO, PSICÓLOGA, COLOMBIA

Hay que trabajar desde lo humano y lo ético y darles a las familias y especialmente a lxs niñxs los cuidados que requieran, formar equipos interdisciplinarios para una atención integral es básico.

ELIZABETH TORRES, SEXÓLOGA, COLOMBIA

Capacitarse de manera constante y hacer trabajo personal para observar los propios prejuicios y mitos internalizados. Es de vital importancia capacitarse y sensibilizarse en el tema.

FERNANDO ÁLVAREZ, SEXÓLOGO, MÉXICO

Hay que informarnos. Hay varias asociaciones internacionales, como la WPATH, *que han desarrollado y continúan actualizando recomendaciones basadas en evidencia para el acompañamiento profesional en salud de personas trans.*

MARÍA FERNANDA CASTILLA PEÓN,
ENDOCRINÓLOGA, MÉXICO

Nos gustaría que todos los profesionales, independientemente de si trabajan con infancias o adolescencias trans, se eduquen y capaciten en el tema.

MIRIAM ÁNGEL, FACILITADORA DE UN GRUPO DE APOYO, MÉXICO

Mantenernos actualizados y en constante formación. Sugiero lo mismo que me digo a mí: seguir sensibilizándome día a día ante la enorme diversidad que existe, trabajar los prejuicios, miedos, incongruencias que podemos traer arraigados y ser lo suficientemente éticos para remitir con otro(a) especialista cuando no contamos con las herramientas profesionales actualizadas.

VICENTA HERNÁNDEZ HADDAD,
PSICÓLOGA Y EDUCADORA EN SEXUALIDAD, MÉXICO

Capítulo 10

Lo que puedes hacer para mejorar las probabilidades

Acabo de decirle a mi hijo: "Quiero apoyarte para que encuentres lo que sea más cómodo y honesto para ti. Ya sea que eso incluya un cambio de nombre, un cambio de pronombre, un cambio de marcador de identidad, una terapia de reemplazo hormonal o una intervención quirúrgica, estoy aquí para ti en cada paso del camino. Hagámoslo juntos". No tenía nada que perder al ser muy clara en mi apoyo. Pero también sabía que tenía todo que perder si mostraba alguna duda respecto a lo que él me decía sobre su género. Al apoyarlo ante todo pude crear un terreno estable para que exploráramos juntos lo que le pareciera mejor en los meses siguientes.

Sabemos que puede ser abrumador pensar en las sombrías estadísticas que compartimos en el capítulo 6: "Lo que te quita el sueño", con respecto a los adolescentes transgénero y no binarios. Pero hay esperanza: hay cosas que puedes hacer para ayudar a tu hija o hijo. Aunque no hay garantías, sabemos, por la investigación que se ha hecho y por nuestra propia y amplia experiencia de trabajo con familias, que tu apoyo y la afirmación del género de tu hijo adolescente son los factores más importantes para mejorar las probabilidades de que tu adolescente tenga una vida sana y feliz durante su vida adulta. Ahora vamos a centrarnos en lo que realmente es el apoyo que se les puede ofrecer.

Para ver el efecto que tiene el apoyo de madres y padres, volvamos a una de las estadísticas más perturbadoras que hemos presentado: el porcentaje de jóvenes transgénero que dicen haber intentado suicidarse. La percepción de un adolescente del apoyo parental disminuye drásticamente la posibilidad de que intente quitarse la vida. En el estudio *Transpulse* de 2012 sobre los adolescentes transgénero y no binarios, 35% de los adolescentes que se sentían apoyados por sus familias, aun cuando habían contemplado en algún momento la posibilidad del suicidio, en realidad la mayoría desistió del intento. Por el contrario, 60% de los adolescentes que no se sentían apoyados consideró el suicidio en el último año, y casi todos lo intentaron. Los adolescentes que percibían este apoyo con respecto a su género tenían 93% menos de probabilidades de intentar suicidarse con respecto a quienes que no lo tenían. Esta es quizá la indicación más clara del impacto tremendamente positivo que puede tener el apoyo de madres y padres.

Dado el efecto que puede tener tu apoyo en la mejora de la salud y el bienestar de tu hija o hijo, se plantea la cuestión de cómo se puede ofrecer este realmente. ¿Qué cosas concretas puedes hacer? ¿Hay ciertos comportamientos que deberías evitar?

Como madres o padres, pensamos que querer a nuestro hijo es todo lo que se necesita para aumentar su autoestima y proteger su bienestar. Por desgracia, esto no es así. Las investigaciones indican que el amor no es suficiente, sino que son las formas específicas en las que sienten nuestro amor las que marcan la diferencia cuando se trata de la salud y el bienestar a largo plazo de los adolescentes transgénero, no binarios y de género expansivo.

Muchas de las formas específicas de apoyo que se describen aquí proceden de la innovadora investigación realizada por la renombrada experta en bienestar infantil, la doctora Caitlin Ryan y el Proyecto de Aceptación Familiar (PAF). La gran cantidad de datos recogidos por el PAF indica claramente que existe un efecto directo y significativo de los enfoques de crianza específicos en la perspectiva que pueda tener tu adolescente con respecto al riesgo del suicidio, el consumo de drogas, el VIH, la depresión y la falta de hogar.

Los adolescentes necesitan (y quieren) la atención de sus padres

Dada la cantidad de tiempo y atención que le dan a sus amigos, puede sorprenderte que la familia siga siendo la piedra angular en la vida de los adolescentes. Para los adolescentes no binarios y transgénero, la familia puede ser una fuente vital de apoyo. Las relaciones positivas con su madre y padre pueden ser el factor más crítico para que estos jóvenes tengan también los resultados más positivos. Todos los adolescentes buscan una sensación de reconocimiento, cuidado, cercanía, calidez, seguridad y comodidad por parte de su familia, pero los jóvenes transgénero y no binarios lo necesitan aún más para poder capotear mejor la discriminación que encuentran fuera de casa.

Muchos adolescentes transgénero y no binarios se sienten incomprendidos

Los resultados de la encuesta canadiense de 2015 sobre jóvenes transgénero, "Estar a salvo, ser yo", indican que los jóvenes transgénero sienten que sus familias se preocupan por ellos; sin embargo, un tercio de los jóvenes encuestados no sentían que tuvieran un adulto en su familia con el que pudieran hablar, y 70% de ellos sentía que su familia no los comprendía. Este es un indicio más de que, como madres y padres, nuestro amor y cuidado no siempre se sienten de la forma en que nuestros adolescentes lo necesitan. Se ha comprobado que las prácticas parentales de afirmación del género son muy específicas y llevan a los adolescentes a sentirse comprendidos por sus familias y a saber que su lugar en la familia es seguro, lo que a su vez se traduce en mejores resultados en la calidad de vida de estos adolescentes.

Incluso la Comisión Interamericana de Derechos Humanos (CIDH) ha enfatizado que "las familias tienen un papel crucial en la creación de un entorno seguro y amoroso, un refugio seguro, para niños y adolescentes trans y de género diverso".

Pequeños cambios que significan una gran diferencia

Hacer pequeños cambios puede suponer una gran diferencia. La investigación del PAF no solo muestra qué comportamientos específicos son afirmativos y cuáles no, sino también demuestra que el grado de cada uno de estos también importa. Los adolescentes experimentan niveles altos, moderados y bajos de falta de afirmación como rechazo y los asocian con diferentes niveles de riesgo. Los jóvenes de familias donde el rechazo es manifiesto tienen 8.4 veces más probabilidades de intento de suicidio, mientras que los de familias donde el rechazo es moderado, solo presentan el doble de probabilidades. Esto demuestra que incluso una reducción moderada de los comportamientos que el adolescente percibe como rechazo puede tener un efecto considerable. Hay que repetirlo: aunque no sientas que puedes apoyar 100% lo que tu hijo te dice que necesita en este momento, el simple hecho de aumentar el apoyo de todas las maneras que puedas marcará la diferencia.

Los padres intolerantes, ambivalentes, que tienen dificultades o que todavía están aceptando el género de su hijo, casi nunca quieren causarle daño. Si esta es la situación de tu hijo, es esencial que sepas cuáles de tus comportamientos pueden dañarlo a largo plazo y qué cosas concretas puedes hacer para aumentar su salud y seguridad.

Cada familia es única. Diversas dinámicas —religión, raza, cultura, situación económica o estatus migratorio— influyen en las decisiones que toma cada madre o padre. Tal vez sientas que ciertas opciones de crianza mantienen a tu hijo adolescente seguro en los entornos que frecuentan. No permitir que tu hijo se vista de una determinada manera, o que lleve el pelo del largo o estilo que desee, o que se identifique abiertamente de una manera que sea coherente con su identidad de género, puede parecerte la forma de protegerlo de posible maltrato, acoso e incluso violencia.

Si este es el caso, discute las razones con tu hijo. Es importante que sepa que apoyas su afirmación de género, pero que te preocupan las condiciones peligrosas de un entorno determinado y que no te avergüenzas ni lo desapruebas.

Sin embargo, incluso ante estas difíciles posibilidades, debes sopesar los efectos de tu enfoque parental sobre el bienestar psicológico de tu hijo a largo plazo. Es importante reconocer que muchos adolescentes prefieren arriesgarse a las posibles consecuencias asociadas a ser quienes son de verdad, en lugar de tener sentimientos negativos sobre ellos mismos, porque intentan aparentar ser alguien que no son.

Para poder dar a tu hijo adolescente el apoyo que necesita, es posible que tengas que encontrar un apoyo adecuado para ti, idealmente de alguien que tenga algún conocimiento sobre los jóvenes transgénero; podría ser un terapeuta, un amigo, un familiar o un grupo de apoyo.

Considera el efecto de tu enfoque

Mientras integras la identidad o la expresión de género de tu hijo en tus creencias establecidas, trata de encontrar la manera de separar tus sentimientos personales sobre el género de tu hijo de la capacidad de satisfacer sus necesidades básicas de amor y seguridad.

Tu hijo adolescente recordará para siempre el enfoque que elegiste en relación con su género. ¿Recordará que tuvo tu amor y tu apoyo? ¿Que lo escuchaste mientras intentaba comprender lo que le ocurría? ¿Qué podía sentarse cerca o recibir un abrazo cuando necesitaba sentir seguridad y protección?

En relativamente poco tiempo, tu hijo pasará por esto sin que necesite tu interacción diaria mientras avanza en la vida por su cuenta. Establece las bases con él o ella ahora para que sepa que nunca le faltará alguien con quien hablar de las cosas, compartir momentos de rechazo y de celebración, ser simplemente querido por alguien que lo conoce y lo valora. Cuando tu hijo adolescente te hace el regalo de compartir un aspecto tan personal y vulnerable de su persona, tienes una oportunidad increíble de demostrarle tu amor incondicional. Al acompañarlo en este camino, no solo lo ayudarás a superar los numerosos retos a los que se enfrentará, también establecerás con él o ella una conexión de por vida que ambos podrán apreciar.

Como madres y padres, se nos confía el bienestar de nuestros hijos. Si tu hijo no siente que estás en este proceso con él (de nuevo, esto no significa que te limites a aceptar todo lo que quiera), seguirá adelante sin ti. Esto es potencialmente peligroso para su relación en el futuro y también puede poner en peligro su salud y bienestar. Lo sabes muy bien, como madre o padre de un adolescente, la ventana por la que le ayudas a pasar de la infancia a la edad adulta es limitada. Incluso en medio de tus miedos, debes encontrarte con tu hijo o hija ahí donde esté, mientras lo ayudas a valerse por sí mismo.

Puede hacer falta valor para ofrecer el tipo de apoyo que necesita. Puede que inconscientemente sientas que tu adolescente debe ser quien te guíe en el proceso, que debes seguir sus indicaciones. Si está deprimido, retraído o ansioso, puedes suponer erróneamente que no debe saber realmente lo que siente. Es posible que percibas que su indecisión y su cautela ante ti reflejan una confusión interna. Debido a los temores ya existentes, puedes creer que tu apoyo podría "empujarlo" hacia el "género equivocado" y, por lo tanto, que es necesario retenerlo. O puedes creer que has expresado un buen nivel de apoyo y que la respuesta de tu adolescente no está a la altura del nivel de alivio que esperarías observar en él, lo que, de nuevo, te hace dudar de seguir apoyándolo.

Es posible que tu apoyo no se traduzca, sobre todo al principio, en una respuesta clara y positiva de tu hijo. Es posible que notes que existe todavía un miedo residual a tu rechazo. Tu hijo puede estar probando, consciente o inconscientemente, si tu apoyo es auténtico. Aguanta. Deja claro que tu amor y tú no se van a ir a ninguna parte. En la mayoría de los casos, si siente tu apoyo y puede descansar sabiendo que lo quieres pase lo que pase, su confianza aumentará. Esto aumentará su seguridad. Si sabe que estás ahí para él y que no tiene que ser algo que no es para ganarse tu amor, puede relajarse y sentirse sostenido por tu amor.

Las influencias de las diferentes prácticas de crianza en tu hija/hijo

La información que vamos a compartir se aplica a todos los adultos en la vida de un adolescente transgénero o no binario, no solo a madres y padres. Tú puedes llegar a tener un papel significativo, aunque no seas el progenitor del adolescente. Tener una persona atenta y comprensiva en su vida tendrá un efecto positivo y le servirá como modelo de que hay personas que lo aceptan tal como es. Tener una sola persona confiable y sin prejuicios a la que acudir puede significar todo para un adolescente que no se siente querido y que tal vez incluso se siente menospreciado en casa, o que quizá ya no es bienvenido en ella. Tu apoyo marcará la diferencia, aunque solo tengas interacciones breves y periódicas con el adolescente. Tu sonrisa de aceptación y el uso del pronombre correcto podrían ser el pequeño rayo de sol que sostenga a ese joven hasta que encuentre a otra persona en su vida que lo acepte como es.

La paternidad de apoyo es una paternidad de afirmación: significa ofrecer apoyo y ánimo a un adolescente en relación con su género. Crea un entorno seguro para ser quien es, sin vergüenza, juicio o presión para ser otra persona. Este nivel de comprensión y aceptación lo ayuda a sentirse visto y validado. Permite que tu hijo o hija confíe en que lo quieres incondicionalmente.

¿Cuáles son los comportamientos parentales potencialmente perjudiciales?

Considera dónde quieres estar dentro de cinco años: en una relación de amor con tu hijo que sabe que lo quieres o distanciado de ti porque no lo aceptas... No dejes que tu orgullo se interponga en tu amor. No tiene que gustarte la situación para amarlo y aceptarlo.

Los comportamientos no afirmativos minan la autoestima y la manera como una persona se valora a sí misma. Negarte a aceptar a tu hija o hijo tal como es y comportarte de forma poco amable, punitiva o irrespetuosa le comunica que no lo valoras.

Las familias a veces muestran enojo con su hijo adolescente por causar trastornos en casa, sin darse cuenta de que sus propios comportamientos están contribuyendo al conflicto familiar. Cuando una familia intenta cambiar la identidad de género de su hijo, bloquea su conexión con otros adolescentes transgénero y no binarios o lo obliga a usar ropa que no es fiel a su género, cree que actúa en su favor. En general quieren proteger a su hijo del daño que suponen que experimentará en el mundo si expresa su género auténtico.

Sin embargo, cuando un adolescente siente que sus padres no pueden aceptar lo que es, lo interpreta como un rechazo. El conflicto familiar en torno al género puede intensificarse entonces hasta el punto de que el adolescente se vaya de casa, busque maneras de evitar este entorno o sea obligado por su familia a marcharse. Esto hace que el adolescente sea vulnerable a quedarse sin hogar o a entrar en el sistema de protección de menores o de justicia juvenil.

Mientras lees esta sección, intenta tener compasión de ti mismo. La mayoría de los padres, si no todos, han empleado al menos uno de estos comportamientos en un momento u otro. Lo importante es que te comprometas a modificar cualquier comportamiento perjudicial y a poner en práctica los comportamientos parentales de afirmación (basados en la investigación del PAF) que describiremos en la siguiente sección, de modo que tu hija o hijo perciba tus acciones como amor y apoyo.

Prácticas parentales perjudiciales

Me di cuenta de que no era lo que querían que fuera.

❖

Personalmente, me veo como una mujer, pero debido a mi vida familiar, no he podido hacer la transición a ser una mujer. Tengo que esperar a salir de casa de mi madre. La mayoría de mis amigos dicen "ella", pero si la gente me llama "él", realmente no puedo enojarme, porque… parezco un chico, así que ¿qué se supone que debo hacer? (Brodsky, 2015).

Cada una de las siguientes prácticas invalida a tu hijo y aumenta su riesgo de abuso de sustancias, depresión, trabajo sexual y autolesiones (incluido el suicidio).

Abuso físico o verbal

Una de las cosas más perjudiciales que puedes hacer es maltratar verbal o físicamente a tu hijo o hija. No conseguirás que cambie su forma de ser y lo haces correr un riesgo mucho mayor de huir y suicidarse. Protégelo del maltrato físico y emocional en tu casa, incluido el lenguaje transfóbico o degradante y el acoso.

Exclusión de las actividades familiares

El deseo de que tu adolescente se oculte o cambie de género para evitar que tú te sientas mal le envía directamente un mensaje de vergüenza. Le haces saber a tu hijo que tiene que dejar de lado su identidad principal para poder ser un miembro de la familia. Insistir en que "se vista adecuadamente" o "actúe con normalidad" hace que tu hijo sienta que la comodidad de los demás es más importante para ti que su propia comodidad y rebaja su propia sensación de bienestar y seguridad.

Bloquear el acceso a amigos o actividades de apoyo

Impedir que tu hijo vea a amigos y aliados no binarios o transgénero o que participe en actividades de género diverso solo le generará una sensación de aislamiento y aumentará de manera significativa los factores de riesgo. Al bloquear el acceso de tu hijo a otras personas como ella o él, no solo lo alejas de un sistema de apoyo fundamental, sino que lo estigmatizas.

Culpar a tu hija/hijo de la discriminación que sufre

Decir que se merece el maltrato que sufre simplemente por ser quien es resulta increíblemente peligroso. Es un mensaje implícito de que tiene la culpa de cualquier crueldad que sufra.

Denigración y ridiculización

Cuando hablas o tratas a tu hija o hijo sin respeto o permites que otros lo hagan, le demuestras que no puede contar contigo para el amor y la protección que necesita desesperadamente. Además, fomenta los mensajes negativos del resto de la familia y de otras personas, lo que afecta a su capacidad para quererse a sí mismo.

Condena basada en la religión

Escuchar de su propia madre o padre que es un pecador y que va en contra de las enseñanzas de tu religión envía el doloroso mensaje de que crees que tu hija o hijo adolescente no es una buena persona y que no vale nada. Decirle a un niño que Dios lo castigará aumenta enormemente los riesgos para su salud física y mental, y puede poner en entredicho su fe o su conexión espiritual como fuente vital de consuelo. El género es un asunto complejo en la mayoría de las comunidades religiosas y las creencias individuales suelen ser más fáciles de comentar que una doctrina específica. Cada una de las principales religiones tiene un enorme abanico de enseñanzas; si te preocupa que tu religión se oponga a la diversidad de género, merece la pena dedicar tiempo a explorarla más a fondo. Hay algunos recursos excelentes en internet y en la literatura publicada sobre el tema. Si necesitas más ayuda, el sitio web de Gender Spectrum también tiene algunos recursos a tu disposición.

Angustia, negación y vergüenza

Cuando un joven siente que es la causa de una gran angustia y vergüenza para su familia, interioriza esta presión. Es perjudicial comunicar abiertamente el efecto que su identidad o expresión de género tienen en tu vida y tu felicidad.

Silencio y secreto

Insistir en que tu hijo guarde silencio sobre su identidad de género le dice que hay algo inherentemente malo en ella o él. Si quieres que tu adolescente sea discreto por miedo a su seguridad fuera de casa, habla de este miedo con él. Si no lo haces, solo puede suponer que te avergüenzas de su persona y que no quieres que los demás sepan quién es.

Presión para imponer la conformidad de género

Pedir a tu hijo adolescente que enmascare lo que es le indica que hay algo malo en ella o él, aunque tu estés motivado por el deseo de protegerlo. El adolescente percibe tu insistencia en que se mantenga en la conformidad de género como un rechazo. Aun cuando tus peticiones pueden ser una forma de abordar tu miedo a lo que pueda ocurrirle en el mundo exterior, pregúntate si hay también otras motivaciones, incluidas las relacionadas con la incomodidad que puedas tener al hablar con compañeros de trabajo, familiares y otras personas sobre el género de tu hijo.

Negarse a utilizar su nombre y pronombres preferidos

Negarse a llamar a una persona por su nombre preferido y a utilizar los pronombres que le parezcan adecuados es una manera de invalidarla. Es una forma abierta de provocar un conflicto y de comunicar que no apoyas el sentido que tiene tu hijo o hija de sí mismo. Cada vez que dejas de utilizar su nombre elegido y su pronombre preferido, comunicas que sabes más que ella o él sobre quién es; esto sirve para rebajar su sentimiento de autoestima y te aleja de tu adolescente.

Ejemplos de prácticas perjudiciales en la vida cotidiana

> *Hablan de mi condición de género con gente que ni siquiera conozco sin preguntarme si estoy a gusto con eso. Mi madre habló de mí a toda su oficina antes de que lo supieran mis amigos más cercanos. Piensan que está bien contárselo a cualquier persona cuando les parezca bien.*

Es muy difícil ver que tu hijo está luchando, posiblemente con un dolor y una angustia reales derivados directamente de su género y del estigma que lo rodea. Como familia, queremos aliviar las dificultades de nuestro hijo, arreglar lo que podamos y protegerlo del mejor modo posible. Oímos las historias y estadísticas sobre la violencia y las autolesiones a las que se ven sometidas las personas transgénero y no binarias. Así que es comprensible que elijas alguna de las siguientes opciones en respuesta a la noticia de la identidad de género de tu adolescente. Sin embargo, ten en cuenta que son ejemplos de prácticas parentales bienintencionadas pero perjudiciales.

- Intentar convencer a tu hijo adolescente de que se trata de una fase y posponer el tratamiento de los problemas de género que ha identificado. Esto puede ser tan sencillo como sugerirle que deje por ahora lo que siente y que, si todo sigue igual dentro de seis meses o un año, ya hablarán sobre ello entonces.
- Llegar a un acuerdo con tu hijo de que lo ayudarás a conseguir ropa, accesorios, etc., para que "experimente" en privado, en casa, si acepta vestirse "normalmente" en la escuela y en otros lugares en público.
- Sugerir que esto es un "asunto de familia", pero no de toda la familia, como abuelos, tíos, primos, sino solo de la familia con la que vive. "De todas formas, nadie tiene por qué enterarse de los asuntos de nuestra familia".
- Invalidar su experiencia. Esto puede ocurrir de varias formas:
  - ▶ Aparentando validar sus sentimientos ("Todo el mundo se siente así a veces, no te preocupes, es parte de la adolescencia").
  - ▶ Rechazando sus sentimientos ("Típico de un adolescente que hace cualquier cosa para ser diferente").

▶ Socavando su comprensión de sí mismo ("¿Cómo sabes que no es solo porque te cuesta hacer amigos, o relacionarte con las otras chicas o chicos?", o bien preguntar "¿Y si cambias de opinión? ¿Recuerdas cuando te gustaba el color rosa y pintamos tu habitación y toda tu ropa era rosa? ¿Cómo es posible que ahora pienses que eres un chico?").

▶ Faltando el respeto a sus necesidades de identidad de género ("Me parece bien si haces que otras personas te llamen por tu nuevo nombre, pero no creo que yo logre hacerlo, así que usaré tu antiguo nombre" o "Puedes cambiar si quieres, pero siempre serás mi hijo o hija").

Este tipo de comportamientos y comunicaciones son perjudiciales para tu adolescente y para su relación contigo. Si lees estos comentarios y no estás seguro de por qué son perjudiciales, no tengas miedo de ponerte en contacto con alguien para hablar sobre este asunto. Es importante. Pasemos ahora a ver cómo es la crianza de apoyo para que puedas tomar decisiones que afirmen a tu hijo en su género y lo ayuden a superar los retos relacionados con su identidad o expresión de género.

¿Qué son los comportamientos parentales de afirmación?

Mi consejo para otros padres es que amen y apoyen incondicionalmente a su hijo en casa. Los chicos transgénero se enfrentan a tantas cosas en el mundo exterior que necesitan un lugar en el que sentirse seguros, apoyados y 100% AMADOS.

❖

¿Mi consejo? Ama a tu hijo. No importa cuál sea su expresión o identidad de género. Eso no es lo que importa. Lo que importa es que es tu hijo, y que es tu familia y por lo tanto debe saberlo. Necesita saber que lo quieres y que está seguro de ser él mismo contigo.

Los comportamientos de afirmación de los padres refuerzan la autoestima y el sentido de la propia valía del adolescente. Es importante dar todos los pasos que puedas para demostrarle que estás con él o ella en este camino. Las familias que los aceptan vienen de todos los orígenes: todo el mundo puede querer, apoyar y valorar a sus hijos. Cuando los niños se sienten valorados por sus madres y padres, aprenden a valorarse a sí mismos.

Crear un entorno familiar de apoyo

La capacidad de hacer de tu hogar un santuario de seguridad y apoyo para tu hijo es un factor importante que promueve su salud y bienestar durante toda la vida. Crea una defensa frente a las dificultades que pueda tener fuera de casa. Tal vez no te resulte fácil crear un espacio así, sobre todo si te cuesta aceptar su identidad o expresión de género, pero como hemos aprendido de la investigación del PAF, cada cambio que hagas para afirmarlo puede tener un impacto tremendamente positivo.

Exige respeto en la familia

Personalmente pedí (de manera respetuosa) a las pocas personas que se sentían incómodas con la situación que, por favor, trataran de cumplir su petición y utilizaran el nuevo nombre y pronombre. Solo una persona no pudo hacer el cambio de pronombre, pero estuvo dispuesta a utilizar el nuevo nombre.

Es imprescindible que exijas y aceptes solo amabilidad y respeto para tu hija o hijo en la familia inmediata y la extensa. Aunque no puedas cambiar las opiniones de los demás, sí puedes establecer cómo esperas que se comporten y hablen contigo y con él o ella. Puedes sentir aprehensión al exigir este comportamiento a los miembros de la familia, pero muchos padres afirman que, una vez que han adoptado una postura en nombre de su hijo, sienten una gran sensación de alivio y poder.

Tolerancia cero con las faltas de respeto, los comentarios negativos o las presiones

Esperamos que las personas que conocemos usen el nombre y los pronombres correctos. Si se equivocan una vez, lo dejo pasar, pero si vuelve a ocurrir, los corrijo. Si se niegan a utilizar los pronombres correctos, les digo que realmente no quiero estar cerca de ellos si no apoyan a mi hijo (incluso cuando se trata de mi propia madre).

❖

Me gusta mucho cuando mi hermano dice cosas como: "Oye, es mi hermano al que llamas friki". Mi padre siempre intenta ignorarlo, pero me gusta que mi hermano me defienda de esa manera.

Una forma concreta de demostrar el apoyo y la aceptación continuos a tu adolescente es no tolerar absolutamente ningún comentario negativo sobre ella o él, por parte de nadie, esté contigo o no. Esto significa hacer un seguimiento de las personas que hacen esos comentarios de una manera firme y que deje claro tu compromiso con su bienestar. También puede significar la necesidad de hacer un seguimiento con otras familias o con la escuela sobre los comentarios hechos por el personal o los alumnos. Sé un modelo de comportamiento de aceptación y afirmación para que los demás también lo sigan.

Deja que tu hija/hijo exprese naturalmente su género

¿Qué significa esto? Significa permitirle elegir, sin presiones ni mensajes tácitos, la ropa que quiere usar, cómo y con quién quiere pasar su tiempo libre (siempre que sea seguro y coherente con las prácticas de crianza de tus hijos), los accesorios que prefiere, la forma de cortarse el pelo y los adornos y las imágenes de las que quiere rodearse. La ropa y la presentación personal son elementos importantes de la expresión personal. Esto no significa que todo valga. Si crees que un aspecto de su expresión es inapropiado y lo limitarías para cualquiera de tus hijos, pon el límite. Pero si es un límite solo para tu hijo adolescente transgénero o no binario, es una señal que ella o él recibe de que tienes un problema específicamente con su género.

Apoya a tu hija/hijo adolescente para que tome las decisiones sobre su género que mejor le parezcan

Para tu hijo puede ser fundamental que su apariencia externa refleje su sentido de sí mismo. Todos preferimos la congruencia. Dentro de los medios y la capacidad de tu familia, y en consonancia con los límites que has establecido para tus otros hijos, busca formas de apoyar el género de tu adolescente. Utiliza el nombre y los pronombres que haya elegido y ayúdalo a encontrar cualquier atención relacionada con el género que necesite: son formas muy claras de mostrar validación y apoyo.

Empodera a tu hija/hijo para responder de forma positiva y segura a las circunstancias difíciles

Esto significa ayudarlo a prepararse para cualquier reacción negativa que pueda encontrar fuera de casa; practica sus respuestas con él y asegúrate, cuando sea apropiado, de que hay un plan o un adulto seguro al que pueda acudir en caso de que necesiten ayuda.

Mantén una comunicación abierta y sincera con tu hija/hijo

> *Este es su camino [el de tu hijo] con el género, no el tuyo. Date cuenta de que puedes estar equivocado y trabaja para comprenderlo.*

Mantén una actitud abierta sobre este camino, tanto el de tu hijo como el tuyo. Comparte con él o ella tu propia comprensión evolutiva sobre el género. Al demostrar que eres un socio en este proceso y mostrar un genuino sentido de la curiosidad sobre cómo se ven a sí mismos, lo que piensan y lo que experimentan, demuestras que estás ahí para ellos. Este nivel de comunicación abierto también te ayudará a evaluar mejor su nivel de estrés o angustia, y si pueden necesitar apoyo o intervención externa adicional. Sin embargo, es importante tener en cuenta que debes hablar con otros adultos, no con tu hijo, de cualquier sentimiento negativo o conflictivo que te produzca su identidad o su expresión de género.

Prepara la base para el apoyo

En el siguiente capítulo, sugerimos formas concretas de demostrar tu apoyo continuo mientras te enfrentas a situaciones prácticas. Por ahora, vamos a abordar lo que necesitas hacer como madre o padre para apoyar a tu adolescente.

Explora tu propia historia de género

Tal vez el paso más fundamental que puedes dar como madre o padre que busca apoyar a tu adolescente transgénero o no binario sea examinar tu propia historia de género. Todo el mundo tiene un género. Cada uno de nosotros ha sido criado con ideas particulares desde el momento en que nació (¡y quizás incluso antes!). Tus propias experiencias a este respecto influyen en tu percepción de la trayectoria de género de tu hija o hijo.

Si nuestras historias de género forman parte de nuestras conversaciones familiares, entonces el género se convierte en algo que nos concierne a todos, no solo al niño que es "diferente". En Gender Spectrum, nuestra misión es crear entornos que incluyan el género y que apoyen a todos los niños y jóvenes y, como parte de esa misión, esperamos crear diálogos sobre cómo el género afecta a todas las personas, no solo a las personas transgénero y no binarias.

Las normas y expectativas de género son diferentes ahora que cuando tú creciste y seguramente seguirán cambiando. Muchos adolescentes y jóvenes adultos de hoy experimentan y definen su género de formas que la mayoría de madres y padres ni siquiera sabían que existían cuando ellos tenían su edad. Es importante que las familias acepten esta nueva frontera y se tomen el tiempo de pensar en cómo las experiencias de sus hijos se relacionan con sus propias experiencias de crecimiento. ¿Qué suposiciones has hecho sobre el género con base en cómo fuiste educado y en los mensajes que recibiste? ¿Son estas la única forma de pensar sobre el género? ¿Cómo te han afectado las normas de género y cómo quieres que afecten a tus hijos? Estas áreas de exploración personal ayudan a aumentar la comprensión del género de tu hijo, así como la tuya propia, lo que solo puede ayudarte a ser una mejor madre o padre.

Sana los daños ya causados

Una noche estaba viendo la televisión con mi abuela y había un programa sobre niños transgénero y dije: "Eso es lo que yo soy". No esperaba salir del armario ante ella, ¡pero lo hice! Se enfadó mucho conmigo y dijo que a mi madre tampoco le gustaba usar vestidos, pero que ella no es así y yo tampoco lo soy. Empezó a sermonearme sobre que ya soy casi una adulta y que tengo que resolver mi vida. No volvimos a hablar de esto durante meses, y empecé a evitarla y a alejarme de su

casa todo lo que podía… Entonces, de la nada, un día llegó a casa des-
pués del trabajo y dijo que había hablado con una amiga que le había
dicho algunas cosas de las que quería hablar conmigo. Supongo que
su amiga tiene una sobrina que es transgénero. Empezó a preguntarme
por qué creía que era un chico, y yo no podía creer que estuviéramos
hablando de esto. Sé que todavía no lo entiende, pero al menos sé que
se preocupa por mí y que ahora tiene la mente un poco más abierta. No
tienes ni idea de lo mucho que ayuda eso.

Aunque es difícil reconocer que puedes haber hecho cosas que podrían
haber sido hirientes o insolidarias para tu hijo, reconocer tus errores ahora
que te das cuenta puede contribuir en gran medida a disminuir su efecto.
Madres y padres cometen errores y toman malas decisiones. Reconoce los
tuyos y pide perdón. Una vez que te hayas disculpado, comparte con tu
hijo las medidas que estás tomando para aprender a ser una mejor madre
o padre para ella o él. Hazle saber de nuevo lo mucho que significa para ti.

Empieza a construir el puente de vuelta a tu hijo adolescente. Si te
sientes lo suficientemente valiente y el momento es adecuado, pregúntale
qué necesita de ti. No te ofendas si te dice que lo dejes en paz a él y a su
género. En algún momento, volverás a preguntar y te lo dirá. Reconstruir
la confianza puede llevar tiempo. No pierdas la esperanza si tu adolescente
se aleja ahora de ti. Tu hijo necesita tu amor y tus cuidados. Ten el valor
de ser vulnerable. Apoya a tu hija o hijo de todas las maneras que puedas.
Escríbele y háblale directamente de lo mucho que significa para ti y de
que estás haciendo todo lo posible por ponerte al día para poder estar a su
lado. Y lo más importante de todo: cumple tus promesas y compromisos. Se
fijarán más en lo que haces que en lo que dices.

Enfréntate a tus ansiedades para que tu crianza no se base en el miedo

Sé que todos los padres se preocupan por la seguridad de sus hijos
adolescentes, pero yo siempre he sentido una carga adicional en este
sentido. Le di a mi hijo un teléfono antes de lo que yo normalmente lo
hubiera hecho. Le he enseñado a estar siempre atento a su entorno,
como a fijarse en las señales de la calle para saber exactamente dónde
está si necesita llamar a alguien para pedir ayuda. Le he dicho que lo
recogeré en cualquier momento y en cualquier lugar sin hacer pregun-
tas (eso es difícil, pero vale la pena).

Es perfectamente normal que los padres de adolescentes transgénero y no binarios sientan miedo y preocupación (en realidad, es normal que los padres sientan miedo y preocupación por todos sus hijos). Sin embargo, cuando el miedo dicta nuestras acciones, puede distorsionar las mejores intenciones. Cuando el miedo está al volante, puede convertir rápidamente la preocupación en control y la protección en vigilancia. Si descubres que tus pensamientos o tu discurso se centran a menudo en lo que podría ir mal, en lo que quieres prevenir o en aquello de lo que quieres proteger a tu hijo, probablemente estés criándolo desde el miedo más de lo que crees. Aprender a manejar tus emociones te permitirá seguir centrado en el presente y empezar a trabajar mejor con él.

Por mucho que lo intentemos, no podemos proteger a nuestros hijos de todos los peligros. Al tener en cuenta esto, aceptar tus miedos te permitirá cambiar el enfoque de crianza para apoyar la capacidad de recuperación de tu hijo adolescente y su toma de decisiones saludable. Esto no significa que no intentes protegerlo de todas las formas posibles, pero lo harás con la cabeza despejada, respetando quién es y considerando sus necesidades mientras tratan de tomar decisiones juntos sobre su género. Pasar de una paternidad basada en el miedo a una paternidad basada en la conexión no solo tendrá un impacto positivo en su relación, sino también les permitirá trabajar juntos como un equipo para ayudar a tu hijo a fortalecer sus habilidades en el manejo tanto del peligro como de la adversidad. Poner límites forma parte de la crianza; solo tienes que asegurarte de que los límites que pongas en torno a la expresión de género de tu hijo adolescente estén ahí por las razones correctas. Si mantienes el miedo bajo control, puedes explorar opciones con mayor eficacia y prepararlo mejor para que salga adelante en el mundo.

Aborda el acoso y la presión en el hogar

Si tú u otros miembros de la familia han utilizado la humillación, la presión, la fuerza o el ridículo como medios para interactuar con tu adolescente de género expansivo, no binario o transgénero en torno a cuestiones relacionadas con su género, es hora de poner fin a ese comportamiento.

Este es un paso esencial para crear un hogar seguro para tu hijo y puede significar que habrá que cambiar ciertos patrones y lenguaje asociados a la vergüenza.

El acoso familiar puede incluir apodos, amenazas, insultos beligerantes, comentarios sarcásticos, humillaciones, críticas continuas, exclusión, retención de afecto y castigos físicos. Los padres pueden intentar erróneamente motivar a sus hijos para que tengan un comportamiento más normativo de género a través de las burlas. Otros comportamientos más sutiles, como poner los ojos en blanco, suspirar, hablar en voz baja, trasladarse a otra parte de la habitación o salir de ella cuando el adolescente entra, comunican aún más el desprecio por la existencia del joven.

El objetivo de avergonzarlo es que restrinja su comportamiento o su autoexpresión y contribuye a crear creencias y sentimientos negativos sobre sí mismo. Las acciones denigrantes que provocan vergüenza son especialmente perjudiciales. Si se trata de patrones de interacción familiar de larga duración, es posible que necesites el apoyo y la orientación de un profesional para aprender nuevos enfoques de crianza.

Reajusta el tono

Si tu relación con tu hijo adolescente se ha convertido en un ciclo de interacciones negativas, considera la posibilidad de pulsar el botón de pausa. Puedes reajustar de forma intencional el tono de tus interacciones familiares y de tu crianza. Es una práctica poderosa. Dedica algo de tiempo a centrarte en el sentimiento que desearías que impregnara tu vida familiar y luego practica vivir "como si" ya fuera así; al final lo será.

La cercanía y la conexión continuas son posibles incluso en medio de tu ira, confusión, miedo y dolor. ¿Cómo quieres que se sienta tu hijo? Acércate a él o ella. Tus interacciones no tienen por qué ser sobre el género; de hecho, puede ser útil retirar regularmente el tema del género de la mesa. Refuerza tu vínculo de otras maneras. Esfuérzate por recuperar o profundizar en su conexión. Pasa tiempo con ella o él haciendo algo que les guste a los dos. Encuentra formas para que puedan reírse juntos. Habla de algo que les interese. Comunícale tu amor a través de tus acciones.

Para los adolescentes en general, abundan las pruebas sobre los factores de riesgo y de protección presentes en la familia. Establecer una base segura, ser cariñoso, crear una conexión, mostrar valor, proporcionar apoyo y encarnar un sentido de pertenencia están relacionados con resultados positivos en la adolescencia y después en la edad adulta. ¡Cambia tu enfoque y trata de alegrarte por la hija o el hijo que tienes!

Próximos pasos para profundizar realmente en tu comprensión

Educarte sobre el género e integrar tus creencias y experiencias personales en torno a él con esta nueva información hará algo más que ayudar a tu familia a aceptar el auténtico género de tu hijo adolescente. También transformará tu forma de ver el mundo y enriquecerá tu vida al profundizar en tu comprensión de la diversidad en sus múltiples formas.

Reúne información

Un paso muy importante para sentirse cómodo y familiarizado con la diversidad de género es reunir toda la información posible. Al hacerlo, también le demuestras a tu adolescente tu compromiso de comprender lo que experimenta y apoyarlo en su camino. Infórmate y familiarízate con la identidad de género, la expresión de género y la orientación sexual. Lee todo lo que puedas sobre el espectro de género.

Reúnete con personas que están en las partes menos conocidas del espectro de género

Para hacer frente a cualquier incomodidad o falta de familiaridad que puedas tener, es muy útil conocer a una variedad de personas de todo el espectro de género. Esta incomodidad suele provenir de que solo tienes mensajes e imágenes socialmente estigmatizadas sobre este tipo de personas, que se han ido recopilando a lo largo del tiempo en los medios de comunicación y otros aspectos de la cultura popular. Debes estar dispuesto a poner en duda estas ideas preconcebidas.

Una vez que puedas pasar tiempo con personas no binarias y transgénero, es probable que te sientas más cómodo. Esto te ayudará a dejar de lado los prejuicios o juicios que puedas tener y te permitirá abrazar más plenamente a tu propio hijo. Aunque es cierto que puedes leer las historias de muchas personas en internet, o ver videos de personas en línea, no es lo mismo que conocer a otras personas y tener la posibilidad de conectar uno a uno. Una forma fácil de conseguirlo es asistir a una conferencia o participar en un grupo local que examine la diversidad de género.

Conoce a otros padres que están criando a adolescentes transgénero y no binarios

Al tratar de encontrar una comunidad para mi hijo, encontré una comunidad para mí... Estos grupos han marcado realmente la diferencia en nuestras vidas, no solo en cuestiones de género.

❖

Encontrar una comunidad de apoyo es un proceso lento. Es difícil predecir las reacciones de la gente cuando se enteran de cómo es mi hijo. Algunas personas me apoyan y otras no, así que las amistades y las relaciones también cambian. Es un largo camino y no hemos llegado al final, pero hay esperanza a medida que más personas salen del armario como transgénero.

Una de las cosas más comunes que escuchamos de las madres y padres con un hijo no binario o transgénero es la sensación de estar solos como familia. No es necesario pasar por esta experiencia en solitario. Hay apoyo disponible. No hay nada como conocer a otras familias que pasan por lo mismo para disminuir tu aislamiento, vergüenza o sensación de estar sobrepasado. A veces también es el único lugar en el que podemos expresar realmente nuestros sentimientos sin que nos juzguen por nuestra forma de ser padres. Como el género es una parte innata de lo que somos, los adolescentes con diversidad de género proceden de todos los ámbitos sociales. Asistir a un grupo de apoyo para madres y padres en persona o en línea, o asistir a una conferencia familiar puede servir para normalizar tu situación personal. Muchas familias asisten a una conferencia por primera vez porque sienten que su familia está en crisis y luego vuelven en los años siguientes porque es un recurso increíble de apoyo emocional, información práctica, recursos y comunidad. En las conferencias, las familias pueden conocer a adultos transgénero, no binarios y de género expansivo que están saliendo adelante, y sus adolescentes pueden conectar con otros adolescentes y estar en un entorno de apoyo y validación. Para saber más sobre los servicios de apoyo que ofrece Gender Spectrum, visita nuestra página web.

EJERCICIOS DE EMPATÍA

Piensa en lo siguiente:
- ¿Qué significa el género para ti?
- ¿Se han depositado expectativas en ti por razones de tu género?

- Mira hacia atrás en todos los periodos de tu vida con esta pregunta en mente: ¿Cómo eras cuando eras niño, adolescente o adulto?
- ¿Sientes que tienes total autodeterminación sobre tu género?
- Si tuvieras que describir tu género a otra persona, ¿qué dirías?
- ¿Cómo consideran los niños de tu vida el género? ¿Cómo has influido en su experiencia de género?
- ¿Hay áreas de tu vida en las que no eres completamente libre para determinar lo que haces con tu cuerpo?
- ¿Hay momentos en los que tu presentación de género está limitada? Si las hay, ¿cómo te sientes en esos momentos o en esos contextos?

Cuéntaselo a tu familia extensa y tus amigos

Me ha sorprendido quién ha aceptado la situación y quién no en mi familia. Las personas que yo consideraba conservadoras y rígidas han dicho cosas como "mientras ella sea feliz, yo soy feliz". Otros que pensaba que estarían de nuestro lado nos han decepcionado. Nosotros hemos tenido que reorganizar muchos de nuestros círculos sociales, pero ahora son más fuertes que nunca.

En primer lugar, habla con tu hijo adolescente sobre cómo le gustaría manejar los temas de divulgación sobre su género. ¿Quiere hablar con sus familiares y amigos íntimos? ¿Quiere que lo hagas tú? Incluye a tu hijo en la estrategia de comunicación. Al fin y al cabo, es su historia.

Puede ser angustioso y perturbador sacar el tema del género de tu hijo con la familia y los amigos. Una vez que tus amigos más cercanos y los miembros de tu familia más próxima conozcan la expresión de género y la identidad de género de tu adolescente, puede ser difícil si las personas que han estado cerca de ti responden de forma no solidaria. Por supuesto, no hay una única forma de afrontar esta situación, ya que todos los familiares y amigos son diferentes.

Recuerda que tus familiares y amigos se encuentran en lugares diferentes en cuanto a su comprensión de la diversidad de género; reconoce que mientras tú has tenido tiempo para pensar en esto (una y otra vez, una y otra vez...), esto puede ser completamente nuevo para ellos. A pesar de su posible ignorancia sobre el tema, puede que descubras que la gente tiene muchas opiniones que no dudan en compartir contigo, tanto si están cerca de tu hijo como si no. Este es un momento en el que es esencial ser muy claro sobre tus expectativas respecto al comportamiento de los demás. Una cosa es el desconocimiento del género; otra cosa es que ese desconocimiento se traduzca en maltrato o falta de respeto hacia tu hijo. Una estrategia para evitar algunas de las posibles incomodidades y juicios es llamar o escribir a familiares y amigos antes de verlos. Antes de comunicarte con los demás, dedica un tiempo a identificar tus expectativas y luego sé muy explícito sobre lo que les pides. Hazles saber el género de tu hijo y que tú lo apoyas. Por supuesto, es natural que los demás tengan preguntas; infórmales que pueden preguntarte cualquier cosa en privado, pero que no deben hablar de ello delante de tu hijo adolescente o de tus otros hijos. Y también que, independientemente de sus sentimientos personales, esperas que sean amables y respetuosos con tu hijo. Deja claro que, siempre que hablen de tu hijo adolescente y tu familia, esperas que eviten los comentarios negativos sobre el pelo, la ropa, los modales, etc. En el sitio web de Gender Spectrum, hemos recopilado algunos ejemplos de cartas que los padres o cuidadores han enviado a familiares y amigos y que pueden ayudarte en tus comunicaciones.

Puede ser útil recordar a tus familiares y amigos que tu hijo es algo más que su género y que deben ver y relacionarse con él o ella en su totalidad. Si están nerviosos, cuéntales cuáles son los intereses actuales de tu hijo para que tengan algunos temas seguros de los que hablar. Dirígelos a la página web de Gender Spectrum u ofréceles algunos artículos o libros para que lean y aprendan más sobre la diversidad de género. Cuanto más hables con confianza y orgullo sobre tu hijo, más fácil será para los demás aceptar a tu hijo y tu forma de criarlo. La gente se guiará por ti sobre cómo responder y reaccionar ante él o ella. No tienes por qué disculparte ni avergonzarte. Recuerda que tu trabajo es ocuparte de tu hijo, no de las necesidades de otros adultos. El deseo de ayudar a los demás a sentirse cómodos es natural, pero si lo haces al tiempo que niegas o desestimas el auténtico ser de tu hijo, esto puede resultar bastante hiriente. Tu prioridad es su bienestar.

Apoya a todos los niños de la familia

Nunca pensé que mi hija menor pudiera sufrir acoso porque su hermana es transgénero. Ni siquiera nos lo mencionó cuando empezó a ocurrir. Creo que nunca me habría enterado de ello si no hubiera sido por una profesora maravillosa que nos contó lo que estaba pasando. Esto fue una llamada de atención para mí. Gracias a la profesora, me aseguré de que el acoso cesara en la escuela y me aseguré de pasar más tiempo con mi hija menor.

A veces tener un miembro de la familia no binario, no conforme con el género o transgénero puede crear una sensación de crisis perpetua en una familia (al menos al principio). Debido a la incomodidad de la sociedad con la diversidad de género, puede que te encuentres inconscientemente reforzando más el vínculo con tus hijos cisgénero que con el niño que percibes como la raíz de la tensión familiar. Al hacerlo, puedes colocar inadvertidamente a los hermanos en una posición de elección de lealtades dentro de la familia. Por otro lado, también puedes centrarte en las enormes necesidades de tu hijo transgénero o no binario y pasar por alto a los hermanos.

Es muy importante que te mantengas en contacto con todos tus hijos, sobre todo durante el proceso de adaptación. Puede ser difícil ser el hermano de alguien no binario o transgénero. La terapia puede ser útil para los hermanos que pueden sentir que han perdido a su hermano o hermana y están de duelo, o que quizá están lidiando con el acoso escolar relacionado con el género de su hermano. Los padres suelen olvidar la repercusión que esto puede tener en los demás niños de la casa.

El hermano de un adolescente transgénero o no binario puede ser desde su mejor aliado hasta su peor enemigo. Un hermano puede hacer cualquier cosa por ganar atención, posiblemente de forma que resulte hiriente para su hermano de género expansivo. Por ejemplo, puede "sacarlo del clóset" o revelar información personal sobre su hermano transgénero, no binario o con otro tipo de diversidad de género en momentos inapropiados o de forma irrespetuosa. Eso es mucho poder y responsabilidad, y puede ser difícil para los jóvenes sentir que están guardando un "secreto". Puede ser demasiada presión. Tal vez sea necesario elaborar una estrategia conjunta para identificar a personas seguras con las que puedan compartir información y sentimientos personales.

Tu adolescente transgénero, no binario o de género expansivo puede ser objeto de burlas y acoso fuera de casa por parte de sus propios hermanos, quienes pueden participar porque sienten la presión de sus compañeros para condenar a su hermano al ostracismo o para criticarlo. Por otra parte, algunos se sienten obligados a defender a su hermano transgénero o no binario del acoso de los demás. Así que ellos también pueden sufrir acoso y burlas.

Una estrategia para evitar la división entre los niños transgénero o no binarios y sus hermanos es asegurarse de que tus conversaciones sobre el género se refieran a todas las personas.

Esto no solo evita tratar al chico transgénero o no binario como si fuera el "problema", sino que también ayuda a apoyar a los hermanos en sus experiencias. Los ejercicios sugeridos para examinar tu propio género puedes utilizarlos como una buena conversación a la hora de cenar para todos los miembros de la familia.

Encuentra una comunidad religiosa o de fe que te apoye

La otra cosa que hice y que creo que ayudó fue que hablé directamente con el pastor para asegurarme de que apoyaría este asunto antes de pedir a su personal (es decir, a los líderes de los grupos de jóvenes) que cambiaran los nombres y pronombres. Saber que contaba con su apoyo antes de que pudiera haber creado involuntariamente una división allanó el camino.

La aceptación de la diversidad de género puede variar enormemente entre las distintas comunidades religiosas. Si perteneces a una comunidad religiosa, puede ser útil hacer un balance del grado de apoyo que pueden encontrar en ella como familia. Tal vez quieras reflexionar y crear una lista de los mensajes manifiestos sobre el género que escuchas de los líderes religiosos y de los laicos. Podrías identificar a las personas que percibes como "seguras" para hablar de lo que se necesita para que tu familia sea bienvenida en la comunidad. Con una exploración sensible, puedes encontrar allí personas que sean más tolerantes que otras. Algunos descubren que pueden educar a su comunidad religiosa actual sobre la diversidad de género. Otras familias se dan cuenta de que tienen que buscar nuevas comunidades más acogedoras. En el proceso de apoyar a tu adolescente, es posible que pierdas a personas importantes en tu vida, pero lo más probable es que también ganes otras nuevas para sustituirlas y que llegarán también a ser importantes. Lo mejor es que encuentres formas de conciliar tu fe con el amor y apoyo a tu hija o hijo. Esto disminuirá la carga interna que llevas y les dará el consuelo que puede aportar la fe.

Avanza a partir de aquí

Hay bastantes cosas que puedes hacer para ayudar a aumentar la seguridad del joven no binario o transgénero en tu vida. Es poderoso saber que tus decisiones pueden tener un influjo directo en su salud y bienestar general. Mientras que el miedo puede paralizarnos, la capacidad de emprender acciones significativas puede movilizarnos. Los pasos que empieces a dar ahora te ayudarán a guiarte en las semanas, meses y años venideros. Muchas madres y padres de adolescentes no binarios y transgénero siguen trabajando para crear una mayor comprensión de la diversidad de género incluso después de que su propio hijo se haya ido de casa. Es una forma de seguir haciendo del mundo un lugar más seguro para su hijo y para todos los niños y adolescentes.

Cuando las familias apoyan a su hijo, este empieza a ir hacia su plenitud. Tu apoyo puede aumentar directamente su seguridad. Las madres y padres suelen sentirse alentados por los cambios positivos que ven en su hijo cuando empiezan a expresar su apoyo de manera más abierta.

Insiste en la seguridad en la escuela

Prepárate para defender a tu hijo en su entorno escolar. Es importante que tu hijo asista a una escuela que afirme su identidad de género y su expresión de género.

Será importante trabajar con la escuela para garantizar el uso correcto del nombre y los pronombres, la privacidad de tu hijo, las opciones adecuadas de baño y vestidores, la libertad de arreglarse y de elegir el código de vestimenta. Si es necesario, puede que tengas que desafiar las políticas restrictivas para que tu hijo pueda ser ella o él mismo en la escuela. También es posible que tengas que insistir en que se añadan cláusulas de identidad y expresión de género a su política de no discriminación y abogar por la educación en toda la escuela sobre cuestiones de diversidad de género.

Hemos trabajado directamente con cientos de centros de enseñanza media de Estados Unidos y otros países. Estamos más que seguras de que, cuando se imparte formación y educación, los estudiantes transgénero, no binarios y con otros géneros no solo experimentan menos acoso, sino que encuentran una mayor aceptación y comprensión por parte de sus compañeros. El clima escolar experimenta una transformación que permite más seguridad para que todos los alumnos se expresen. Las escuelas con las que hemos trabajado se vuelven más capaces de responder a las cuestiones de género en general y a las específicas de determinados alumnos.

En ocasiones, un centro escolar no está dispuesto a participar en la formación sobre diversidad de género, se resiste a apoyar activamente a estos alumnos o incluso no acepta la idea de que tu adolescente se someta a una transición de género en la escuela. Esto puede ser increíblemente frustrante y desalentador, pero debes saber que tienes varias herramientas a tu disposición. Tu familia puede decidir educar a tu hijo en casa durante un tiempo o trasladarlo a otro centro. Sin embargo, no des por sentado que tu hijo no estará seguro en la escuela.

Asegúrate de que los profesionales de atención médica y mental de tu hija/hijo te apoyen

Aunque es posible que tengas que abogar por tu hijo en el sistema de salud, sigue buscando hasta que puedas encontrar profesionales compasivos que puedan apoyarte. Querrás encontrar a alguien que no intente suprimir la expresión de género de tu hijo o su trayectoria de género y que reconozca que este tipo de diversidad es un aspecto natural de la humanidad. Junto con estos profesionales, puedes explorar con seguridad los problemas habituales de salud física y mental y también las preocupaciones directamente relacionadas con el género.

Si apoyas a tu hijo en la búsqueda de profesionales de atención médica bien informados que estén dispuestos a proporcionarle servicios adecuados, reducirás las posibilidades de que tu adolescente recurra a comprar hormonas por internet o en la calle y de que participe en actividades peligrosas para conseguirlas.

Se pueden encontrar profesionales de afirmación en cualquier lugar: no es necesario acudir a una clínica especializada en género o a un profesional que se identifique como especialista en género para encontrar una atención adecuada para tu hijo. En lugar de ello, céntrate en el grado de afirmación de un profesional en sus interacciones contigo y con tu hijo adolescente.

Existe un conjunto creciente de especialistas en género a los que pueden dirigirse para consultar sobre los aspectos técnicos de la atención, si es necesario ampliar su conocimiento sobre algo en particular.

ENCONTRAR UN PROFESIONAL DE ATENCIÓN MÉDICA
BIEN INFORMADO

Tu familia necesita un médico de atención primaria que esté familiarizado y se sienta cómodo al trabajar con jóvenes transgénero y no binarios. Como mínimo, necesitas a una persona que acepte plenamente y esté dispuesta a seguir formándose en las cuestiones pertinentes relacionadas con el género. Si tu médico no se ajusta a esta descripción, pídele que te remita a un colega que sí lo haga o busca una referencia en otro lugar.

Los prejuicios en el sistema médico están muy extendidos cuando se trata de pacientes transgénero y no binarios. Por desgracia, muchas personas transgénero y no binarias no denuncian el acoso, el desprecio y la discriminación de los profesionales de atención médica. A veces incluso se les rechaza para darles los servicios debido a su identidad o expresión de género. Las personas cisgénero no tienen estos riesgos cuando buscan atención médica.

El médico de atención primaria de tu adolescente puede remitir a tu familia a los especialistas en género; también deben coordinarse con todos los especialistas de tu hijo para asegurarse de que se produzca una colaboración adecuada cuando sea necesario. De este modo, cuando un proveedor inicia o ajusta un medicamento, como las hormonas, a partir de ahí, los demás medicamentos pueden ajustarse o controlarse como se requiere.

Busca modelos de conducta y mentores

Todos los jóvenes necesitan modelos de conducta y mentores positivos para su desarrollo saludable. Esto les permite inspirarse y ver un futuro mejor para ellos. Dependiendo de dónde vivas, puede que tengas que esforzarte en buscar esos mentores. Si no encuentras ninguno en tu comunidad, considera seriamente la posibilidad de viajar a una conferencia o reunión de apoyo.

Acoge en tu casa a los amigos no binarios, transgénero y de género expansivo de tu hija/hijo

Cuando acoges en tu casa a personas de todas las identidades y expresiones de género, comunicas claramente que esta diversidad te parece bien.

También comunicas tu apoyo a que tu adolescente conozca a otros jóvenes dentro de este espectro. Considera la posibilidad de asistir juntos a eventos centrados en cuestiones de género o transgénero en los que ambos aprenderán más sobre este tema y conocerán a otras personas con género diverso.

Cuando los padres empiezan a relajarse (¡sucede!)

Para muchas madres y padres, el cambio se produce cuando empiezan a ser capaces de imaginar realmente un futuro feliz para su hija o hijo. Este puede ser el resultado de verlo salir de su caparazón a medida que avanza gracias a su apoyo. Tal vez sonrían un poco más, o su curiosidad ha vuelto. También puede venir de conocer a adultos con diversidad de género que tienen matrimonios felices, hijos y trabajos de éxito. Puede venir de ver imágenes positivas de personajes transgénero en los principales programas de televisión, o de darse cuenta de que el Pentágono ha levantado la prohibición para que las personas abiertamente transgénero sirvan en el ejército, entonces la aceptación está llegando desde todos los ámbitos de nuestra sociedad. A medida que aumenta la educación, la concientización y la comprensión de la diversidad de género, la discriminación y la violencia disminuyen de forma natural. Con el tiempo, empezarás a tener fe en que todo saldrá bien para tu hijo y empezarás a dormir de nuevo por la noche.

Imagina la alegría

Es importante tener en cuenta los retos a los que se enfrenta tu hijo para no olvidar lo importante que es proporcionarle el apoyo necesario. Pero es solo una parte de la historia. La mayoría de los adolescentes transgénero y no binarios pasan con éxito a la edad adulta y crean vidas satisfactorias para sí mismos, incluyendo relaciones amorosas con sus compañeros, hijos y comunidades de fe. Es realmente importante imaginar las posibilidades que pueden surgir como resultado de que un adolescente sea más feliz y saludable. Considera por un momento que tu hijo se siente plenamente visto y amado por sus allegados. Tu hijo está navegando por su camino hacia una vida más plena. Ella o él sabe cómo es este camino mejor que nadie. Tú puedes desempeñar un papel fundamental para hacer realidad este futuro. De este camino puede surgir algo grande.

Tener una hija transgénero ha enriquecido mi vida de formas que no sabía que eran posibles, desde las personas que he conocido hasta la eliminación de años de estereotipos y desinformación. Me he descubierto a mí misma como aliada de mi hija y de quienes son como ella con una facilidad que no creía posible. Cada día es un reto y trae preguntas, y cada día siento que soy mejor persona porque mi hija es quien es.

¿CÓMO HA IMPACTADO TU CULTURA O PRÁCTICA ESPIRITUAL-RELIGIOSA EN LA EXPERIENCIA DE TU FAMILIA Y TU HIJX CON EL GÉNERO?

A raíz de saber y entender la condición trans de la hija de nuestros amigos, nosotros como familia hemos ampliado nuestra visión y la hemos hecha extensiva a nuestras creencias. Debes amar a tu prójimo, ese es el mensaje que ahora más que nunca llevamos a la práctica.

AMIGOS, MÉXICO

Ahora entiendo que hay que hablar del tema. No permitir bromas o comentarios que menosprecien estas condiciones. No debe permanecer escondido, mientras más visible mejor. ¡Hay que cambiar la mentalidad de la gente!

PADRE DE UNA CHICA TRANSGÉNERO DE 14 AÑOS, MÉXICO

Aprendí que el día a día de detalles pequeños, como por ejemplo lo que tiene que ver con nuestro arreglo personal, pueden ser cosas que culturalmente tenemos tan arraigadas (y vemos tan "naturales") que nos impiden aceptar incluso a las personas que queremos cuando se salen de lo que se considera "la norma".

MADRE DE UN CHICO GAY DE GÉNERO EXPANSIVO DE 17 AÑOS, MÉXICO

Vivo en un país machista y es difícil para ciertas personas entender sobre la identidad y la orientación sexual de las personas. Confío en que las cosas cambiarán.

MADRE DE UNA CHICA TRANSGÉNERO DE 14 AÑOS, MÉXICO

Capítulo 11

Cómo fortalecer la capacidad de resiliencia de tu hija/hijo adolescente

Este será un proceso de por vida. Apoya y ama a tu hijo durante todo el proceso. Supone un mundo de diferencia para él.

❖

Algunos días es muy duro, pero me recuerdo a mí mismo que mi familia me quiere. Así que puedo superarlo.

A pesar de los actuales progresos en la sociedad para aumentar la conciencia sobre la diversidad de género en la juventud actual, el mundo sigue siendo un lugar difícil y a veces hostil para los adolescentes no binarios y transgénero. Sin embargo, hay muchos que muestran claros signos de haber desarrollado una resiliencia. Tienen una buena imagen de sí mismos, relaciones satisfactorias con la familia y los amigos, y un fuerte sentido de pertenencia y conexión. La gran noticia es que, como madre o padre, hay cosas muy concretas que puedes hacer para ayudar a tu hija o hijo a sobrevivir y salir adelante en el mundo en que vivimos.

Tu papel en la vida de tu adolescente es muy poderoso. Puede que no seas capaz de evitar todas las dificultades, los prejuicios, la discriminación y otras experiencias vitales dolorosas que pueda encontrar en su camino, pero tu amor y tu estímulo llegarán muy lejos. Mediante enfoques de crianza basados en la resiliencia, puedes nutrir y fortalecer activamente cada día su capacidad para afrontar y manejar los factores de estrés en su vida.

¿Qué es la resiliencia?

La resiliencia es la capacidad de una persona para resistir y recuperarse del estrés y de los retos diarios. Requiere la capacidad de adaptarse a las circunstancias cambiantes y seguir adelante ante la adversidad. Una persona resiliente es capaz de salir adelante a pesar de los contratiempos y las dificultades de la vida cotidiana.

Algunas personas son más resilientes por naturaleza que otras. De hecho, las investigaciones indican que las personas pueden venir al mundo con distintos niveles de resiliencia para afrontar los factores de estrés de la vida. Sin embargo, este punto de partida puede potenciarse; hay cosas que puedes hacer para ayudar a tu hijo adolescente a aumentar su capacidad.

Lo bien que un niño afronta el estrés, la incertidumbre y el cambio está directamente relacionado con las creencias que tiene de sí mismo y con el nivel de conexión y sentido de pertenencia que siente. Como hemos visto, la falta de conexión y pertenencia, así como la percepción de ser una carga, son algunos de los elementos más importantes para predecir la depresión y el suicidio. En consecuencia, cuando refuerzas el vínculo con tus hijos, refuerzas su resiliencia. La resistencia frente al acoso, la discriminación y el estigma es especialmente importante, ya que los riesgos asociados a estos factores de estrés para los jóvenes transgénero y no binarios son elevados.

El elemento más relevante para fortalecer la resiliencia de los adolescentes transgénero y no binarios es consolidar una identidad de género positiva.

Tener una identidad fuerte, positiva e integrada requiere lo siguiente:
- Mejorar la autoestima
- Definir la propia identidad
- Tener un sentido positivo del futuro

Los componentes clave que apoyan estos objetivos son:
- La aceptación de la familia
- Apoyo social (compañeros, comunidad y profesionales)
- El orgullo de la identidad

Puedes ayudar a tu hijo adolescente con todo esto, sobre todo al nutrir su autoestima, afirmar su género y hacer todo lo que puedas para fortalecer su sentido de pertenencia y conexión.

Lo ideal es que el fomento activo de la resiliencia comience cuando tu hijo es pequeño y continúe durante toda su vida. Sin embargo, nunca es demasiado tarde para empezar. Incluso si la conexión entre ustedes se ha visto dañada, hay cosas que puedes hacer ahora para reparar y reconstruir la conexión y fomentar la resiliencia.

Condiciones específicas que fomentan la resiliencia en los jóvenes transgénero y no binarios

Los factores de protección son condiciones o características de los individuos, las familias y las comunidades que fomentan la resiliencia, promueven un desarrollo saludable y ayudan a prevenir comportamientos poco saludables, con el fin de reducir así los efectos negativos debido a la estigmatización. Estos incluyen puntos fuertes, habilidades, estrategias para enfrentar problemas y otros recursos específicos. Pueden ser cualidades internas, como la capacidad de reflexión, así como reconocer los puntos fuertes personales, o condiciones relacionadas con el entorno externo, como una comunidad religiosa segura y acogedora o una familia que te apoye. Estos elementos protectores permiten a una persona salir adelante frente a los retos conocidos.

Cada uno de estos factores de protección debe considerarse dentro de los contextos culturales de tu familia. Las familias expresan el amor y el apoyo de forma diferente. Algunas son más propensas a utilizar expresiones verbales (por ejemplo, decir "te quiero"), mientras que otras pueden utilizar el contacto físico, como los abrazos, o comunicar el amor y el apoyo mediante acciones y al hacer cosas especiales juntos. La mayoría utiliza alguna combinación de todo lo anterior. Mientras lees las siguientes sugerencias, considera si son adecuadas para tu familia y a qué parece responder más positivamente tu hijo. Entonces, ¿cuáles son los factores de protección específicos y las estrategias para ayudar a reducir los riesgos? La información que compartiremos contigo procede tanto de la investigación como de nuestra experiencia de trabajo con miles de familias. La crianza basada en la resiliencia se centra en incorporar intencionalmente estos factores y estrategias de protección en tu crianza diaria.

Hacerlo te ayudará a apoyar a tu hijo y a proporcionarle la mayor oportunidad de éxito posible para lograr una verdadera autoaceptación.

Los factores de protección en los que nos centraremos están organizados en seis áreas:

- Crear una base de amor y aceptación familiar
- Apoyar el camino de género de tu adolescente
- Desarrollar una autoestima positiva
- Mantener la salud física
- Aumentar el apoyo social afirmativo y el orgullo de género
- Fortalecer la resiliencia de tu adolescente para resistir la adversidad

Cuando llegas a dar tu amor a través de todas estas maneras, entonces se crea una verdadera protección. Podríamos resumir todo el capítulo con estas palabras: acepta a tu hijo adolescente por lo que es y asegúrate de que sabe que lo quieres, lo aceptas y lo valoras.

Aumentar la resiliencia de los padres

Al igual que es importante fomentar la resiliencia en tu hija o hijo adolescente, es valioso fomentar la resiliencia en ti mismo. El camino de la crianza de un adolescente no binario o transgénero puede exigirte, a veces, que profundices también en quién eres tú. Debes tener una fuente renovable de fuerza interior a la que recurrir. Tienes que ser capaz de recuperarte de los retos inesperados. Tal vez quieras hacer un inventario de tus habilidades personales para enfrentar problemas. ¿Respondes al estrés de forma saludable? Siempre hay margen de mejora en lo que respecta a cuidarse a uno mismo. Sobre todo, si te das cuenta de que recurres a viejos hábitos en momentos de estrés, como una alimentación poco saludable o desordenada, el uso o abuso de sustancias y patrones de comunicación poco adecuados.

Conecta con una comunidad de otros padres que estén criando a niños transgénero y no binarios. Esto te ayudará a tener mayor perspectiva, así como a obtener el apoyo de otras personas que entienden por lo que estás pasando. Crea una red de apoyo para ti. Tómate el tiempo para identificar a las personas de tu vida que apoyan a tu hijo adolescente y comprenden su género, personas que pueden permanecer a tu lado sin juzgarte a ti ni a tu hijo. Pueden ser amigos, familiares, figuras importantes de la comunidad o líderes religiosos o espirituales. Considera si este puede ser un buen momento para el asesoramiento personal o de pareja.

Reforzar la relación de pareja

Si estás criando a tu familia en pareja, recuerda que gestionar las cuestiones relacionadas con el género de tu hijo puede ser estresante para todos los implicados. Al principio, tal vez te parezca que no tienes tiempo para nada más. Puede haber discusiones con amigos y familiares, citas médicas y terapéuticas, reuniones en el colegio, etc. Cuando tienes un momento a solas con tu pareja, pasan el tiempo poniéndose al día y discutiendo sobre el camino a seguir. Si tienen otros hijos, también tratan de mantenerse conectados con ellos, preocupados por si se pierden en todo lo que ocurre en la familia. Antes de que te des cuenta, la relación con tu pareja pasa de estar estresada a empezar a fracturarse, y luchas por encontrar el consuelo y el apoyo que antes se proporcionaban el uno al otro. Intenta dedicar tiempo a cuidar y nutrir tu relación de pareja a lo largo de este camino. Considera la posibilidad de fijar noches de cita regulares en las que puedan acordar no hablar de los niños. Encuentren cualquier forma que les funcione para seguir creciendo y reforzando su conexión mutua.

Sigue avanzando, incluso en el dolor

Hay momentos en los que simplemente pensamos que no podemos soportar lo que está pasando. Es demasiado para que nos adaptemos. Es demasiado doloroso ver a nuestros hijos sufrir, demasiada preocupación, demasiado poco sueño. En realidad, resulta abrumador. Este es el dolor. El dolor viene en oleadas. Puedes haber superado la adaptación inicial, sentirte en paz y aceptar completamente quién es tu hijo y, sin embargo, algo desencadenará los sentimientos de dolor, pérdida o injusticia, y todo volverá a aparecer. Súbete a las olas de dolor, también pasarán. Y mañana levántate de nuevo y encuentra la fuerza para luchar otro día en darle apoyo a tu hijo.

Adaptarse a las circunstancias cambiantes

Ser resiliente incluye la capacidad de adaptarse a las circunstancias cambiantes; como madre o padre, eso incluye el aprendizaje continuo para mejorar tus habilidades en la crianza de tus hijos. Evalúa tus puntos fuertes y aquellos en los que te gustaría mejorar. Si identificas lagunas en tus habilidades, o tienes interés en construir una base de conocimientos más sólida en un área, no dudes en tomar clases, escuchar pódcasts, ver videos, hablar con amigos y colegas sobre los temas de tu interés: haz cualquier cosa que te ayude a sentirte seguro y capaz sobre las habilidades parentales que más te importan.

Crea una base de amor y aceptación familiar

Una noche la oí llorar y entré, la abracé y le pregunté qué le pasaba. Entre sollozos me dijo: "Me siento como un chico", y no paraba de llorar. Le aseguré que todo iba a ir bien y que la queríamos pasara lo que pasara.

Los adolescentes transgénero y no binarios que experimentan el amor incondicional de sus familias inmediatas y extensas tienden a salir adelante, suelen tener mayor autoestima, más resiliencia, mejor salud a largo plazo y mayor éxito en las relaciones adultas. El amor y el apoyo que tu hijo adolescente recibe de su familia lo ayudarán a conseguir un sentido saludable de sí mismo. Al animar a tu hijo adolescente a desarrollar su propia identidad en un hogar enriquecedor, le proporcionas la mayor oportunidad de éxito a largo plazo. Cuando animas activamente a tu hijo adolescente a convertirse en quien es (y no en quien te imaginas que es), le prestas un servicio inestimable. Esto requiere un equilibrio siempre cambiante entre establecer límites y ser flexible, entre aguantar y soltar, y proteger mientras se deja espacio para que aprendan de sus errores.

Nací en México en un sistema matriarcal en el que no hay espacio para lo no tradicional o lo no convencional. A pesar de querernos tanto, mi familia no podía entender [a mi hija transgénero] y condenaba lo que estaba pasando. Pensé que tendríamos que vivir lejos de mi familia, que tendría que perder el amor y el respeto de todos, por lo que le supliqué a mi madre que asistiera a la conferencia anual de Gender Spectrum, quien le asignó una traductora, ya que yo no quería estar con ella por miedo a sus juicios.

Tenía miedo de hablar con ella al final de la conferencia. Mi madre me abrazó y lloró durante mucho tiempo en el vestíbulo del hotel, rodeada de todos los padres, adolescentes y niños que asistieron al último día de talleres. Me pidió disculpas por no haber entendido todo esto antes y me habló de las familias que había conocido y con las que había hablado a través de los traductores de ambos idiomas, una familia de Japón, otra de China, Alemania, y varias familias de América Latina, y me contó sus historias y la información que había recibido. Me dijo que le resultaba difícil entenderlo todo, pero que seguiría intentando comprender y aprender más.

Dos noches después recibí una llamada de mis hermanos. Mi madre, haciendo uso de sus derechos de matriarca, había hablado con todos por teléfono y les había explicado lo que había visto y aprendido en la conferencia y les había dicho que aparentemente se habían equivocado al juzgar y que todos debían leer la información que yo les había enviado. Mis hermanos se disculparon y dijeron que intentarían aprender, que nos querían y que nos esperaban de nuevo para Navidad para conocer a su nueva sobrina. Este acontecimiento dio luz a mi vida. ¡Había recuperado a mi familia gracias a la transformación que la educación había inspirado en mi madre!

Dedica tiempo a tu relación

Tu hija o hijo adolescente necesita que le dediques tiempo, que estés disponible, que lo escuches y lo guíes. Aunque te cueste trabajo y tiempo absorber e integrar su identidad de género o su auténtica autoexpresión, haz todo lo que puedas para seguir siendo una madre o padre confiable. Si estás abierto a escuchar y responder con atención y sensibilidad a tu hijo adolescente, aumentas las posibilidades de unir a tu familia de forma más profunda y significativa.

Persigan juntos los intereses de tus hijos como forma de invertir en su conexión. Reúnete con ellos en su mundo; no pienses que deben acompañarte siempre en el tuyo. También puedes invitar a tu adolescente a unirse contigo en algo que sepa que es importante para ti, siempre que no lo presiones para que le gusten las mismas cosas que a ti. Encuentra intereses compartidos. Vayan a una clase juntos, aprendan un nuevo pasatiempo, compartan un programa de televisión o un juego. Pídele que te haga escuchar su música o te enseñe a jugar su juego favorito. Esto puede convertirse en un vehículo de conexión y en una fuente de autoestima, ya que tu hijo o hija se convertirá en el profesor y tú en el alumno.

Sé persistente incluso cuando recibas mensajes contradictorios

La adolescencia es una época en la que tu apoyo debe estar disponible y accesible, incluso cuando aprendas a darle más espacio personal. No es fácil: si te alejas demasiado, pueden experimentarlo como un rechazo; si no te alejas lo suficiente, pueden sentir que los asfixias. Hazles saber lo que haces y por qué, para que lo vean como una expresión de tu amor y entiendan que intentas proporcionar el equilibrio adecuado a sus necesidades. Mantente involucrado y disponible con tu tiempo, con tus oídos abiertos para escuchar y tus abrazos. Puede que tengas que encontrar nuevas formas de fomentar la conexión a medida que sigan fortaleciendo su individualidad y definiendo quiénes son. Sigue intentándolo, aunque no siempre parezcan interesados y aunque te hayan apartado en el pasado. Pídeles que te digan qué tipo de conexión les parece mejor, qué les gustaría más y qué les gustaría menos.

Cría con empatía

La empatía, la capacidad de ser consciente y responder con sensibilidad a otro, es la clave de la crianza conectada. Cuando una persona es educada con empatía, hay menos espacio para la soledad y el miedo, la depresión, la ansiedad y la desesperación que la acompañan. Esto ayuda a un adolescente a sentirse seguro y querido, lo que se relaciona directamente con la capacidad de prever un futuro positivo.

Comunica tu amor

Haz todo lo que puedas para comunicar constantemente a tu hijo adolescente que es deseado, amado sin condiciones, valorado y apreciado.

Cuando te sientas bien con tu hijo, tómate el tiempo de reconocérselo directamente. Habla bien de tu hijo a los demás en su presencia. Recuerda que debes mostrar tu amor de forma que lo sientan como tal y que se sientan bien en el contexto de tu familia.

Muestra aprecio

Muestra aprecio por tu hija o hijo adolescente. Es fácil centrarse en las cosas que no se hacen —la habitación desordenada, los platos sucios, las tareas escolares que no ha hecho— y olvidarse de reconocer todo lo que va bien. Fíjate en las cosas pequeñas: "Me encanta que me traigas la compra. Me resulta muy útil. Gracias". El agradecimiento es un acto de reconocimiento. Ella o él se sentirá conectado como un miembro valioso de la familia cuando expreses tu aprecio tanto por lo bueno que hace como por lo que no hace.

Comparte con tu adolescente lo que te gusta de él a medida que madura. Observa el desarrollo positivo de su carácter y hazle saber que te gusta ver estos cambios. Muestra respeto por sus sentimientos. Deja espacio para su punto de vista; esto los ayudará a ambos en la transición a una relación adulta.

Escucha activa

Si quieres que tu hijo adolescente comparta contigo lo que es importante para ella o él, sé accesible. Deja de lado las distracciones electrónicas (y de otro tipo) cuando platiquen. Por supuesto, encontrar tiempo para hablar puede ser difícil con los adolescentes, porque si no estás disponible cuando quieren hablar, puede que el momento pase y luego ya no estén de humor. Haz lo posible por aprovechar las oportunidades que se presenten. Invita a tu hijo a que te cuente lo que piensa y siente. Nuestra experiencia es que la escucha activa es más eficaz con los adolescentes (y probablemente también con todos nosotros). Haz preguntas abiertas. Dedica más tiempo a escuchar que a hablar. Intenta no interrumpir, "resolver" sus problemas o juzgar lo que dice. Repite a tu hijo lo que dijo; esto lo ayudará a sentirse escuchado y lo animará a seguir explicando o a continuar comunicándose. Escuchar activamente no significa que estés de acuerdo en todo: simplemente que comprendes y respetas su perspectiva.

Apoya el camino de género de tu adolescente

El apoyo familiar ayuda a tu hijo adolescente a desarrollar una identidad fuerte, integrada y positiva. A través de tus relaciones familiares de conexión y apoyo, puedes ayudar a fomentar el desarrollo de su sentido de sí mismo, y tu familia servirá como fuerza estabilizadora en su vida.

Expresa una aceptación abierta de tu hija/hijo adolescente
Una de las mejores cosas que puedes hacer por él o ella es valorar su individualidad. Fomenta su autoexpresión y honra su singularidad. Resiste cualquier impulso de decirle cómo debe pensar o sentir, sobre todo en lo que se refiere a cuestiones relacionadas con su género. Esto puede interferir en su desarrollo saludable y causarle vergüenza. Cuando tu adolescente se siente aceptado y reafirmado por ti, su propia autoaceptación y su sentimiento general de autoestima mejoran.

Que sepa que confías en que puede hacerlo
Tu hijo adolescente necesita saber que crees en ella o él y en su capacidad para recorrer el camino de género en el que se encuentra. Tu creencia lo ayudará a creer en sí mismo.

Afirma su género
Todo el mundo quiere ser visto y reconocido por lo que es. Ser plenamente aceptado forma parte del sentimiento de pertenencia. Ser aceptados por quienes son ser tratados por los demás tal como se ven a sí mismos es importante para los adolescentes transgénero y no binarios, y aumenta los sentimientos de felicidad, pertenencia y autoestima al tiempo que disminuye los niveles de angustia. Cuando refuerzas con orgullo ante los demás lo mucho que quieres y apoyas a tu hijo, estás también afirmando su género.

Apoya el camino de tu hija/hijo hacia la congruencia
Sentirse congruente es un elemento crucial de la autoaceptación y para la

integración de la identidad positiva. El camino de cada persona para alinear las diferentes partes de su género es único. Tu adolescente necesitará tu apoyo para alinear su identidad con su cuerpo y su presentación externa.

Las decisiones en torno a la congruencia son muy personales; a menudo hay muchas capas implicadas en la alineación de la apariencia externa con la identidad de género. Los adolescentes que reciben apoyo para crear una congruencia entre su experiencia interior de género y su género expresado socialmente, ya sea a través de la ropa, la medicina o los medios legales, experimentan una paz más profunda consigo mismos, una mayor satisfacción con la vida y un mayor significado en sus relaciones con los demás.

Las investigaciones demuestran que, para las personas transgénero y no binarias, vivir como su auténtico *yo* conduce a una mayor confianza, comodidad personal y conexión con los demás. La alineación también lleva a una reducción de la ansiedad y está directamente relacionada con la disminución de los índices de depresión, así como con la reducción de los pensamientos e intentos de suicidio.

Este es un momento delicado en tu relación. Navega con cuidado, pero ten en cuenta que no estás solo. Hay grupos de apoyo (en persona y en línea) y otros recursos que te ayudarán a resolver los sentimientos que puedan surgirte. Busca ayuda: hay apoyo disponible.

Ser madre de una hija adolescente trans definitivamente conlleva distintos retos y preocupaciones. Mi hija nos transmitió que se identificaba como niña a la corta edad de 2 años (claro, con su propio lenguaje). Aunque al inicio no sabíamos nada acerca del tema de identidad de género y, sinceramente, nos dio un poco de miedo lo desconocido, decidimos apoyarla y realmente poner en práctica lo que como madres y padres juramos hacer desde el primer día en que tenemos en nuestros brazos a nuestrxs hijxs… amarles incondicionalmente.

Durante los primeros años, después de su transición social, puedo decir que las cosas fueron relativamente sencillas, excepto por el trámite de cambio de acta de nacimiento, que en México fue un proceso que nos llevó ocho meses. Claro que ella únicamente vivió lo que ocurrió el día en el que el juez dictara la sentencia en la cual "la felicitaba por haber ganado una de sus primeras batallas, el demostrarle a todos, y sobre todo al sistema judicial, que en efecto era una niña y no un niño". Sin duda, tener su acta de nacimiento, en la que se refleja su verdadero género y su nombre elegido, ayudó a que la vida diaria fuera más sencilla.

Creo que cuando tienes un hijo o hija trans las preocupaciones vienen en oleadas; lo que quiero decir es que hay periodos de calma, en los que todo va bien, pues has solucionado o enfrentado y conquistado un determinado reto y, por lo tanto, no hay nada de qué preocuparte, pero, como es natural, el tiempo pasa, los hijos van creciendo y los retos y preocupaciones son diferentes cada vez que llegan.

Uno de esos retos es la llegada, o más bien, casi llegada de la adolescencia, en donde los cambios corporales están latentes y si hay alguien que está pensando en ello todos los días es tu hijo o hija trans. Es entonces cuando debes ponerte a estudiar nuevamente qué opciones hay que médicamente le ayuden a disminuir esa ansiedad y estrés que no les deja estar tranquilos en el día a día, que no les deja ser los estudiantes que quisieran. En este momento, también los padres empezamos a investigar acerca de qué proveedores de servicios médicos y de salud mental están capacitados y sensibilizados con la temática trans, en específico con infancias y adolescencias trans. Sin duda, para mi hija el haber tenido la suerte y oportunidad de haber accedido a bloqueadores de la pubertad cuando tenía 10 años marcó una diferencia importante en ella... Tenía más tiempo para no preocuparse por ese cuerpo que no tardaría en traicionarla.

Después de estar dos años y medio con bloqueadores de la pubertad, llegaba otra oleada de preocupaciones: cómo ayudarle a empezar a desarrollar el cuerpo que quisiera ver reflejado en el espejo y que también pasara por esos cambios al mismo tiempo que sus amigas y compañeras de la escuela. Otra etapa de autoestudio y, por qué no, de angustia llegó a nuestra familia. Mi esposo y yo investigábamos, preguntábamos a otras familias con hijos trans más grandes que nuestra hija acerca de las terapias de reemplazo hormonal, sus beneficios, pero, sobre todo, sus efectos secundarios.

Después de tener la suficiente información, platicamos con la persona más importante en este proceso, mi hija, y tanto nosotros como su endocrinóloga le explicamos los beneficios, pero también los efectos secundarios, de dicha terapia hormonal. Mi hija, sin dudarlo, dijo que estaba lista para iniciarla.

Hoy mi hija tiene 15 años. Es una chica estudiosa con excelentes calificaciones en la escuela, responsable y que no deja de pensar en su futuro y en lo que quiere estudiar en la universidad. Hoy por hoy, estamos en esta etapa de tranquilidad en la que hemos conquistado un reto más.

Sabemos que muy probablemente llegará pronto el día en el que vengan otras preocupaciones como el cuándo tendrá su primera cita, su primer beso y si decidirá contarle su historia a quien sea su pareja. ¿Qué reacción tendrá esa persona? ¿Será una reacción de empatía y amor o será una de indiferencia, o peor aún, una reacción violenta?

Otra preocupación que está latente es si llegado el momento mi hija quiere y decide hacerse la cirugía de afirmación de genero… Creo que a veces prefiero no pensar en eso y adelantarme, pero eso no quiere decir que no me educaré e informaré al respecto para así poder apoyarla y estar con ella antes, durante y después de todo el proceso… Después de todo, siempre será mi "pequeña niña".

MADRE DE UNA CHICA TRANS DE 15 AÑOS, MÉXICO

DISFORIA DE GÉNERO

La disforia de género es algo que suelen experimentar los jóvenes transgénero y no binarios. Es la experiencia que se caracteriza por sentir malestar o angustia con partes del cuerpo, concretamente en la forma en que sienten que algunas de estas no reflejan con exactitud su experiencia de género. Muchas cosas pueden hacer que alguien se sienta disfórico, como sus genitales, el crecimiento del pelo (o la falta de este), el tamaño de los pechos, el tono de voz, etcétera.

No todas las personas no binarias y transgénero tienen disforia. Y para los que la tienen, cada persona la experimenta de distintas maneras. El remedio para la disforia depende de la gravedad del sentimiento que ha generado. Para algunos, este sentimiento es insoportable y puede llevar a la desesperación, el autodesprecio, depresión grave y suicidio. Para otros, es algo que va y viene, pero no es un problema grave o significativo. La disforia es un asunto importante que debes reconocer y discutir con tu hijo de forma continua, aunque ya esté utilizando diversos medios para abordar sus necesidades de congruencia.

CONGRUENCIA MÉDICA

Un estudio realizado en 2016 por Jaclyn White Hughto y Sari Reisner, de las universidades de Harvard y Yale, descubrió que la terapia hormonal para personas transgénero conduce a una mejora significativa del funcionamiento psicológico después de tres a seis meses de tratamiento. Tras doce meses de terapia hormonal, la calidad de vida mejora significativamente. Si tu hijo adolescente y los profesionales de atención médica creen que las hormonas son importantes para él, considera la terapia hormonal como un tratamiento médicamente necesario, y no como una elección.

¿CÓMO HA ATRAVESADO TU FAMILIA LA TRANSICIÓN SOCIAL O LA TOMA DE DECISIONES MÉDICAS?

La transición social ha sido muy buena. Mi hija sí me pidió TRH (terapia de reemplazo hormonal) e inició a los 15 años. Se siente muy contenta al respecto, aunque su expresión de género es fluida; le gusta verse con una apariencia andrógina.

MADRE DE UNA CHICA TRANSGÉNERO DE 17 AÑOS, MÉXICO

Las mujeres de la familia han comprendido muy bien la transición. Los varones adultos son quienes han tenido más problema en integrarlo. Su padre, sobre todo, tuvo muchas reservas para que mi hija comenzara el tratamiento.

MADRE DE UNA CHICA NO BINARIA, DESPUÉS TRANS, DE 18 AÑOS, MÉXICO

Bien, siempre con mucha información, ya que el sistema de salud no está tan preparado como debiera; por eso nosotros somos quienes debemos informarnos y educarnos, para acompañar correctamente a nuestros hijes.

PADRE DE UN CHICO TRANSGÉNERO DE 18 AÑOS, URUGUAY

Lo platicamos en familia, nos informamos, investigamos y revisamos pros y contras. Sobre todo, el acompañamiento y la escucha son cruciales en esta etapa.

MADRE DE UNA CHICA TRANSGÉNERO DE 14 AÑOS, MÉXICO

Todavía estamos en proceso de la transición social. Sin embargo, solo algunas personas mayores se resisten al cambio. La transición médica será un poco más adelante, en cuanto el terapeuta nos hable del momento justo para hacerlo.

MADRE DE UN CHICO TRANSGÉNERO DE 18 AÑOS, MÉXICO

Por lo que respecta a la transición médica, apenas estamos en ese proceso, en donde asiste a citas psicológicas y psiquiátricas... No hemos llegado al punto en el que se le prescriba algún medicamento para la transición médica.

PADRE DE UN CHICO TRANSGÉNERO DE 17 AÑOS, MÉXICO

Acudimos de manera temprana, sin ningún problema, con una endocrinóloga para que cuando fuera el momento indicado iniciara su reemplazo hormonal.

MADRE DE UNA CHICA TRANSGÉNERO DE 14 AÑOS, MÉXICO

Identifica los aspectos positivos de ser transgénero o no binario

Me parece que vivir más allá del género binario me permite ver las cosas con más claridad. No me preocupa tanto lo que piensen los demás. Puedo gastar esa misma energía en otras partes de mi vida. Me siento más libre que la mayoría de la gente que conozco.

❖

Siento que me conozco de verdad. Mis amigos que no han tenido que luchar con su género, tampoco han tenido que mirarse al espejo y preguntarse "Quién soy" hasta encontrar la respuesta. Creo que eso me hace estar más segura de mí misma.

❖

Ser trans ha profundizado mi fuente interior de compasión. Siento que puedo empatizar con cualquiera que pase por dificultades personales, con cualquiera que se sienta solo y con cualquiera que experimente los prejuicios de otros.

Como adultos, sabemos que siempre es posible ver el lado positivo de casi cualquier situación si lo buscas; es útil empezar a compartir esta perspectiva con tu hijo adolescente. Aprender a ver los regalos en nuestros retos es una habilidad vital que nos sirve a todos: aumenta la confianza y da sentido a las cosas, lo que nos ayuda a crear la vida que deseamos, incluso cuando parece que el mundo que nos rodea no nos ayuda.

Las narrativas positivas de la identidad fomentan la autenticidad, ya que reducen el sentimiento de vergüenza y la sustituyen por el orgullo. Por eso es útil enmarcar la experiencia de género de tu hijo de la forma más positiva posible. Céntrate en los aspectos positivos de ser transgénero o no binario, como la capacidad de explorar quién se es realmente de una forma que muchas personas cisgénero no pueden. Anima a tu hijo adolescente a compartir contigo cualquier experiencia o atributo positivo que encuentre relacionado con su condición de género.

Las investigaciones indican que el simple hecho de preguntar sobre las experiencias positivas a un adolescente resulta de gran ayuda. Muchos descubren que tienen más empatía, fuerza interior y mayores niveles de autoconciencia gracias a la experiencia de reivindicar su género y haber superado tantos retos.

Desarrollar una autoestima positiva

Estoy profundamente impresionada con mi hijo (trans). Se conoce a sí mismo tan profundamente y es tan autorreflexivo. El otro día me explicó que siente que si logra sobresalir en la vida es por el hecho de ser transgénero y que siente interiormente una profunda necesidad de probarse a sí mismo. Me dijo que, aunque esto no es lo ideal, y está trabajando para profundizar en su autoestima, ha decidido utilizar sus logros para impulsarse en la carrera de medicina.

La resiliencia está estrechamente relacionada con la autoestima positiva y la autoconfianza. La autoestima es la creencia de que eres una persona que vale la pena y que es capaz de enfrentarse a la vida tal como viene. Existe una autoestima sana cuando una persona cree que es competente para afrontar los retos de la vida y que es digna de ser amada y aceptada. Los padres, más que nadie, pueden mejorar la autoestima de sus hijos. Tu amor y atención positivos tienen una gran influencia en lo que tu hijo siente por sí mismo.

Un adolescente con una alta autoestima podrá:
- apreciar quién es y valorarse.
- disfrutar de relaciones sanas.
- tolerar la frustración.
- manejar sus emociones de forma responsable (la mayor parte del tiempo).
- asumir papeles de responsabilidad.
- tener un sentido de lo que quiere o necesita.
- sentirse cómodo con el cambio.
- aceptar retos y asumir riesgos calculados.

En cambio, un adolescente con baja autoestima:
- se siente poco querido y no deseado.

- siente que tiene poco o ningún valor inherente.
- se deja influir fácilmente por los demás.
- evitará probar cosas nuevas.
- culpará a los demás de sus propios defectos.
- se siente abrumado.
- tiene poca capacidad para tolerar la frustración.
- devalúa sus propios talentos y habilidades.

Una parte significativa de la autoestima proviene de ser tratado con amor y respeto. Estar rodeado de modelos positivos también aumenta la confianza en sí mismo. La autoestima y el valor que uno se da es algo que puede construirse; se requiere un esfuerzo intencionado y consciente para construir o reconstruir la autoestima de tu adolescente. Si no estás seguro de cómo puedes ayudarlo en este sentido o te gustaría recibir información sobre lo que estás haciendo para intentar ayudarlo, no dudes en pedir ayuda a otras personas. Ya sea un amigo, un familiar, un líder religioso o un terapeuta o consejero puede ser útil para obtener una perspectiva externa.

La autoestima está vinculada a la confianza

Tanto la autoestima como la confianza en uno mismo nos ayudan a afrontar los retos de la vida. Las personas que se sienten bien consigo mismas se sienten más tranquilas, lo que las lleva a sentirse seguras de su lugar en el mundo. Cuando la autoestima de alguien es alta, puede ver sus puntos fuertes y sus cualidades positivas, lo que le da confianza para probar cosas nuevas y asumir mayores riesgos. Si las cosas no funcionan como se esperaba, una persona con alta autoestima y mayor confianza en sí misma lo verá como una excepción y no como la regla, y como una oportunidad de la que aprender.

Por otra parte, la baja autoestima reduce la confianza; cuando la autoestima es baja, la duda se apodera de uno. Cuando no te respetas a ti mismo, la confianza disminuye. Es fácil que todos los adolescentes se sientan inseguros en la adolescencia, pero esta posibilidad aumenta drásticamente si un adolescente está luchando con elementos de su identidad o si se enfrenta al rechazo debido a su identidad.

Los cambios físicos en este periodo suelen afectar la confianza del adolescente y lo hacen sentir cohibido. Si a esto le añadimos la posible disforia al sentir que su cuerpo lo traiciona, u otros problemas corporales relacionados con el género, la confianza de tu hijo o hija puede verse realmente mermada. Cuando los adolescentes se sienten acomplejados por su cuerpo, esto afecta su confianza general y cómo se sienten sobre sí mismos, lo cual puede hacer que se sientan especialmente ansiosos en situaciones nuevas, ya que las inseguridades típicas de esta fase suelen agravarse.

Si notas que tu hijo se aísla, no participa en actividades de grupo o abandona fácilmente los intereses que antes perseguía, puede estar luchando con su confianza. Le ayudará hablar de ello, sobre todo si siente que lo escuchas de verdad. Es posible que tu adolescente no vea las cosas que maneja de forma competente; ayudarlo a ver otras áreas de su vida que maneja de forma eficaz, y cómo lo ha hecho en el pasado, lo contribuirá a que se vea a sí mismo con más claridad. Tu hijo tiene puntos fuertes y capacidades —como el resto de nosotros—, puede que solo necesite que le recuerden cuáles son.

La confianza es un elemento importante para todos los adolescentes a la hora de tomar decisiones sanas e informadas. Los adolescentes con confianza en sí mismos son capaces de conocer y aceptar tanto sus puntos fuertes como sus limitaciones, sin depender de las opiniones de quienes los rodean. Esto los ayuda a evitar las situaciones que no son adecuadas para ellos y encontrar las que sí lo son. La confianza fomenta el crecimiento, ya que permite a los adolescentes probar cosas nuevas y asumir más riesgos. Una mayor confianza también comunica a los demás que se sienten cómodos consigo mismos y que no actúan en busca de su aprobación; esto conduce naturalmente a una mayor aceptación social.

Autoestima e inteligencia emocional

La inteligencia emocional es la capacidad de identificar, comprender y gestionar las emociones. Apoyar a tu hijo adolescente para que aprenda a reconocerlas y controlarlas y a resolver los conflictos de forma amistosa le servirá durante toda la vida. Estas habilidades vitales necesarias ayudan enormemente a reforzar su confianza en sí mismo y su autoestima. También crean un camino hacia una mayor conexión y resiliencia. Habla con tu adolescente sobre cómo trabajas (y a veces tropiezas) con tu propia inteligencia emocional. Lo ayuda a saber que no está solo y que, de hecho, todos trabajamos en esto a lo largo de la vida.

Las emociones positivas, la buena salud y las conexiones sociales fuertes se influyen mutuamente; mejorar una de estas áreas ayuda a mejorar las otras y aumenta la felicidad y el bienestar general. Según un estudio de 2014 de la Asociación Estadounidense de Psicología, los niveles de estrés de los adolescentes superan a los de los adultos.

Otro estudio, realizado en 2013 con más de 123 000 estudiantes universitarios (aunque no específicamente transgénero o no binarios) de más de ciento cincuenta universidades, mostró que más de un tercio de los estudiantes universitarios encuestados experimentaron una intensa depresión, y más de la mitad una ansiedad desbordante. Los niveles de estrés, junto con la falta de inteligencia emocional, provocan una crisis importante en muchos jóvenes de hoy.

Los estudios demuestran que la inteligencia emocional puede aprenderse y conduce a amistades más fuertes, una mejor capacidad de resolución de conflictos, un mayor rendimiento académico y menos estrés. De hecho, la Fundación Born This Way de Lady Gaga y el Centro de Inteligencia Emocional de Yale se unieron para crear conciencia sobre el papel fundamental que desempeñan las emociones en el desarrollo exitoso de los jóvenes durante la Emotion Revolution Summit [Cumbre de la revolución de las emociones]. El Centro de Inteligencia Emocional de Yale también se ha asociado con Facebook para crear Inspired, un centro de recursos en línea para que los adolescentes y los educadores fomenten el aprendizaje social y emocional. Potenciar la inteligencia emocional de tu hijo no solo actúa como una defensa contra la desesperanza, la depresión y el suicidio, sino que tiene un efecto positivo sobre su salud y bienestar general.

Enseña el poder de la afirmación a tu hija/hijo adolescente

Una forma de mejorar la autoestima y el conocimiento de uno mismo es reducir la cantidad de pensamientos negativos que se tienen a diario. Ese tipo de conversación negativa al interior de uno puede ser muy poderosa, porque tendemos a creer lo que nos decimos a nosotros mismos, sobre todo cuando lo repetimos con frecuencia. La autoestima aumenta naturalmente cuando una persona se aleja de los pensamientos negativos. Podemos enseñar a nuestros adolescentes a hablarse a sí mismos de forma diferente y mostrarles el efecto positivo que puede tener en su vida diaria.

Una afirmación puede ayudar a sustituir un pensamiento negativo por otro positivo más útil. Las afirmaciones son frases repetidas que se centran en lo que alguien quiere en la vida. Se dicen en primera persona y son positivas y concisas. Es posible que hayas aprendido a utilizar las afirmaciones para alcanzar los objetivos que te has marcado en tu vida. A muchas personas les ayudan a concentrarse positivamente o les funcionan para alcanzar un objetivo concreto. Las afirmaciones pueden estar relacionadas con cualquier cosa en la que esté trabajando tu hija o hijo. Algunos ejemplos son: "Soy hermosa tal como soy", "Soy capaz de conocerme a mí mismo y lo que necesito", "Soy digna de amor y respeto" y "Mi singularidad es mi fuerza". Enseñar a tu adolescente el poder de estas palabras habladas, cantadas o escritas servirá como una herramienta que puede utilizar para cambiar el pensamiento negativo y asumir pensamientos positivos. Del mismo modo, cuando tu adolescente tenga un pensamiento como "Nunca me van a querer y aceptar por lo que soy", haz que practique intercalar conscientemente la afirmación "Me estoy rodeando de gente que me quiere y me acepta". Con el tiempo, esa conversación negativa disminuirá.

Una forma de ayudar a tu hijo adolescente a reforzar su autoestima y mostrarle el poder de las afirmaciones de primera mano es crear un tarro de afirmaciones. Escribe algunas cosas buenas sobre tu hijo y ponlas en un bote y déjalo en un lugar central. Pueden sacar una cada día. Hay aplicaciones de afirmaciones para adolescentes que pueden descargarse en sus teléfonos con el objetivo de fomentar una autoestima sana. La repetición es la clave para crear nuevos hábitos. Si tu hijo piensa que esto suena cursi, dile que cualquier autoconversación negativa que tenga hoy es también una repetición de lo que se ha dicho a sí mismo. Ya es hora de que hagamos un buen uso de esa repetición y nos digamos algo positivo a nosotros mismos.

Presenta el poder de "todavía"
Si oyes a tu hija o hijo adolescente declarar que no puede hacer algo, anímalo a añadir un "todavía" al final de la afirmación. "Por mucho que lo intente, no puedo hacer un tiro de tres puntos". Añade: "Es cierto, todavía no puedes lanzar un tiro de tres puntos en el basquetbol. Sigue intentándolo". Carol Dweck ha escrito un libro excelente que tu adolescente y tú pueden leer titulado *Mindset* [*Mindset. La actitud del éxito*], que explora formas concretas de alterar la forma de pensar sobre las cosas para lograr mayor éxito.

Anima a tu hija/hijo a compartir sus sentimientos
Algunos adolescentes no desarrollan la inteligencia emocional porque se guardan sus emociones más profundas. Anima a tu hijo adolescente a compartir sus sentimientos contigo. Dile que es habitual tener más de un sentimiento a la vez. Enséñale a identificar y nombrar sus sentimientos. El mero hecho de ser capaz de etiquetar las propias emociones puede aportar un mayor nivel de claridad y autoconsciencia. La mejora de la inteligencia emocional puede suponer amplios beneficios: mejor ánimo, mayor resiliencia y disfrute de la vida en general.

Enseña a tu hija/hijo a reconocer y abordar el estrés

Lo mejor es abordar el estrés con tu hija o hijo adolescente de manera inmediata. Escucha, sé abierto y prepárate para abogar por él, y busca apoyo cuando lo necesite. El estrés es contagioso; controla tus propios niveles de estrés para que no se extienda a ellos (y viceversa). Si tu joven adolescente está aprendiendo a ser emocionalmente consciente, puede no darse cuenta de que está estresado. Si notas que su nivel de tensión aumenta, indícaselo con suavidad y con respeto. Esto lo ayudará a reconocer la misma sensación y a nombrarla como estrés la próxima vez que se produzca.

Enseña el arte de gestionar las emociones

Una vez que tu hijo sea capaz de reconocer e identificar sus propias emociones, el siguiente paso es aprender a controlarlas. Este es un paso difícil pero importante. Aprender a expresarlas adecuadamente es una tarea ardua que requiere práctica y paciencia (y aceptar que no siempre se va a acertar). Un aspecto central de la resiliencia es el desarrollo de habilidades para enfrentar problemas y para restablecer el equilibrio emocional tras una emoción abrumadora o un acontecimiento negativo. Las habilidades para salir adelante ayudan a disipar los sentimientos abrumadores. Enseñar a los adolescentes que tienen el poder de manejar sus sentimientos los ayuda a saber que tienen la capacidad de controlar lo que sienten y cambiarlo.

Ayuda a tu hija/hijo adolescente para que aprenda la atención plena

La conciencia emocional puede conducir de forma natural a la estabilidad emocional. Enseña a tu adolescente a practicar quedarse en el momento presente y tratar de ser consciente de lo que siente y piensa. El mero hecho de reconocer lo que le ocurre emocional y físicamente, en lugar de sentirse abrumado por las emociones, es un paso importante hacia la estabilidad emocional. Muchos adolescentes también encuentran útiles las prácticas de meditación. Hay cursos y libros específicamente dirigidos a ellos.

Ayuda a tu hija/hijo a elegir amigos emocionalmente estables

El drama emocional puede ser contagioso. Si tu adolescente está rodeado de amigos emocionalmente inestables o de personas que tienen frecuentes cambios de humor, y que caen en el drama, puede ser un buen momento para fomentar las oportunidades de conocer gente nueva. Apoyar las nuevas oportunidades no es lo mismo que sugerir a tu hijo que deje de salir con sus amigos. Tu hijo se resentirá si siente que juzgas a sus amigos o tratas de limitar su tiempo con ellos; sin embargo, puede disfrutar de nuevas actividades que lo expongan a nuevas personas y las amistades pueden formarse de manera natural a partir de nuevos contextos.

Desarrolla habilidades de gestión de conflictos

Un elemento importante de la madurez emocional es aprender a resolver los conflictos de forma amistosa, en lugar de actuar impulsivamente y meterse en problemas. Comparte con tu hijo que el conflicto es inevitable y saludable. No puede ni debe ignorarlo, sino que es mejor compartir sus sentimientos y escuchar realmente a la otra persona. En el momento, puede parecer que lo más importante es tener la razón o ganar una discusión, pero negociar una solución a un problema es una victoria a largo plazo.

Mantener los límites y las expectativas es importante (todavía)

> Después de que saliera del armario, fuimos un poco laxos a la hora de hacerlo cumplir nuestras normas, como las horas de llegar a casa y el tiempo de pantalla permitido. Entonces su hermano nos llamó la atención. "El hecho de que ahora sea un chico no significa que pueda hacer lo que quiera, ¿verdad?". Nos dimos cuenta de que aún teníamos que criar a nuestro hijo.

A veces es fácil desviarse del camino en la crianza de los hijos. Los cambios en la dinámica familiar, los cambios que experimenta un miembro de la familia o incluso una modificación de los horarios, como la transición del curso escolar al verano, pueden desviar nuestros límites, rutinas y expectativas habituales durante un tiempo.

Si te das cuenta de que este es el caso de tu familia, que el cumplimiento de los límites ha pasado a segundo plano para centrarse en los problemas de género de tu hijo, puede ser importante volver a la "vida normal". Tu hijo adolescente transgénero o no binario sigue necesitando que mantengas las normas y los valores de la familia; de igual modo, tus demás hijos necesitan saber que, aunque algunas cosas cambian, pueden contar con que muchas situaciones seguirán siendo las mismas. Los límites respetuosos y cariñosos están positivamente correlacionados con la disminución de la depresión, con el desarrollo moral, el control de los impulsos y las elecciones saludables de los compañeros. Todos pueden encontrar consuelo en la familiaridad de la vida normal.

Implícate y sé consciente

Sigue siendo muy importante que te involucres en la vida y las actividades cotidianas de tu hija o hijo. Los adolescentes necesitan tu apoyo para aprender a manejar su mundo por sí mismos. Mantente en contacto con su vida y hazle saber que estás implicado y atento. Hazle sentir tu interés por su vida: calificaciones, aficiones, vida laboral, actividades extraescolares, amigos y lo que hace para divertirse. Al mantenerte involucrado, lo ayudas a saber que te importa y que su vida es importante para ti, pero también hace menos probable que adopte conductas de riesgo o comportamientos poco saludables.

Mantén la salud física

El bienestar físico puede ser tan importante como el emocional, sobre todo si siente una desconexión entre lo que sabe que es y su propio cuerpo.

Identifica oportunidades para hacer ejercicio

El ejercicio libera endorfinas, potentes sustancias químicas que nos dan energía y elevan nuestro estado de ánimo. Enseña a tu hijo adolescente que, si está deprimido o agobiado por las emociones, una respuesta saludable es hacer ejercicio. Ten cuidado de no intentar forzarlo a realizar actividades que no le agradan o que puedan hacerlo sentir aún peor. Los adolescentes transgénero y no binarios pueden tener problemas corporales que los hagan sentirse incómodos en determinadas actividades físicas. Trabaja con tu hijo para encontrar una actividad que quiera hacer, ya sean largos paseos por sí mismo o juegos de basquetbol con amigos que lo apoyen en el vecindario.

Enséñale hábitos alimentarios saludables

Las necesidades nutricionales durante la adolescencia aumentan debido al mayor ritmo de crecimiento. Aunque hay un aumento significativo del gasto energético en la adolescencia y de las demandas de nutrientes que lo acompañan para satisfacer esas necesidades, entran en juego otros factores que pueden afectar negativamente la ingesta de alimentos y su estado nutricional. Para muchos adolescentes transgénero y no binarios, comer lo suficiente puede ser una cuestión muy complicada.

Concéntrate en ayudar a tu hija o hijo a establecer hábitos alimenticios sanos y, al mismo tiempo, vigila que no restrinja su alimentación, que no haga demasiado ejercicio y que no sufra trastornos alimentarios.

Los adolescentes en general tienden a preocuparse por:

- tener energía para hacer lo que quieren y necesitan;
- tener buen aspecto;
- ir bien en la escuela, y
- optimizar el rendimiento deportivo.

Los adolescentes transgénero y no binarios tienen la preocupación adicional de querer ser percibidos como el género que experimentan ser y pueden intentar manipular su forma para aumentar esta probabilidad. Puedes ayudarlo a abordar todas sus preocupaciones y a entender que la comida sana es lo que le da energía, alimenta su función cerebral, lo ayuda a rendir académicamente y lo mantiene con buen aspecto y sintiéndose bien. Si no están seguros de qué alimentos son opciones saludables, esta puede ser una buena oportunidad para preparar juntos algunas recetas que puedan probar durante la semana.

Los problemas de alimentación son habituales en los adolescentes transgénero y no binarios

Un gran número de adolescentes transgénero y jóvenes no binarios que aún no siguen una terapia de sustitución hormonal utilizan la comida para ganar o perder peso con el fin de acentuar o suprimir partes de su cuerpo relacionadas con la percepción del género. Si el adolescente no se ve reflejado en el espejo como quiere ser visto, puede probar muchos enfoques, como la alimentación desordenada y restringida o el ejercicio excesivo, para alterar su forma. Para algunos de estos adolescentes, este es un medio temporal de expresar su género, el cual se desvanece una vez que la terapia de sustitución hormonal ha comenzado a realizar los cambios deseados. Para otros, la calidad obsesiva de este impulso conduce a trastornos alimentarios más constantes.

A partir de la pubertad, los cuerpos masculino y femenino distribuyen el peso de forma diferente. Tienen formas corporales diferentes y, aunque parte de esa diferencia está relacionada con los huesos y los músculos, la mayor parte se debe a la distribución de la grasa; el lugar en el que el cuerpo almacena la grasa está directamente relacionado con los niveles hormonales. Los cuerpos que producen testosterona almacenan la grasa en la zona media, mientras que los cuerpos que producen estrógeno la almacenan en las nalgas, las caderas y los muslos. Esta distribución natural del peso es uno de los principales contribuyentes de la forma corporal y es uno de los significantes de género más instintivos.

Perder grasa permite que la forma general del cuerpo cambie y tenga una apariencia menos sexualmente acentuada. La forma se vuelve más andrógina. Para los adolescentes transgénero y no binarios, la pérdida de peso extrema puede ser un medio de regular la impresión de género de su cuerpo. Como están creciendo rápidamente, la pérdida de peso extrema es peligrosa no solo a corto, sino también a largo plazo. Sus huesos aún se están formando y la desnutrición puede frenar el crecimiento de forma permanente, por lo tanto, si te preocupa la alimentación de tu adolescente o ves cambios de peso significativos, puedes hablar con ella o él y con su médico sobre lo que has observado y ver si está intentando crear congruencia con su alimentación. Si este es el caso, tal vez quieras pensar en iniciar medidas de alineación médica para poner fin a los desórdenes alimentarios.

Si tu hija o hijo adolescente comienza la terapia hormonal, todo el peso que gane se desplazará a los lugares deseados, y la grasa dejará de ser un signo de género. Como resultado, después de empezar la terapia de reemplazo hormonal, muchos adolescentes transgénero y no binarios que adelgazaron por razones de género se permiten volver a un peso más natural, ya que el peso extra no altera tanto la forma en que los demás los perciben. Las hormonas permiten que su forma sea más congruente con su género experimentado.

Para los adolescentes con un sexo masculino asignado al nacer que ahora se presentan como mujeres, puede haber nuevas presiones debidas a la obsesión cultural por la delgadez. Si estos adolescentes pasaron primero, al menos en parte, por su pubertad natal, estuvieron inmersos en la cultura adolescente masculina de comer de forma exagerada. Sus hormonas exigen y la sociedad refuerza que es algo bueno, sano y masculino comer mucho en la adolescencia. Para las adolescentes, en cambio, la pubertad suele conllevar la expectativa de hacer dieta y restringir la alimentación. Algunas chicas trans se dan atracones de comida, para luego vomitar, como forma de cumplir las nuevas expectativas alimentarias. Para muchas este patrón alimenticio distorsionado no persiste una vez que aprenden a regular su ingesta de alimentos, pero para otras se puede transformar en un trastorno alimentario en toda regla.

Aumentar el apoyo social afirmativo y el orgullo de la identidad de género

Mi hijo no siente una conexión con otros adolescentes transgénero o no binarios. De hecho, es más bien una aversión. Pero cuando llega a conocer a otros adultos transgénero y no binarios, entonces siente como si se hubiera encontrado con familiares perdidos hace tiempo.

❖

Encuentra una tribu. No tiene por qué centrarse en la identidad de género; puede ser simplemente en torno a un interés compartido, una afición, un juego. Pero encuentra una tribu de personas que los acepten a ti y a tu hijo por ser el chico increíble que es y conviértelos en familia.

El apoyo social afirmativo es un factor de protección para los jóvenes transgénero, no binarios y de género expansivo. Los estudios indican que ser capaz de nombrar tu identidad o expresión de género y expresarla a los demás es importante para la integración positiva de la identidad. Es importante que los adolescentes tengan un mundo social fuera de su casa, donde sean aceptados y se afirme su género. La afirmación de su género, no solo en las comunidades transgénero o no binarias, sino también en las comunidades cisgénero, puede actuar como fuente de fuerza y conexión frente al estigma social. Cuando los adolescentes reciben apoyo en relación con su identidad y expresión de género, tienen mejor salud mental y física y bienestar general.

Se cree que nuestras necesidades de conexión forman parte de nuestra programación más profunda. El aislamiento es peligroso para una autoestima sana. Las personas que se sienten incluidas en sus comunidades, conectadas a sus redes sociales y comprometidas con la vida comunitaria, tienen mejor salud, soportan mejor los cambios y se adaptan mejor a ellos.

Como madres y padres, una de las formas de fomentar la resiliencia en tu hija o hijo adolescente es promover la importancia de las conexiones con la comunidad. Pueden trabajar juntos para identificar las formas en que puede salir de su miedo al rechazo y encontrar el apoyo de sus compañeros y al mismo tiempo desarrollar relaciones fuera de la familia.

El apoyo de los compañeros puede ser fundamental para amortiguar los efectos del estigma social. Trabaja con tu adolescente para identificar organizaciones como grupos juveniles locales (religiosos o comunitarios), equipos deportivos dentro o fuera de la escuela, y organizaciones de voluntarios para ver si alguno de ellos tiene o estaría interesado en crear un entorno que incluya el género. Debes estar dispuesto a hacer estas llamadas tú mismo, pero también haz que tu adolescente participe en el proceso, para que esto se convierta en algo en lo que también se interese y se comprometa.

Reconoce y apoya el afrontamiento a nivel de grupo

Encontré mi propia identidad cuando me enteré de que uno podía identificarse como no binario y me dije: "Sí, ése soy yo", y fue genial. También cuando vi a personas como Jeffree Star o Marilyn Manson —personas reconocidas como andróginas—, las vi y supe que quería parecerme "más a ellas", sin saber todavía que ansiaba la ambigüedad de género.

La pertenencia a un grupo genera un sentimiento de empoderamiento. Los grupos minoritarios suelen utilizar las habilidades de afrontamiento del grupo en respuesta a los prejuicios y el estigma. La identidad del grupo fomenta una conexión que protege a sus miembros del impacto negativo de la discriminación.

Una forma de conseguirlo es crear una identidad de grupo que esté fuera de la cultura dominante, para que sus experiencias se normalicen e incluso se celebren, en lugar de marginarse. Esto conduce a un sentimiento de autoestima colectiva y a una identificación social positiva. El fortalecimiento de la identidad social es un componente clave de una identidad general sana y positiva.

CONOCER A OTRAS PERSONAS QUE COMPARTEN TU IDENTIDAD MARCA UNA GRAN DIFERENCIA

Cuando los jóvenes transgénero y no binarios pueden establecer conexiones con otras personas de la comunidad trans*, pueden desarrollar una identidad de grupo positiva más fuerte, que mejora la autoestima y el sentido de pertenencia. También pueden conocer otros recursos, ampliar las opciones de autoidentificación y expresión, y compartir estrategias para hacer frente a los prejuicios, la discriminación, el acoso y la violencia dirigida a ellos. El mero hecho de estar con otros jóvenes y adultos como ellos refuerza la autoestima y reduce los efectos negativos del estigma.

Las personas transgénero heterosexuales y las personas no binarias no suelen sentir que forman parte de la comunidad LGBQ, y cuando la gente añade la "t" a LGBTQ, no sienten que eso se refiera a ellos. Puede que tengas que ayudar a tu hijo adolescente a encontrar otros jóvenes con los que pueda conectar fuera de esta comunidad. El Gender Spectrum Lounge tiene grupos en línea para adolescentes, y hay varias organizaciones que ofrecen apoyo en persona y en línea, además de grupos de interés común para jóvenes que se identifican en cualquier punto del espectro de género.

Ayuda a tu hija/hijo adolescente a conocer a otras personas con un género similar

Es posible que tu hijo adolescente necesite ayuda para aprender a conocer de forma segura a otras personas como ella o él. Puede que le preocupe que, al relacionarse abiertamente con otras personas de género diverso, se vea comprometida su intimidad. Si este es el caso, encontrar lugares seguros puede implicar viajar a conferencias nacionales y encontrar grupos de apoyo en línea, canales de YouTube y otros foros en línea. Conocer a otras personas transgénero y no binarias es una experiencia única. Puede tomar algunos intentos antes de encontrar un foro comunitario que te parezca adecuado, así que sigue intentándolo.

La idea de buscar una identidad de grupo puede encontrar resistencia si tu hijo o hija presenta una transfobia interiorizada. Si han interiorizado tanto el estigma como la transfobia, esto puede crearles, sin saberlo, una vergüenza y aislamientos no del todo reconocidos en su interior, lo que los lleva a aislarse de la comunidad debido a las opiniones negativas sobre las personas transgénero. También vemos un menor deseo de conectar con las comunidades transgénero y no binarias en los adolescentes que hicieron la transición social cuando eran más pequeños. Estos adolescentes pueden no identificarse como transgénero o creer que son de alguna manera diferentes de otras personas trans, y por eso no tienen el deseo de formar parte de un "grupo transgénero". Otros que hicieron la transición cuando eran jóvenes pueden sentir que su género ya no es la identidad principal en la que están centrados y no tienen interés en los grupos y eventos relacionados con el género.

El reto en todas estas situaciones es evitar el aislamiento y que estos jóvenes pierdan la oportunidad de encontrar una filiación más profunda con otras personas que comparten una comprensión de su vida en varios aspectos importantes. Es posible que puedas influir en tu adolescente para que encuentre una conexión con una comunidad de género que le resulte adecuada. Si es así, es probable que tu hijo obtenga un beneficio real.

Encontrar comunidades que afirmen todas las identidades clave de tu hija/hijo

Estar conectado a las comunidades que tienen que ver con nuestras identidades (incluidas las religiosas, culturales o las que se centran en nuestras habilidades físicas) es vital para establecer un sentido saludable de sí mismo. Sin embargo, si algunas de esas identidades son transfóbicas, esto puede provocar un conflicto interno y complicar el proceso de autoaceptación y consolidación de una identidad de género saludable.

Encontrar comunidades de afirmación de género de identidades interrelacionadas puede ser importante para el autodesarrollo. A veces, estas solo se pueden encontrar en internet o en comunidades más amplias transgénero y no binarias. Muchos adolescentes afirman utilizar las redes sociales para conectar con subgrupos como los adolescentes trans sordos, los jóvenes trans de color o los adolescentes no binarios con Asperger. Al establecer conexiones entre sus identidades, los adolescentes trans y no binarios pueden a menudo conocer y acceder a recursos fuera de su área local. Estas conexiones pueden ayudar a reducir el aislamiento y aumentar la asociación positiva de tener múltiples identidades.

Al conectar con otras personas con las mismas identidades superpuestas, pueden aprender nuevas estrategias para hacer frente a los prejuicios a los que se enfrentan como miembros de múltiples grupos minoritarios.

Orgullo de género

Como ya mencionamos, encontrar el orgullo de género es una parte importante del desarrollo de una relación positiva con una identidad de género menos común. Una forma habitual de que esto ocurra es sentirse parte de un movimiento social mayor. Así, la vergüenza, el estigma interiorizado y el aislamiento pueden sustituirse por un sentimiento de pertenencia y orgullo. Estar positivamente asociado con otros como tú y a un movimiento de justicia social permite desarrollar un sentimiento de solidaridad con otros que también luchan por cuestiones de equidad de género.

Cuando una persona transgénero o no binaria se siente orgullosa de su género, le preocupan menos las respuestas de los demás y también es menos probable que anticipe reacciones negativas. Puedes utilizar la lista de marcadores de orgullo del doctor Rylan Testa para ayudarte a evaluar si tu hijo adolescente siente orgullo por su género. Las personas que experimentan orgullo por su género suelen sentirse así:

- Mi género me hace sentir especial o único.
- Está bien que la gente sepa que mi género es diferente de mi sexo asignado al nacer.
- No tengo ningún problema en hablar sobre mi identidad de género y mi historia con casi todo el mundo.
- Es un regalo que mi identidad de género sea diferente de mi sexo asignado al nacer.
- Soy como los demás.
- Estoy orgullosa/o/e de mi género.
- Prefiero que la gente lo sepa todo y que me acepte con mi propia historia de género.

Considera cómo puedes ayudar a tu hija o hijo a cultivar el orgullo de género.

Busca mentores y modelos de conducta para tu hija/hijo adolescente

Mi hijo ha vivido como un chico la mayor parte de su vida. Tendemos a olvidar que es trans. Ya no es un tema importante en nuestra vida. Pero veo lo importante que es para él conocer a hombres trans adultos. Cada vez que tiene la oportunidad, es como si cobrara vida. Tiene muchas preguntas y siente una filiación automática.

Cuando los adolescentes tienen mentores, tienen un mayor sentido de la autoestima, son más abiertos a desafiarse a sí mismos y a asumir riesgos positivos. Cualquier adulto que desempeñe el papel de mentor de un adolescente tiene un profundo efecto orientador. Los estudios demuestran que los adolescentes con mentores se sienten más positivos con respecto a su identidad, son capaces de tomar decisiones más importantes y empoderadas sobre su vida, y tienen mayores sentimientos de felicidad y bienestar general. Si combinamos esta investigación con el hecho de que los adolescentes transgénero y no binarios tienen un acceso limitado a modelos de conducta positivos, es emocionante pensar en el maravilloso resultado que podría tener un mentor transgénero o no binario para reducir el aislamiento, ayudar a tu adolescente a enfrentarse al estigma social y desarrollar el orgullo por su propio género. Si conoces a alguien que podría servir de mentor para tu hijo, te animamos a que hables con ella o él sobre esta posibilidad.

Resistir y recuperarse de la adversidad

Todavía hay muchos retos que afrontar y superar, pero me siento seguro de mí mismo al haber salido del clóset y, en general, que la gente sea receptiva a mis explicaciones de género (y que mucha gente respete mi petición de pronombres neutros aunque sea un reto); también ser capaz de inspirar a otros para que se sientan seguros al mostrar quiénes son ha tenido un impacto muy positivo en mi vida (Veale et al., 2015).

❖

Luz explicó por qué el aprendizaje de las artes marciales la hizo sentirse más segura: "No voy a ponerle las manos encima a nadie si no es necesario. Si no es una situación de vida o muerte, me alejaré de ti. Dejaré que me provoques porque sin duda hay muchas cosas que puedes decir. Pero es una buena inversión. Puede mantener a una a salvo, porque si alguien se entera que sabes kickboxing y pelear y hacer llaves de judo… nadie se va a meter contigo (Gattis y McKinnon, 2015).

Los adolescentes adquieren gradualmente nuevas habilidades en esta fase. Son capaces de anticipar lo que puede suceder, considerar alternativas, predecir consecuencias, soñar con el futuro, percibir sutilezas e identificar sus valores personales. Las madres y padres que dan a sus hijos adolescentes una autonomía adecuada les proporcionan ventajas que aumentan su autoestima: la experiencia de tomar sus propias resoluciones, el orgullo de haber tomado buenas decisiones y las oportunidades de aceptar y aprender de sus errores. En esta sección, vamos a centrarnos en cómo ayudar a tu adolescente a fortalecer sus músculos de resiliencia, dejándole en una posición más fuerte para soportar y recuperarse de cualquier contratiempo y dificultad que experimente en su vida diaria.

Desarrolla atributos positivos con experiencias

Los adolescentes necesitan experiencias para aprender a integrar habilidades de pensamiento superior y desarrollar habilidades sociales, ambas fundamentales para crear una identidad positiva. Estos atributos se consolidan mediante la experiencia y la práctica.

Proporcionar oportunidades para pensar, o incluso usar los juegos de rol sobre cómo responder a preguntas inapropiadas e inoportunas, y hacer valer las necesidades relacionadas con su género, son elementos importantes para construir la base necesaria para la edad adulta.

Proporciona a tu hijo adolescente experiencias en las que pueda tener éxito y experimentar un sentido de realización. Acompáñalo a hacer algo con lo que no está familiarizado y a pedir ayuda.

Elogia el esfuerzo y el progreso, y celebra el éxito

Reconoce y elogia verbalmente el esfuerzo o el progreso positivo que hace tu hija o hijo. Esto demuestra no solo que te das cuenta de sus esfuerzos, sino que lo valoras.

Impulsa la independencia

A medida que tu hijo crece, tu papel pasa de la supervisión directa a formar parte de una red de observadores. Mientras das un paso atrás, sigue siendo útil mantenerte conectado con otros adultos presentes en su vida: comunícate con los profesores, los entrenadores, los padres, además de con tu hijo o hija, para saber más sobre su mundo. Es importante que sigas fomentando su independencia sin dejar de apoyarlo y guiarlo.

Fomenta la persistencia

Anima a tu adolescente a no rendirse cuando experimente resistencia o fracaso. La resiliencia es la capacidad de volverse a poner en pie. Busca ejemplos en tu propia vida en los que hayas fracasado o hayas tenido que seguir intentándolo para tener éxito en algo. Deja que tu hijo vea cuando intentas algo nuevo y lo que vas a hacer para lograr llegar al éxito. Si no funciona como habías planeado, practica la resiliencia y comparte con ellos lo que harás a continuación para seguir intentándolo o lo que ahora te parece mejor para llegar a tu objetivo.

Permite que tengan opiniones diferentes y trátalas con respeto

Escucha a tu hijo adolescente y valora su perspectiva y opiniones. Tómate el tiempo necesario para explorar sus puntos de vista sobre las cosas. Involúcralo en conversaciones sobre preocupaciones familiares, temas políticos, cuestiones sociales, etc. Prepárate para ampliar también tu propia manera de pensar. Toma en serio sus puntos de vista y recuerda que la tolerancia es una cualidad que se aprende. Sus formas dramáticas de comunicación son apropiadas para su edad, mientras aprende a expresar opiniones diferentes en las conversaciones.

Anima a tu hija/hijo adolescente a ser un mentor o un modelo que seguir para los demás

> Cada vez que hago una presentación en un grupo de la iglesia o en un colegio, la gente se me acerca muy agradecida por haberme conocido. Me dicen que soy una inspiración para ellos. Dicen que al escucharme ven áreas de su propia vida en las que necesitan tener más valor para expresarse con más honestidad. Es realmente gratificante.

Una vez que el adolescente tiene un fuerte sentido de sí mismo, puede ser increíblemente empoderador para él convertirse en una inspiración para otros niños y adolescentes que luchan con su propio género, y para las familias que necesitan ver que hay esperanza para su hijo al final del túnel. Para muchos, comprometerse con el activismo y la educación de los demás en torno a las cuestiones de equidad de género es un paso importante para reforzar su orgullo de género. Es una forma poderosa de disipar estereotipos y conceptos erróneos. Educar e inspirar a los demás a través de lo que eres y cómo vives tu vida es una forma de enorgullecerte de tu identidad.

Enseña a tu hija/hijo adolescente a defenderse a sí mismo

> Mi hija defiende su derecho a ser diferente y, en su mayor parte, es aceptada por eso. Ayuda que sea inteligente, segura de sí misma, que hable bien y que acepte las diferencias de los demás.

Aunque el mundo no sea tan acogedor y comprensivo con las necesidades de tu hija o hijo adolescente como te gustaría, puedes enseñarle a reconocer y atender sus necesidades en el mundo en general. Cuando defiendas sus derechos en la escuela, comparte con él o ella lo que estás haciendo y por qué es importante no solo para ellos, sino para todos los estudiantes. A medida que crezcan y adquieran más confianza, pueden elaborar juntos una estrategia para que defiendan sus derechos en la escuela.

Cuando busques profesionales de atención médica que sean afirmativos, comparte con tu hijo adolescente las cualidades que buscas y lo que haces para encontrarlos. A medida que se sienta más cómodo con sus deseos médicos relativos al género, apóyalo en la navegación a través de sus citas desde el principio hasta el final, quedándote a su lado para cuando sea necesario, como apoyo y como su aliado y defensor. A medida que tu adolescente realice cambios legales, comparte el proceso que esto implica.

Enséñale lo importante que es, y cómo buscar apoyo en su mundo en expansión. Son habilidades vitales que necesitan aprender.

En cada contexto, puedes repasar con tu hijo con antelación cuál es tu objetivo, qué preguntas tienes y cómo vas a abordar el proceso. Verte pasar por el proceso no solo es instructivo, sino que también afirma que sus necesidades son importantes. Colabora con tu hijo adolescente en torno a los retos específicos a los que se enfrenta y guíalo para que encuentre los recursos y el apoyo que necesita. Enséñale la tenacidad y la determinación, así como a no personalizar la ignorancia en su búsqueda de equidad. Esto los ayuda a prepararse para alcanzar mayores niveles de independencia.

A partir de ahí, pueden elaborar juntos una estrategia sobre otras situaciones actuales y futuras de su vida, como la forma de identificar los programas y recursos locales en la universidad y en el lugar de trabajo, cómo divulgar cuestiones de su género, cómo localizar proveedores médicos sensibles en una nueva zona, entre otros.

Apoya las habilidades de toma de decisiones saludables

Como adultos, podemos enseñar a nuestros adolescentes a tomar decisiones más seguras en su vida cotidiana. Puede ser muy útil recorrer áreas específicas de su vida y hacer una lluvia de ideas juntos sobre cómo tomar decisiones acertadas. La confianza es un componente esencial para ello. Las investigaciones indican que la confianza es una cualidad clave de los adolescentes para sortear circunstancias negativas y personas no tan adecuadas para ellos, y así logran tener la capacidad de buscar las que sí lo son.

Puedes enseñarle a tomar decisiones saludables mediante el ejemplo y el diálogo. Haz a tu hijo adolescente preguntas abiertas que señalen cuál es su opinión sobre un tema y lo que puede ser necesario cambiar. Ayúdalo a comprender cómo las emociones pueden influir en su pensamiento y su comportamiento. Ayúdalo a ver que hay múltiples opciones en cada situación. Puedes también ayudarlo a sopesar sus opciones y a considerar las consecuencias de cada una de ellas. Asimismo, cuando tu hijo adolescente tome una decisión errónea, dedica tiempo a explorar juntos, sin juzgar, lo que ha ocurrido y las posibles tácticas que podría utilizar en el futuro para tomar una decisión que genere resultados más afines a sus deseos.

Prepárate

Esta es una transición que debes hacer: pasar de tomar todas las decisiones importantes para tus hijos a apoyarlos para que tomen sus propias decisiones. ¿Qué decisiones sobre su género puede tomar por sí mismo? ¿Cómo vas a actuar si toma una decisión que tú no tomarías? Ten claro desde el inicio, si puedes, lo que está en sus manos, lo que decidirán en colaboración y las decisiones que te sientes con derecho de tomar en su nombre.

Tomar decisiones

Como padres de adolescentes, una de las tareas que hay que realizar es apoyarlos para que tomen sus propias decisiones. Practica los siguientes pasos con todos los temas que puedas desde una edad tan temprana como sea posible, para que ambos ganen experiencia con el proceso. De este modo, cuando llegue el momento de las decisiones específicas de su sexo, ambos tendrán más confianza. Asegúrate de que tu hijo adolescente sabe que las emociones pueden nublar su juicio y que siempre debe tomar decisiones cuando esté tranquilo y centrado. Anímalo a tomarse su tiempo cuando tome decisiones importantes. Sin embargo, debes saber que, para un adolescente, el tiempo que se necesita para tomar una decisión importante y saludable puede ser mucho más corto que para un adulto. En cierto modo, su perspectiva es más clara. Ten en cuenta también que la forma en que tu hijo adolescente aborda la toma de decisiones puede ser diferente a la tuya; al ser más joven, está menos abrumado y su proceso de toma de decisiones puede ser más creativo.

Anima a tu hija/hijo a pensar en las opciones de cada tema

Puedes ayudar a tu hijo a desarrollar sus habilidades de pensamiento crítico y su capacidad de autorreflexión si le enseñas a pensar en sus opciones. Aunque quieras que tu hijo adolescente elabore listas, identificando los pros y los contras de cada alternativa por sí mismo, hazle saber que estás disponible como caja de resonancia. Intenta mantener tus juicios fuera del proceso; permite que sea su propio criterio el que se forme.

Recuerda que los adolescentes más jóvenes pueden necesitar una mayor orientación en esta parte del proceso, ya que todavía están en vías de adquirir estas habilidades.

Deja que tu hija/hijo sepa qué decisiones están en sus manos

Es importante que tu hijo sepa explícitamente qué decisiones están en sus manos. Aunque animes a tu hijo adolescente a compartir sus ideas contigo, es posible que asuma que serás tú quien decida. Dale a tu hijo permiso verbal para que decida sobre las cuestiones que consideres que son suyas. Puedes hacerle saber que estás disponible para trabajar en colaboración con él o ella en estas decisiones y puedes hacerle saber a qué edad crees que podrá tomarlas de forma independiente, así como la manera en la que se tomarán las decisiones sobre estos temas mientras tanto.

Reflexiones finales sobre cómo convertirse en un guía y consejero de confianza

Tus valores y tu perspectiva siguen teniendo mucha influencia en tu hijo adolescente. Sé una caja de resonancia para él o ella; sigue influyendo en cómo ve y percibe el mundo y a sí mismo. Eres un modelo de conducta: tu adolescente presta mucha atención a lo que dices y haces. Si crees que necesitas reforzar tus habilidades o ampliar tus conocimientos en un área concreta, pregúntale si quiere tomar una clase o leer juntos un libro sobre el tema. Es muy valioso reconocer las áreas personales que necesitan desarrollo y qué se puede hacer para ser mejor persona.

La clave es entablar un diálogo respetuoso y positivo sobre temas como los planes a futuro, los problemas sociales de nuestro tiempo y las cuestiones importantes de la vida. Sé alguien con quien pueda contar. Ofrécele marcos de referencia para entender las experiencias negativas basadas en el género, la raza u otras identidades estigmatizadas, marginadas o incomprendidas.

Cuando tengas la confianza de tu hijo adolescente, él o ella querrá y valorará tu aportación sobre la dirección de su vida. Tu papel se convierte entonces en el de un guía o consejero que escucha y ayuda a encontrar el rumbo correcto como individuo.

La mejor forma de apoyar la resiliencia de tu hijo adolescente es quererlo y apoyarlo, así como mantener un sentimiento de conexión con ella o él. Esto reforzará su resiliencia y la de tu familia, proporcionando una protección muy necesaria para todos ustedes frente a los diversos factores de estrés que se presentan. Más allá de esto, la mejor protección para tu adolescente y las generaciones futuras es promover el cambio social para reducir los efectos negativos del estigma de género y luchar por la equidad de género. Depende de nosotros crear un mundo más justo y equitativo para nuestros hijos y sus hijos.

Hoy es una alegría enorme ver y poder recurrir a los avances logrados en acceso a la salud y educación, entre otros, pero el activismo por los derechos de las personas trans nunca se apagará en mí. Luego de conocer historias de vida tan tristes, sin aceptación de las madres y padres, expulsados a temprana edad del núcleo familiar, del sistema educativo, de salud y de la sociedad toda, es una obligación moral defender y velar por los derechos logrados por la ley, porque una ley sin que nadie la cuide y reclame por ella es solo letra muerta.

Conclusión

El género es la poesía que cada uno de nosotros hace con el lenguaje que nos enseñan.

LESLIE FEINBERG

Hemos escrito este libro para ayudarte a comprender el género en toda su bella complejidad con la esperanza de que puedas encontrarte con el adolescente de tu vida ahí donde esté en su camino de género. Tu adolescente te necesita. Tu amor, afirmación y apoyo pueden marcar la diferencia.

Juntos, podemos crear entornos sensibles al género e inclusivos para todos. Podemos crear un mundo mejor y más seguro para crecer, en el que no se estigmatice a las personas transgénero, no binarias y con otros géneros por el simple deseo de vivir con autenticidad. Imagina la creatividad que podríamos liberar si permitiéramos a todos los niños ser quienes son, sin pedirles que encajen de inicio en los límites de nuestras dos estrechas cajas de género. Imagina las posibilidades si dejáramos de pedirles que oculten quiénes son para la comodidad de los demás.

El precio del conformismo es demasiado alto. Estamos perdiendo niños por autolesiones y violencia a un ritmo espantoso. Pagamos un precio enorme, ¿y cuál es el beneficio?

Hay verdaderos motivos para tener esperanza. Los jóvenes de hoy están reimaginando el género. Una vez que conocen la verdadera diversidad de género, creen naturalmente que las personas de todos los géneros merecen ser visibles, apoyadas, representadas y reconocidas. Esperan que existan entornos inclusivos marcados por una atmósfera en la que todas las personas se sientan valoradas y respetadas y tengan acceso a las mismas oportunidades. No se trata de lo políticamente correcto, sino de capacitar a todos para que sean auténticos. Cuando celebramos y valoramos la diversidad de género, reconocemos que cada uno de nosotros tiene su propio camino de género. Independientemente de cómo veas, experimentes, nombres o expreses tu género, hay un lugar para ti al que perteneces totalmente.

> *Tenemos que animar a los miembros de esta próxima generación a que lleguen a ser todo lo que puedan ser, y no tratar de obligarlos a que se conviertan en aquello que nosotros queremos que sean...*
> *Tú y yo no podemos ni empezar a imaginar los sueños que soñará esta próxima generación, ni podemos responder a las preguntas que se les plantearán.*
>
> BARBARA COLOROSO

Hoy se producen cambios radicales. Cuando Stephanie empezó con Gender Spectrum hace más de diez años, cada formación escolar que hacía era para apoyar a un estudiante no binario o transgénero que intentaba ser él mismo y que esperaba encontrar comprensión y respeto por parte de sus compañeros. En aquella época, nadie en los colegios, tanto adultos como alumnos, había oído hablar de la posibilidad de que hubiera niños o adolescentes transgénero y nadie había oído hablar en absoluto de las identidades no binarias. Una década después, la mayoría de las formaciones que realizamos están inspiradas en escuelas que quieren que su cultura sea un entorno cálido e inclusivo para todos los alumnos. Quieren establecer sistemas y entornos acogedores para los alumnos de todas las identidades y expresiones de género.

Una sociedad inclusiva no es para nada un sueño, sino una realidad factible. De hecho, se puede conseguir fácilmente mediante oportunidades educativas en el hogar y en la escuela, así como con la creación de mayores opciones en nuestros entornos sociales. Por ejemplo, todos los espacios públicos pueden ofrecer baños y vestidores de género neutro, aunque decidan mantenerlos segregados. Las oportunidades deportivas y atléticas pueden dividirse por clasificaciones distintas al género. Los formularios de inscripción pueden ampliarse para incluir más opciones de identidad de género.

En lugar de hacer suposiciones, podemos preguntarnos no solamente cómo nos llamamos y cómo nos gusta que nos digan, sino también cuáles son los pronombres que preferimos. Podemos hacer que los uniformes escolares estén disponibles para que todos los estudiantes puedan elegir entre los que más sean de su gusto. Podemos denunciar las nociones limitadas de género cuando y donde las veamos, y pedir que se abran más opciones. Podemos insistir en la inclusión de todos.

Ahora es raro encontrar alguna persona en las escuelas que no haya oído hablar de jóvenes transgénero y no binarios, y los estudiantes comprenden y aceptan fácilmente la información sobre la diversidad de género.

Nuestra clase de Gender Spectrum verdaderamente me fascinó. Fue como darme cuenta de que nuestro mundo tiene color en lugar de ser solo blanco y negro. Ahora me parece algo tan obvio y no puedo creer que antes de esta clase pensara que solo había dos géneros. Me encanta la idea de poderle contar esto a la gente y que también se den cuenta.

❖

Quiero difundir la realidad del espectro de géneros para que, con suerte, podamos trabajar para cambiar las costumbres de la sociedad y ofrecer aceptación e igualdad completa a todo el mundo. Me gustaría ver un mundo en el que esté bien ser quien eres.

❖

¡Estoy tan enojada! ¿Por qué nadie me habló de todo esto antes? He sido tan ignorante y he juzgado a otras personas sin entender que en realidad me habían enseñado una definición de género demasiado simplificada. Esto tienen que enseñárnoslo a todos antes de llegar al kínder y no por primera vez en la secundaria.

Hay otras cosas que podemos lograr con poco esfuerzo. Dado que las investigaciones demuestran que a las personas transgénero y no binarias les va mejor a largo plazo si han conocido a otras personas de género expansivo antes de que hicieran su propia identificación de género, es esencial hacer visibles a las personas transgénero y no binarias. Los medios de comunicación deben cubrir la vida de las personas de género diverso y no solo las historias de suicidios y violencia. En la medida en que las personas transgénero y no binarias estén cada vez mejor representadas en los medios de comunicación, no solo por su género, sino como personas que viven su vida como cualquier otra, sabrán que hay un lugar para ellas. Además, a medida que la diversidad de género sea más aceptada y menos estigmatizada, las personas transgénero y no binarias se sentirán más cómodas siendo visibles en su propia vida. Será entonces cuando todo el mundo reconozca la diversidad de la que siempre ha estado rodeado sin siquiera saberlo.

Había asistido a la velada educativa dudosa de lo que se iba a enseñar en la escuela de mi hijo. Salí de la plática dándome cuenta de que yo misma soy no binaria. Muchas cosas resonaron en mí. Tengo 47 años y acabo de aprender palabras para describir quién soy y mi experiencia de la vida.

Honramos los pasos que has dado para apoyar al adolescente transgénero o no binario en tu vida. Sabemos la fuerza que se necesita en el momento actual de la historia: no es un camino fácil para ninguno de ustedes. Sin embargo, juntos, tu adolescente, tú y todas las demás personas que están ampliando el sistema de género binario están creando un mundo mejor para todos.

Stephanie Brill y Lisa Kenney

Glosario

Términos de uso común

Cisgénero: Se refiere a las personas cuya identidad de género coincide con el sexo que se les asignó al nacer *(cis-* del latín, significa "del mismo lado [que]" o "de este lado [de]", en contraste con *trans-*, raíz latina que significa "a través de", "más allá de" o "en el lado opuesto [de]").

Congruencia: La experiencia de tener todas las dimensiones del género de una persona alineadas.

Espectro de género: En lugar de un concepto binario, el género se ve como un espectro de múltiples dimensiones que se cruzan.

Género: La compleja interrelación entre el cuerpo (la experiencia de nuestro cuerpo, así como la forma en que la sociedad nos asigna un género e interactúa con nosotros en función de nuestro cuerpo y del sexo percibido); la identidad (el sentido interno de uno mismo como hombre, mujer, ninguno de los dos, una mezcla de ambos o algo más; lo que sabemos que somos en privado), y la expresión (cómo presentamos nuestro género a los demás y cómo la sociedad, la cultura, la comunidad y la familia perciben, interactúan e intentan dar forma a nuestro género). La interacción de estos tres elementos constituye el propio género. Los roles, las expectativas y las normas de género cambian con el tiempo y son diferentes entre las culturas.

Género binario: Sistema que construye el género según dos categorías discretas y opuestas: hombre y mujer. Las identidades de género binarias incluyen hombre-niño y niña-mujer. Es importante reconocer que tanto las personas cisgénero como las transgénero pueden tener una identidad de género binaria. Por ejemplo, alguien puede identificarse como mujer trans, mientras que otra persona puede identificarse como mujer cisgénero.

Género expansivo: Término general que se utiliza para las personas que amplían las definiciones de género habituales en su propia cultura, incluidas las expectativas de expresión, identidades, roles y otras normas de género percibidas. Las personas de género expansivo pueden incluir a las personas con identidades transgénero y no binarias, así como a aquellas que, de alguna manera, están creando otras nociones de género en la sociedad.

Género inferido: El género inferido es la identidad de género que suponemos que tienen las personas en función de su sexo asignado al nacer. Por ejemplo, una persona a la que se le asignó un sexo masculino al nacer probablemente tenga el género inferido de un niño-hombre. Una persona a la que se le asignó el sexo femenino al nacer probablemente tenga el género inferido de niña-mujer.

Género no binario: Término que engloba las identidades y expresiones de género que no son exclusivamente masculinas o femeninas. Las personas que identifican su género como no binario pueden sentirse tanto hombres como mujeres, ni hombres ni mujeres, o algo totalmente distinto. Las identidades no binarias se reconocen en muchas culturas no occidentales de todo el mundo. Aunque es un término imperfecto que todo lo integra, a efectos de este libro utilizamos no binario para comunicar la experiencia de las personas cuyo género no puede definirse puramente en términos del sistema binario: femenino o masculino.

Orientación sexual: Parte de nuestra identidad que se siente atraída romántica o sexualmente por otras personas. Nuestra orientación sexual y nuestro género son partes separadas, aunque relacionadas, de nuestra identidad global.

Sexo: Se refiere al estado biológico de una persona (hombre, mujer, intersexual). Los indicadores del sexo son los cromosomas sexuales, las gónadas, los órganos reproductores internos y los genitales externos.

Sexo asignado al nacer: La designación que hacen los profesionales médicos del sexo de una persona basándose en un examen visual de los genitales del niño al nacer. Si los genitales son ambiguos, pueden realizarse más exámenes y pruebas. La designación del sexo se confunde a menudo en nuestra sociedad, de forma incorrecta, con la identidad de género de la persona.

Transgénero/trans/trans*: Estos tres términos pueden utilizarse como términos generales para describir a una persona cuya identidad de género difiere de su sexo asignado al nacer. Los términos *trans* y *transgénero* se utilizan a veces indistintamente para describir todas las identidades de género que no son cisgénero. El asterisco en trans* se utiliza para indicar la inclusión de todas las identidades de género no binarias. *Transgénero* también puede utilizarse para referirse a las personas que experimentan profundos sentimientos de incongruencia con su sexo asignado y las características sexuales asociadas, y se sienten alineadas con lo que muchos consideran el "sexo opuesto". Ser trans o transgénero no implica ninguna orientación sexual específica.

Travesti: En algunos países, este término se usa en lugar de *transgénero*. Sin embargo, un travesti es una persona que se viste como la expresión binaria del género opuesto por muchas razones. Cuando se trata de hablar sobre niños, siempre es más preciso usar *transgénero, no binario* o *género expansivo*.

Salud y bienestar

Estigmatización interiorizada: Vergüenza experimentada internamente u odio a sí mismo relacionado con un aspecto culturalmente estigmatizado de uno mismo.

Estrés de minorías: El estrés y la angustia atribuibles a la condición de minoría de una persona.

Práctica afirmativa de género: Práctica médica, de salud mental, legal o de otro tipo de profesionales que apoyan y aceptan la identidad de género y la expresión de género asumidas por un individuo.

Resiliencia: Es la capacidad de una persona para soportar y recuperarse de los insultos, contratiempos y dificultades que experimenta en su vida cotidiana. Requiere la capacidad de adaptarse a las circunstancias cambiantes y de seguir adelante ante la adversidad.

Terapia de conversión: También conocida como "terapia reparadora", este término se refiere a los esfuerzos, discursos u otras acciones diseñadas para alterar el género o la orientación sexual de una persona.

Transfobia interiorizada: Estigma interiorizado sobre el hecho de ser trans* o transgénero.

Identidad de género e identidades de género

Agénero, *neutrois* (neutres), género neutro, *genderfree*, sin género, *genderless*: Todos estos son términos de identidad de uso común que utilizan las personas que no sienten que tienen un género (o cuyo género es neutro). Algunas de ellas sienten una conexión con el concepto de género, pero a la vez sienten que no tienen uno. Otras ni siquiera pueden entender qué es el género, ya que no lo experimentan en su interior.

Andrógino: Las personas andróginas suelen ser simultáneamente masculinas y femeninas, aunque no necesariamente en partes iguales. Con frecuencia tienen características de género femenino y masculino. Algunos sienten que son un género mixto, ni masculino ni femenino. Esta androginia interior puede reflejarse en su apariencia o no.

Bigénero, multigénero: Una persona bigénero se identifica con dos géneros. No significa necesariamente que se identifique como hombre y como mujer, solo que hay dos géneros distintos con los que se identifica. Puede identificarse como ambos al mismo tiempo, fluir entre los géneros o sentir que es una mezcla.

Demigénero, demifluido, *demiflux*: Alguien que se identifica como demigénero se identifica parcialmente con uno o más géneros. Por ejemplo, un *demiboy* se identifica parcialmente como un chico-hombre-masculino, pero no del todo. El demigénero puede ser un subconjunto del bigénero o del multigénero, pero no tiene por qué serlo. Una persona demigénero puede identificarse como demifluida o *demiflux*; esto indica que una parte de su identidad permanece estable mientras que la otra parte o partes son fluidas. A menudo, una persona *demiflux* siente que la parte estable de su identidad es de género neutro o no binario.

Dos espíritus: Es una identidad de género no binaria que se asocia específicamente a las culturas de los pueblos originarios de Estados Unidos y Canadá.

***Femme*:** Término que puede utilizarse para describir una expresión de género, una identidad de género o un rol de género femenino de lesbianas, trans o *queer*. Por ejemplo, se puede ser una *femme genderqueer* o una *femme* género fluido.

FtM (*female to male* o de femenino a masculino-hombre afirmado-*transboy*): Persona a la que se les asignó un sexo femenino al nacer, pero que tiene una identidad de género masculina.

Gender *flux* o género *flux*: Puede tratarse de una identidad similar a la de género fluido, pero suele indicar un movimiento entre géneros específicos más que fluidez. A menudo, aunque no siempre, uno de los géneros es no binario o agénero, o posiblemente una identidad de género es fija y la otra parte o partes fluyen. También puede describir la experiencia de las personas de género fluido, como en: "Me siento sobre todo más género *flux* cuando paso de la escuela al trabajo".

Genderqueer: Término general para describir las experiencias de género no normativas. Suele ser una combinación de identidad de género, expresión de género y orientación sexual. Las personas *genderqueer* suelen rechazar las categorías estáticas de género y orientación sexual. Para algunos, *genderqueer* es una identificación no binaria, y para otros no lo es. El *genderqueer* puede incluir a menudo un elemento de desafío a la construcción del género.

Género fluido y agénero fluido: Las personas de género fluido tienen un género o géneros que cambian; se mueven entre géneros, no necesariamente masculino y femenino. Estas personas tienden a experimentar su género como algo dinámico y cambiante, más que estático. Pueden tener varias facetas genéricas distintas y a menudo su presentación de género cambia en función de estas, por lo tanto, pueden tener un sentido fluido del género o experimentarse a sí mismas como si tuvieran muchos géneros diferentes.

Identidad de género: Es el concepto más íntimo de una persona sobre sí misma, que puede ser masculino, femenino, una mezcla de ambos, ninguno y muchos más. La identidad de género es la forma en que los individuos se perciben a sí mismos y cómo se llaman a sí mismos. La identidad de género de una persona puede ser igual o diferente de su sexo asignado al nacer y puede evolucionar y cambiar con el tiempo.

Intergénero: Término que designa a quienes experimentan su identidad de género como una combinación o mezcla de géneros, o una identidad que se encuentra entre géneros.

Machota o *stud*: Persona a la que se le ha asignado el sexo femenino al nacer y que se identifica como masculina física, mental o emocionalmente. Esta palabra se utiliza con más frecuencia en las comunidades de lesbianas y *queer* negras y latinas de Estados Unidos. Una machota puede identificarse con cualquier género.

Marimacho o *butch*: Puede ser una identidad de género masculina lesbiana o *queer*, una expresión de género o un rol de género. La palabra *butch* o marimacho tiene diferentes significados para diferentes personas. En general, se asocia a las personas identificadas como *queer* cuya expresión de género se percibe como masculina. Para algunos, se relaciona con roles de género más tradicionalmente masculinos, mientras que otros pueden utilizarla como identidad de género.

Masculino de centro: Algunas personas se llaman a sí mismas masculinas de centro como forma de describir dónde se ven a sí mismas en el continuo masculino y femenino. Según Brown Boi Project, "la definición de masculino de centro (MdC), en su evolución, reconoce la amplitud cultural y la profundidad de la identidad de las mujeres lesbianas-*queer* y de las personas trans-no conformes con el género que se inclinan hacia el lado masculino del espectro de género".

MtF (*male to female* u de hombre a mujer-mujer afirmada-mujer trans*-transgirl): Persona a la que se le asignó un sexo masculino al nacer, pero que tiene una identidad de género femenina.

Pangénero: Identidad con múltiples identidades y expresiones de género. Algunas personas la utilizan para indicar que son de todos los géneros.

Tercer género: Este término se refiere a la existencia de más de dos géneros. Las culturas nepalí, tailandesa, zapoteca y algunas de las naciones originarias de Estados Unidos y Canadá son ejemplos que reconocen un tercer género. Cada vez hay más países que incluyen una opción de tercer género para su uso en los certificados de nacimiento y otros documentos gubernamentales.

Transfemenino: Se trata de alguien a quien se le asignó un sexo masculino al nacer, pero que se identifica como más femenino que masculino. Suele ser un subconjunto de la identidad *genderqueer*. Algunas personas se describen a sí mismas como femeninas de centro al describir dónde se ven a sí mismas en el continuo masculino y femenino.

Transmasculino: Se trata de alguien a quien se le asignó el sexo femenino al nacer, pero que se identifica más como masculino que como femenino. Suele ser un subconjunto de la identidad *genderqueer*.

Orientación sexual

Asexual: Alguien que no experimenta atracción sexual.

Bisexual: Término que engloba a las personas que sienten atracción sexual o romántica por más de un género.

Cuestionamiento: Se refiere, en este contexto, a alguien que se cuestiona o explora su atracción romántica y sexual hacia otros.

Gay: Término utilizado para describir a cualquier persona que se siente atraída sexual o románticamente por alguien del mismo sexo.

Lesbiana: Mujer que se siente atraída sexual y románticamente por otras mujeres.

Pansexual: Término que describe a alguien que experimenta atracción por varios géneros o por cualquier género. Este término lo utilizan a menudo quienes quieren reconocer que el género y la atracción no son binarios.

Queer: Término general para las personas que identifican su género u orientación sexual como algo distinto del cisgénero o heterosexual. *Queer* se utiliza para identificarse como fuera de las normas de la sociedad, sin tener que declarar una identidad específica.

Búsqueda de congruencia

Alineación (alineación de género, vivir alineado): Es el proceso por el que alguien asocia las distintas dimensiones de su género para sentirse completo.

Congruencia de género: Estado que se alcanza cuando una persona ha aceptado su identidad de género y se siente satisfecha con la forma en que la expresa física y socialmente.

Congruencia física (congruencia de apariencia): La congruencia física es el esfuerzo de una persona por alinear su identidad de género y su apariencia física. La congruencia de la apariencia física puede incluir simplemente un cambio de expresión de género o una intervención médica como la cirugía o las hormonas.

Congruencia social y legal: La congruencia social es el esfuerzo de una persona por alinear su identidad de género y sus identificadores sociales, como el nombre, el pronombre y el marcador de género o sexo en los documentos de identidad.

Disforia de género: Ansiedad, angustia o malestar en relación con el género o el sexo asignado al nacer.

Género personal: Cada dimensión del género está formada por la intersección única de identidades, experiencias y características personales de cada uno de nosotros. Todos somos más que nuestro cuerpo, identidad y expresión; también somos nuestra etnia, clase socioeconómica, comunidad religiosa, sentido del lugar geográfico, historia familiar, roles de género de la comunidad, expectativas, etc. Nuestro género es personal porque, aunque compartimos algunos de estos aspectos del *yo* con los demás, la forma en que todas estas identidades, influencias y características se unen es única en cada uno de nosotros.

Medidas de congruencia: Acciones que conducen a una sensación de alineación con las dimensiones del propio género (cuerpo, identidad y expresión).

Supresores hormonales, supresores de la pubertad, bloqueadores hormonales: Estas intervenciones médicas utilizan análogos de la hormona liberadora de gonadotropina (GnRH) para detener la pubertad natal y el desarrollo de los caracteres sexuales secundarios.

Terapia hormonal: A veces denominada terapia de reemplazo hormonal, la terapia hormonal (estrógenos en personas de sexo masculino y andrógenos en personas de sexo femenino) es una medida de congruencia utilizada para inducir y mantener las características sexuales secundarias físicas y psicológicas que mejor se ajustan a la identidad de género de la persona.

Transición de género: El proceso de cambiar externamente de un género a otro. Es el término utilizado para incluir todos los pasos que una persona transgénero o no binaria da para presentarse de forma coherente con su identidad de género. La transición puede producirse de cualquiera de las siguientes maneras o de todas: transición social, mediante cambios de identificadores sociales como la ropa, el peinado, el nombre o los pronombres; transición médica, a través del uso de medicamentos como los bloqueadores hormonales u hormonas cruzadas, para promover cambios corporales basados en el género; transición quirúrgica, en la que se modifica el cuerpo de una persona mediante la adición o la eliminación de rasgos físicos relacionados con el género, y transición legal con el cambio de los documentos de identificación como el acta de nacimiento, la licencia de manejo y el pasaporte.

Expresión de género y roles de género

Estereotipos de género: Generalizaciones de las características, diferencias y atributos de un determinado grupo basadas en el género. La mayoría de las veces son generalizaciones percibidas negativamente, pero también existen estereotipos de género positivos.

Expresión de género: Es nuestro género "público". Cómo presentamos nuestro género en el mundo a través del comportamiento, la ropa, el peinado, la voz, los gestos y otras formas de presentación, y cómo la sociedad, la cultura, la comunidad y la familia perciben, interactúan e intentan dar forma a nuestro género. La expresión también está relacionada con los roles de género y cómo la sociedad los utiliza para intentar imponer la conformidad con las normas de género vigentes.

Género no conforme: Género que no cumple con las expectativas sociales, culturales, comunitarias o familiares de género.

No conforme con el género: Este término se refiere a un individuo cuya apariencia no se ajusta a lo que se espera de su género, en general porque no es coherente con su sexo asignado al nacer.

Roles de género: Es el conjunto de funciones, actividades y comportamientos que la sociedad espera habitualmente de las mujeres y los hombres.

Socialización del género: El proceso por el que una sociedad o cultura comunica y refuerza sus expectativas, normas y roles de género.

Género y cuerpos

Cirugía de afirmación del género: Procedimientos físicos que ayudan a una persona a sentirse más alineada con su género. Esto puede incluir cirugía de reasignación genital, cirugía mamaria, cirugía facial y una variedad de otras intervenciones quirúrgicas.

Cuerpo (como dimensión del género): La experiencia de una persona con su cuerpo, así como el modo en que la sociedad clasifica los cuerpos e interactúa con nosotros en función de nuestro cuerpo y nuestro sexo percibido.

Pubertad natal: Se refiere a los cambios puberales que experimenta el cuerpo de una persona sin ninguna intervención médica.

Pubertad natal parcial: Pubertad que se inicia sin intervención médica y luego se interrumpe por el uso de supresores hormonales u hormonas cruzadas.

Desarrollo de la identidad de género

Autodeterminación de género: La capacidad de un individuo para determinar y afirmar su identidad de género.

Coherencia: Estado en el que uno se siente unificado y completo. Una persona puede tener una sensación de coherencia interna relacionada con su identidad de género cuando las distintas dimensiones de su género se unen y se siente cómoda con ello.

Consolidación de la identidad de género: La creación de un sentido saludable y coherente del propio género.

Estabilidad de género: La comprensión del propio género que se mantiene constante a lo largo del tiempo.

Estigma (identidad estigmatizada): Desaprobación o falta de respeto hacia una persona o grupo de personas basada en comportamientos o características que la sociedad no aprueba.

Género ambiguo: Un género que no se clasifica fácilmente en las estructuras binarias existentes.

Género auténtico: Se refiere al género con el que un individuo se autoidentifica, que lo define, y sabe cuál es por cómo se siente.

Integración de la identidad: El proceso por el que un joven llega a conocer, comprender y aceptar partes de su identidad.

Género y sociedad

Diversidad de género: Describe y llama la atención sobre la variedad y las diferencias naturales relacionadas con el género que existen en nuestra sociedad.

Justicia de género: La noción de que los individuos de todos los géneros merecen la misma protección y derechos.

Minoría de género: Término general utilizado para describir a las personas cuya identidad de género es distinta a la cisgénero.

Privilegio cisgénero: Las ventajas no merecidas de los individuos que se identifican como cisgénero.

Transfobia: Miedo, aversión y prejuicios contra las personas transgénero.

Vigilancia de género: El acto de regular o imponer restricciones a la expresión o identificación de género de una persona. Decirle a alguien que se identifica como chica que no puede llevar el pelo corto porque el pelo corto es para "chicos" es un ejemplo de vigilancia de género.

Afirmación de género

Género afirmado: Término que designa la autodeterminación de género de una persona, en lugar del sexo que se le asignó al nacer.

Género erróneo: El acto de etiquetar incorrectamente el género de una persona.

Pronombres de género: Clase de palabras cuyos elementos sustituyen sustantivos y se emplean para referirse a personas, animales y cosas sin nombrarlos, por lo que concuerdan en género y número con ellos. Ella/ellas son pronombres femeninos comunes, mientras que él/ellos son pronombres masculinos comunes. Elle/elles son algunos pronombres comunes de género neutro.

Pronombre preferido: El pronombre o pronombres de género que una persona se siente más cómoda utilizando. Algunas personas eligen los pronombres preferidos en función de su identidad de género, mientras que otras eligen los pronombres en función de su expresión de género. El pronombre preferido también puede cambiar según el entorno o la situación. También es importante tener en cuenta que una persona puede afirmar un solo pronombre preferido (él, ella), mientras que otra puede tener más de un pronombre con el que se sienta cómoda (elle, elles).

Bibliografía

Capítulo 1. Ser madre o padre de un adolescente transgénero o no binario

Human Rights Campaign Foundation y Gender Spectrum [HRC] (2014). *Supporting and Caring for our Gender Expansive Youth.*

Capítulo 2. Entender el género y el espectro de género

Correll, J. (2008). 1/f noise and effort on implicit measures of bias. *Journal of Personality and Social Psychology,* 94: 48–59. https://doi.org/10.1037/0022-3514.94.1.48

Fausto-Sterling, A. (2012). The Dynamic Variability of Gender Variability. *Journal of Homosexuality,* 59: 398–421.

_____, Coll, C.G. y Lamarre, M. (2012). Sexing the Baby: Part 1. What Do We Really Know About Sex Differentiation in the First Year of Life? *Social Science and Medicine,* 74: 1684–1692.

_____, Coll, C.G. y Lamarre, M. (2012). Sexing the Baby: Part 2. Applying Dynamic Systems Theory to the Emergences of Sex-Related Differences in Infants and Toddlers. *Social Science and Medicine,* 74: 1693–1702.

Grossman, A.H. y D'Augelli, A.R. (2006). Transgender Youth: Invisible and Vulnerable. *Journal of Homosexuality,* 51(1): 111–128. https://doi.org/10.1300/j082v51n01_06

Harris, A. (2009). *Gender as Soft Assembly.* Nueva York: Routledge, Taylor & Francis Group.

Lewis, M.D. y Granic, I. (eds.) (2000). *Emotion, Development and Self-Organization: Dynamic Systems Approaches to Emotional Development.* Nueva York: Cambridge University Press.

Martin, C.L. y Ruble, D.N. (2010). Patterns of Gender Development. *Annual Review of Psychology*, 61: 353–381. doi: 10.1146/annurev. psych.093008.100511.

Nowak, M.A., Plotkin, J.B. y Jansen, V.A. (2000). The Evolution of Syntactic Communication. *Nature*, 404: 495.

Pereira, M.D.M. (2014). *Doing Gender in the Playground: The Negotiation of Gender and Sexuality in Schools*. Coventry: University of Warwick, Department of Sociology.

Russell, S.T., Ryan, C., Toomey, R.B., Díaz, R.M. y Sánchez, J. (2011). Lesbian, Gay, Bisexual, and Transgender Adolescent School Victimization: Implications for Young Adult Health and Adjustment. *Journal of School Health*, 81: 223–230.

Smith L.B. y Thelen, E. (2003). Development as a Dynamic System. *Trends in Cognitive Sciences* 7: 343–348.

Thelen, E. y Bates, E. (2003). Connectionism and Dynamic Systems: Are They Really Different? *Developmental Science, 6*(4): 378–391.

Van Geert, P. y Steenbeek, H. (2008). A Complexity and Dynamic Systems Approach to Developmental Assessment, Modeling and Research (71–94). En A.M. Battro, K.W. Fischer y P. Léna (eds.). *The Educated Brain: Essays in Neuro-Education*. Cambridge: Cambridge University Press.

———, (2008). Brains and the Dynamics of "Wants" and "Cans"; A Commentary on Immordino-Yang's A Tale of Two Cases. *Mind, Brain and Education, 2*(2): 62–66.

Van Orden, G.C., Holden, J.G. y Turvey, M.T. (2003). Self-organization of Cognitive Performance. *Journal of Experimental Psychology*, 132: 331–350.

Capítulo 3. Aceptar la complejidad

Byne, W., Bradley, S. J., Coleman, E., Eyler, A. E., Green, R., Menvielle, E. J. *et al.* (2012). Report of the American Psychiatric Association Task Force on Treatment of Gender Identity Disorder. Archives of Sexual B.

Carroll, R. (1999). Outcomes of Treatment for Gender Dysphoria. *Journal of Sex Education & Therapy*, 24: 128–136.

Cohen-Kettenis, P.T., Delemarre-van de Waal, H.A. y Gooren, L.J.G. (2008). The Treatment of Adolescent Transsexuals: Changing Insights. *Journal of Sexual Medicine*, 5: 1892–1897. http://dx.doi.org/10.1111/j .1743-6109.2008.00870.x

Coleman, E., Bockting, W., Botzer, M. *et al.* (2012). Standards of Care for the Health of Trans-Sexual, Transgender, And Gender-Nonconforming People, version 7. *International Journal of Transgenderism*, *13*(4):165–232.

Colizzi, M., Costa, R. y Todarello, O. (2014). Transsexual Patients' Psychiatric Comorbidity and Positive Effect of Cross-Sex Hormonal Treatment on Mental Health: Results from a Longitudinal Study. *Psychoneuroendocrinology*, 39: 65–73. pmid:24275005.

Davis, S.A. y Meier, S.C. (2014). Effects of Testosterone Treatment and Chest Reconstruction Surgery on Mental Health and Sexuality in Female-To-Male Transgender People. *International Journal of Sexual Health*, 26: 113–128. http://dx.doi.org/10.1080/19317611.2013.833152.

De Cuypere, G., Elaut, E., Heylens, G., Van Maele, G., Selvaggi, G., T'Sjoen, G. *et al.* (2006). Long-term Follow-up: Psychosocial Outcomes of Belgian Transsexuals after Sex Reassignment Surgery. *Sexologies*, 15: 126–133. http:// dx.doi.org/10.1016/j.sexol.2006.04.002.

De Vries, A., Steensma, T., Doreleiiers, T., Cohen-Kettenis, P. (2011). Puberty Suppression in Adolescents with Gender Identity Disorder: A Prospective Follow-up Study. *US National Library of Medicine National Institutes of Health*, agosto: 2276–2283. http://www.ncbi.nlm.nih.gov/pubmed/20646177

————, McGuire, J., Steensma, T., Wagenaar, E., Doreleiiers, T., Cohen-Kettenis, P. (2014). Young Adult Psychological Outcome after Puberty Suppression and Gender Reassignment. *US National Library of Medicine National Institutes of Health*, octubre: 696–704. http://www.ncbi.nlm.nih.gov/pubmed/25201798

Gooren, L.J., Giltay, E.J. y Bunck, M.C. (2008). Long-term Treatment of Transsexuals with Cross-sex Hormones: Extensive Personal Experience. *Journal of Clinical Endocrinology & Metabolism: Clinical and Experimental*, 93: 19–25. http://dx.doi.org/10.1210/jc.2007-1809

Kuhn, A., Brodmer, C., Stadlmayer, W., Kuhn, P., Mueller, M.D. y Birkhauser, M. (2009). Quality of Life 15 Years after Sex Reassignment Surgery for Transsexualism. *Fertility and Sterility*, 92, 1685–1689. http:// dx.doi.org/10.1016/j. fertnstert.2008.08.126

Murad, M.H., Elamin, M.B., Garcia, M.Z., Mullan, R.J., Murad, A., Erwin, P.J. y Montori, V.M. (2010). Hormonal Therapy and Sex Reassignment: A Systemic Review and Meta-analysis of Quality of Life and Psychosocial Outcomes. *Clinical Endocrinology*, 72, 214-231. http://dx.doi.org/10.1111/ j.1365-2265.2009.03625.x

Capítulo 4. Conseguir la consolidación de la identidad de género

Bockting, W.O. y Coleman, E. (2007). Developmental Stages of the Transgender Coming out Process: Toward an Integrated Identity. En R. Ettner, S. Montrey y E. Coleman (eds.). *Principles of Transgender Medicine and Surgery*. Londres: Haworth Press.

Brown, B. (2015). *Daring Greatly: How the Courage to Be Vulnerable Transforms the Way We Live, Love, Parent, and Lead*. Londres: Avery.

Clifford, C. y Orford, J. (2008). The Experience of Social Power in the Lives of Trans People (195–216). En V. Clarke y E. Peel (eds.). *Out in Psychology: Lesbian, Gay, Bisexual, Trans and Queer Perspectives*. West Sussex: John Wiley.

Devor, A.H. y Matte, N. (2004) ONE Inc. & Reed Erickson: The Uneasy Collaboration of Gay and Trans Activism, 1964–2003. *GLQ: A Journal of Gay and Lesbian Studies, 10*(2), 179–209.

Ericha, S., Tittsworth, J., Meier, S.L.C. y Lermana, T. (2010). Transsexuals of Color: Perceptions of Discrimination Based on Transsexual Status and Race/Ethnicity Status. *Journal of GLBT Family Studies, 6*(3).

Finnegan, D. y Mcnally, E. (2002). *Counseling Lesbian, Gay, Bisexual, and Transgender Substance Abusers: Dual Identities*. Nueva York: Routledge.

Koyama, E. (2003). The Transfeminist Manifesto (244–261). En R. Dicker y A. Piepmeier (eds.). *Catching a Wave: Reclaiming Feminism for the Twenty-first Century*. Boston: Northeastern University Press.

Kozee, H.B., Tylka, T.L. y Bauerband, L.A. (2012). Measuring Transgender Individuals' Comfort with Gender Identity and Appearance: Development and Validation of the Transgender Congruence Scale. *Psychology of Women Quarterly*, abril.

Lev, A.I. (2004). *Transgender Emergence: Counseling Gender-Variant People and their Families*. Nueva York: Taylor and Francis.

Levitt, H.M. e Ippolito, M.R. (2014). Being Transgender: Navigating Minority Stressors and Developing Authentic Self-Presentation. *Psychology of Women Quarterly*, marzo, 38: 46–64.

Riggle, E.D.B., Rostosky, S.S., McCants, L.E. y Pascale-Hague, D. (2011). The Positive Aspects of a Transgender Self-identification. *Psy & Sex*, febrero.

Skidmore, W.C., Linsenmeier, J.A.W. y Bailey, J.M. (2006). *Archives of Sexual Behavior, 35*(6): 685–697.

Vanderburgh, R. (2007). *Transition and Beyond: Observations on Gender Identity*. Portland: Q Press.

Capítulo 5. Objetivos del desarrollo de los adolescentes

American Psychological Association [APA] (2002). *A Reference for Professionals: Developing Adolescents*. Washington, D.C.: APA.

Brodsky, E. (2015). *The Year We Thought About Love* (documentary). http://www.theyearwethoughtaboutlove.com

Casey B.J., Kosofsky B.E. y Bhide, P.G. (2014). *Teenage Brains: Think Different?* Basilea: Karger Medical and Science Publishers.

Lebel, C. y Beaulieu, C. (2011). Longitudinal Development of Human Brain Wiring Continues from Childhood into Adulthood. *Journal of Neuroscience, 31*(30): 10937–10947. doi: 10.1523/JNEUROSCI.5302-10.2011.

McNeely, C. y Blanchard, J. (2009). *The Teen Years Explained: A Guide to Healthy Adolescent Development*. Baltimore: Johns Hopkins Bloomberg School of Public Health, Center for Adolescent Health.

National Institute of Mental Health. *The Teen Brain: Still Under Construction*. http://www.nimh.nih.gov/health/publications/the-teen-brain-still-under-construction/index.shtml.

Simpson, A.R. (2001). *Raising Teens: A Synthesis of Research and a Foundation for Action*. Boston: Harvard School of Public Health, Center for Health Communication.

Steinberg, L. (2008). A Social Neuroscience Perspective on Adolescent Risk-taking. *Developmental Review*, 28: 78–106.

———— y Morris, A.S. (2001). Adolescent Development. *Annual Review of Psychology*. 52, 83–110. https://doi.org/10.1146/annurev.psych.52.1.83

Capítulo 6. Lo que te quita el sueño

American Academy of Child and Adolescent Psychiatry (2012). Practice Parameter on Gay, Lesbian, or Bisexual Sexual Orientation, Gender Nonconformity, and Gender Discordance in Children and Adolescents. *Journal of the American Academy of Child & Adolescent Psychiatry*, 51(957).

American Psychiatric Association (2000). Position Statement on Therapies Focused on Attempts to Change Sexual Orientation (Reparative or Conversion Therapies) http://www.psychiatry.org/File%20Library/Advocacy%20and%20Newsroom/Position%20Statements/ps2000_ReparativeTherapy.pdf.

Anti-Violence Project (2014). Lesbian, Gay, Bisexual, Transgender, Queer, and HIV-Affected Hate Violence in 2014: A Report from the National Coalition of Anti-Violence Programs. http://www.avp.org/storage/documents/Reports/2014_HV_Report-Final.pdf

Centros para el Control y Prevención de Enfermedades [CDC] (2009). Bullying Among Middle School and High School Students. Massachusetts. http://www.cdc.gov/mmwr/preview/mmwrhtml/mm6015a1.htm.

Cole, C.M., O'Boyle, M., Emory L.E. y Meyer, W.J. (1997). Comorbidity of Gender Dysphoria and Other Major Psychiatric Diagnoses. *Archives of Sexual Behavior, 26*(1): 13–26.

Colizzi, M., Costa, R. y Todarello, O. (2014). Transsexual Patients' Psychiatric Comorbidity and Positive Effect of Cross-sex Hormonal Treatment on Mental Health: Results from a Longitudinal Study. *Psychoneuroendocrinology,* 39: 65-73. doi: 10.1016/j.psyneuen.2013.09.029.

Davidson, C. (2014). Gender Minority & Homelessness: Transgender Population. *Focus: A Quarterly Research Review of the National HCH Council,* 3:1. www.nhchc.org.

Empire State Coalition of Youth and Family Services (2008). *A Count of Homeless Youth in New York City*, marzo.

Goldblum, P., Testa, R.J., Pflum, S., Hendricks, M.L., Bradford, J. y Bongar, B. (2012). The Relationship Between Gender-Based Victimization and Suicide Attempts in Transgender People. *Professional Psychology: Research and Practice, 43*(5): 468–475. http://dx.doi.org/10.1037/a0029605.

González, C.A., Bockting, W.O., Beckman, L., y Durán, R.E. (2012). Agency and Communion: Their Role in Depression and Resilience among Transgender Women. *Sex Roles: A Journal of Research, 67*(9-10).

Grant, J.M., Mottet, L.A., Tanis, J., Harrison, J., Herman, J.L. y Keisling, M. (2011). *Injustice at Every Turn: A Report of the National Transgender Discrimination Survey.* Washington, D.C.: National Center for Transgender Equality and National Gay and Lesbian Task Force.

Haas, A.P., Rodgers, P.L. y Herman, J.L. (2014). *Suicide Attempts Among Transgender and Gender Non-Conforming Adults,* enero. http://williamsinstitute.law.ucla.edu/research/suicide-attempts-among-transgender-and-gender-non- conforming-adults/#sthash.YIXxqhrj.dpuf.

Heylens, G., Verroken, C., De Cock, S., T'Sjoen, G. y De Cuypere, G. (2014). Effects of Different Steps in Gender Reassignment Therapy on Psychopathology: A Prospective Study of Persons with a Gender Identity Disorder. *Journal of Sexual Medicine,* 11: 119–126.

Hoshiai, M., Matsumoto, Y., Sato, T., Ohnishi, M., Okabe, N., Kishimoto, Y., Terada, S. y Kuroda, S. (2010). Psychiatric Comorbidity Among Patients with Gender Identity Disorder. *Psychiatry and Clinical Neurosciences*, 64: 514–519. https//doi.org./10.1111/j.1440-1819.2010.02118.

Instituto Nacional de Geografía y Estadística [INEGI] (2021). *Conociendo a la población LGBTI+*. https://www.inegi.org.mx/tablerosestadisticos/lgbti/

Kenagy, G.P. y Bostwick, W.B. (2005). Health and Social Service Needs of Transgender People in Chicago. *International Journal of Transgenderism*, 3(2-3): 57–66.

Kingsbury, M., Hammond, N. G., Johnstone, F., Colman, I. (2022). Suicidality among sexual minority and transgender adolescents: a nationally representative population-based study of youth in Canada. *CMAJ*, 194(22), E767–E774. https//doi.org./10.1503/cmaj.212054

Kosciw, J.G., Greytak, E.A., Palmer, N.A. y Boesen, M.J. (2014). The 2013 National School Climate Survey: The Experiences of Lesbian, Gay, Bisexual and Transgender Youth in Our Nation's Schools. Nueva York: GLSEN.

———— y Zongrone, A.D. (2019) *A Una crisis global en el clima escolar: Perspectivas sobre estudiantes lesbianas, gays, bisexuales, transgénero y queer en América Latina*. Nueva York: GLSEN. https://inclusionyparticipacion.mineduc.cl/wp-content/uploads/sites/113/2022/08/Crisis_en_clima_escolar_perspectivas_estudiantes_LGBTIQA_America_Latina.pdf

Marksamer, J.A. (2011). *Place of Respect. A Guide for Group Care Facilities Serving Transgender and Gender Nonconforming Youth*. San Francisco: National Center for Lesbian Rights.

Sifra Quintana, N., Rosenthal, J. y Krehely, J. (2010). *On the Streets: The Federal Response to Gay and Transgender Homeless Youth*. Center for American Progress.

Terryann C. C., Mathijs, F.G., Lucassen, P. B., Simon, J. D., Fleming, T. M., Robinson E. M. y Rossen, F. V. (2014). The Health and Well-Being of Transgender High School Students: Results From the New Zealand Adolescent Health Survey (Youth'12). *Journal of Adolescent Health*, 55(1) 93–99. https://doi.org/10.1016/j.jadohealth.2013.11.008

Veale, J., Saewyc, E., Frohard-Dourlent, H., Dobson, S. y Clark, B. (2015). *Being Safe, Being Me: Results of the Canadian Trans Youth Health Survey*. Vancouver: Universidad de British Columbia.

White Hughto, J.M. y Reisner, S.L. (2016). A Systematic Review of the Effects of Hormone Therapy on Psychological Functioning and Quality of Life in Transgender Individuals. *Transgender Health*, 1(1): 21–31.

Capítulo 8. Comprender cómo afecta el estrés de minorías a tu hijo adolescente

Bauer, G.R., Pyne, J., Francino, R. y Hammond, M.C. (2013). Suicidality among Trans People in Ontario: Implications for Social Work and Social Justice. *Service Social, 59*(1).

Bockting, W.O., Miner, M.H., Romine, R.E.S., Hamilton, A., Coleman, E. (2013). Stigma, Mental Health, and Resilience in an Online Sample of the U.S. Transgender Population. *American Journal of Public Health, 103*(5). doi: 10.2105/ AJPH.2013.301241

Boza, C. y Nicholson Perry, K. (2014). Gender-related Victimization, Perceived Social Support, and Predictors of Depression among Transgender Australians. *International Journal of Transgenderism, 15*(1). doi: 10.1080/ 15532739.2014.890558.

Bradford, J., Reisner, S.L., Honnold, J.A. y Xavier, J. E (2013). Experiences of Transgender-related Discrimination and Implications for Health: Results from the Virginia Transgender Health Initiative Study. *American Journal of Public Health, 103*(10). doi: 10.2105/AJPH.2012.300796.

Davidson, C. (2014). Gender Minority & Homelessness: Transgender Population. *Focus: A Quarterly Research Review of the National HCH Council, 3*:1. www.nhchc.org.

Gattis, M.N. y McKinnon, S.L. (2015). *School Experiences of Transgender and Gender Non-Conforming Students in Wisconsin.* Madison: GSAFE.

Goldblum, P., Testa, R., Pflum, S., Hendricks, M.L. y Bradford, J.B. (2012). The Relationship Between Gender-Based Victimization and Suicide Attempts in Transgender People. *Professional Psychology Research and Practice, 43*(5): 468–475. doi: 10.1037/a0029605.

Grant, J.M., Mottet, L.A., Tanis, J., Harrison, J., Herman, J.L. y Keisling, M. (2011). *Injustice at Every Turn: A Report of the National Transgender Discrimination Survey.* Washington, D.C.: National Center for Transgender Equality and National Gay and Lesbian Task Force.

Grossman, A.H. y D'Augelli, A.R. (2007). Transgender Youth and Life-Threatening Behaviors. *Suicide & Life-Threatening Behavior, 37*(5); 527–537. doi: 10.1521/suli.2007.37.5.527

Hendricks, M.L. y Testa, R.J. (2012). A Conceptual Framework for Clinical Work with Transgender and Gender Nonconforming Clients: An Adaptation of the Minority Stress Model. *Professional Psychology: Research and Practice, 43*(5): 460–467. http://dx.doi.org/10.1037/a0029597

Human Rights Campaign Foundation y Gender Spectrum (2014). *Supporting and Caring for our Gender Expansive Youth.*

Joiner, T. (2005). *Why People Die by Suicide.* Cambridge: Harvard University Press.

Meyer, I.H. (2003). Prejudice, Social Stress, and Mental Health in Lesbian, Gay, and Bisexual Populations: Conceptual Issues and Research Evidence. *Psychological Bulletin, 129*(5). doi: 10.1037/0033-2909.129.5.674

Plöderl, M., Sellmeier, M., Fartacek, C., Pichler, E., Fartacek, R. y Kralovec, K. (2014). Explaining the Suicide Risk of Sexual Minority Individuals by Contrasting the Minority Stress Model with Suicide Models. *Archives of Sexual Behavior.* doi: 10.1007/s10508-014-0268-4.

Sevelius, J.M. (2013). Gender Affirmation: A Framework for Conceptualizing Risk Behavior Among Transgender Women of Color. *Sex Roles, 68*(11–12).

Testa, R.J., Habarth, J., Peta, J., Balsam, K. y Bockting, W. (2014). Development of the Gender Minority Stress and Resilience Measure. *Psychology of Sexual Orientation and Gender Diversity.* http://dx.doi.org/10.1037/sgd0000081

_____, Sciacca, L.M., Wang, F., Hendricks, M.L., Goldblum, P., Bradford, J. y Bongar, B. (2012). Effects of Violence on Transgender People. *Professional Psychology: Research and Practice, 43*(5). doi: 10.1037/a0029604.

Toomey, R.B., Ryan, C., Díaz, R., Card, M., Russell, N.A. y Stephen, T. (2010). Gender-Nonconforming Lesbian, Gay, Bisexual, and Transgender Youth: School Victimization and Young Adult Psychosocial Adjustment. *Developmental Psychology, 46*(6).

Van Orden, K.A., Lynam, M.E., Hollar, D. y Joiner, T.E. (2006). Perceived Burdensomeness as an Indicator of Suicidal Symptoms. *Cognitive Therapy and Research, 30*(4). doi:10.1007/s10608-006-9057-2.

_____, Witte, T.K., Gordon, K.H., Bender, T.W. y Joiner, T.E. (2008). Suicidal Desire and the Capability for Suicide: Tests of the Interpersonal-Psychological Theory of Suicidal Behavior Among Adults. *Journal of Consulting and Clinical Psychology, 76*(1). doi: 10.1037/0022-006X.76.1.72.

_____, Witte, T.K., Cukrowicz, K.C., Braithwaite, S.R., Selby, E.A. y Joiner, T.E. (2010). The Interpersonal Theory of Suicide. *Psychological Review, 117*(2): 575–600. http://dx.doi.org/10.1037/a0018697.

Xavier, J., Bobbin, M., Singer, B. y Budd, E. (2005). A Needs Assessment of Transgendered People of Color Living in Washington, D.C. *International Journal of Transgenderism, 8*(2–3). doi:10.1300/ J485v08n02_04.

Capítulo 9. Apoyo profesional y consideraciones de salud mental

Adelson S.L.; (septiembre de 2012). Practice parameter on gay, lesbian, or bisexual sexual orientation, gender nonconformity, and gender discordance in children and adolescents. *Journal of the American Academy of Child and Adolescent Psychiatry*, *51*(9): 957–74. doi: 10.1016/j.jaac.2012.07.004. PMID: 22917211.

Bess, J.A. y Stabb, S.D. (2009). The Experiences of Transgendered Persons in Psychotherapy: Voices and Recommendations. *Journal of Mental Health Counseling*, *31*(3).

Burnes, T.R. y Chen, M.M. (2012). The Multiple Identities of Transgender Individuals: Incorporating a Framework of Intersectionality to Gender Crossing (113–128). En R. Josselson y M. Harway (eds.). *Navigating Multiple Identities: Race, Gender, Culture, Nationality, and Roles*. Nueva York: Oxford University Press. http://dx.doi.org/10.1093/acprof:oso/9780199732074.003.0007.

De Vries, A.L.C., Noens, I.L.J., Cohen Kettenis, P.T., Van Berckelaer-Onnes, I.A. y Doreleijers, T.A. (2010). Autism Spectrum Disorders in Gender Dysphoric Children and Adolescents. *Journal of Autism and Developmental Disorders*, *40*(8): 930–936. http://dx.doi.org/10.1007/s10803-010-0935-9

Garofalo, R., Deleon, J., Osmer, E., Doll, M. y Harper, G.W. (2006). Overlooked, Misunderstood and At-risk: Exploring the Lives and HIV Risk of Ethnic Minority Male-To-Female Transgender Youth. *Journal of Adolescent Health*, *38*(3): 230–236.

Gattis, M. N. y McKinnon, S. L.(2015). *School Experiences of Transgender and Gender Non-Conforming Students in Wisconsin*. Madison, Wisconsin: GSAFE.

Hendricks, M.L. y Testa, R.J. (2012). A Conceptual Framework for Clinical Work with Transgender and Gender Nonconforming Clients: An Adaptation of the Minority Stress Model. *Professional Psychology: Research and Practice*, *43*(5): 460–467.

Jones, R.M., Wheelwright, S., Farrell, K., Martin, E., Green, R., Di Ceglie, D. y Baron-Cohen, S. (2012). Brief Report: Female-To-Male Transsexual People and Autistic Traits. *Journal of Autism and Developmental Disorders*, *42*(2): 301–306. doi: 10.1007/s10803-011-1227-8.

Lgars, M., Alanko, K., Santtila, P. y Sandnabba, N.K. (2012). Disordered Eating and Gender Identity Disorder: A Qualitative Study. *Eating Disorders*, *20*(4): 300–311.

Liu, R.T. y Mustanski, B. (2012). Suicidal Ideation and Self-harm in Lesbian, Gay, Bisexual, and Transgender Youth. *American Journal of Preventive Medicine, 42*(3): 221–228. doi: 10.1016/j.amepre.2011.10.023.

Murray, S.B., Boon, E. y Touyz, S.W. (2013). Diverging Eating Psychopathology in Transgendered Eating Disorder Patients: A Report of Two Cases. *Eating Disorders, 21*(1): 70–74. doi: 10.1080/10640266.2013.741989.

Mustanski, B.S., Garofalo, R. y Emerson, E.M. (2010). Mental Health Disorders, Psychological Distress, and Suicidality in a Diverse Sample of Lesbian, Gay, Bisexual, and Transgender Youths. *American Journal of Public Health, 100*(12): 2426–2432. doi: 10.2105/AJPH.2009.178319.

Paradis, A.D., Giaconia, R.M., Reinherz, H.Z., Beardslee, W.R., Ward, K.E. y Fitzmaurice, G.M. (2011). Adolescent Family Factors Promoting Healthy Adult Functioning: A Longitudinal Community Study. *Child and Adolescent Mental Health*, 16: 30–37.

Rachlin, K. (2002). Transgender Individuals' Experiences of Psychotherapy. *International Journal of Transgenderism, 6*(1).

Rajkumar, R.P. (2014). Gender Identity Disorder and Schizophrenia: Neurodevelopmental Disorders with Common Causal Mechanisms? *Schizophrenia Research and Treatment.* http://dx.doi.org/10.1155/2014/463757.

Riggle, E.D.B., Rostosky, S.S., McCants, L.E. y Pascale-Hague, D. (2011). The Positive Aspects of a Transgender Self-Identification. *Psychology & Sexuality*, febrero.

Singh, A.A., Hays, D.G. y Watson, L.S. (2011). Strength in the Face of Adversity: Resilience Strategies of Transgender Individuals. *Journal of Counseling & Development*, 89: 20–27. http://dx.doi.org/10.1002/j.1556-6678.2011.tb00057.x.

Tateno, M., Ikeda, H. y Saito, T. (2011). Gender Dysphoria in Pervasive Developmental Disorders. *Seishin Shinkeigaku Zasshi, 113*(12): 1173–1183.

Veale, J., Saewyc, E., Frohard-Dourlent, H., Dobson, S. y Clark, B. (2015). *Being Safe, Being Me: Results of the Canadian Trans Youth Health Survey.* Vancouver: Universidad de British Columbia.

Capítulo 10. Lo que puedes hacer para mejorar las probabilidades

Bauer, G.R., Scheim, A.I., Pyne, J., Travers, R. y Hammond, R. (2015). Intervenable Factors Associated with Suicide Risk in Transgender

Persons: A Respondent Driven Sampling Study in Ontario, Canada. *BMC Public Health*, 15: 525.

Luthar, S.S. (2006). Resilience in Development: A Synthesis of Research Across Five Decades. En Cicchetti, D. y Cohen, D.J. (eds.). *Developmental Psychopathology: Risk, Disorder, and Adaptation*. Nueva York: Wiley.

Paradis *et al.*, 2011. *Adolescent Family Factors Promoting Healthy Adult Functioning: A Longitudinal Community Study.*

Rayner, M. y Montague, M. (2000). *Resilient Children and Young People*. Melbourne: Deakin University, Policy and Practice Unit.

Veale, J., Saewyc, E., Frohard-Dourlent, H., Dobson, S., y Clark, B. (2015). *Being Safe, Being Me: Results of the Canadian Trans Youth Health Survey*. Vancouver: Universidad de British Columbia.

Capítulo 11. Cómo fortalecer la capacidad de resiliencia de tu hija/hijo adolescente

American College Health Association (2013). Reference Group Summary. http://www.acha-ncha.org/docs/ACHA-NCHA-II_ReferenceGroup_ExecutiveSummary_Spring2013.pdf.

American Psychological Association [APA] (2002). *A Reference for Professionals: Developing Adolescents*. Washington, D.C.: APA.

———(2014). *Stress in America: Paying With Our Health*. Washington, D.C.: APA.

Bauer, G.R., Pyne, J., Francino, M.C. y Hammond, R. (2013). Suicidality Among Trans People in Ontario: Implications for Social Work and Social Justice. Service Social, 59: 35–62.

———, Scheim, A.I., Pyne, J., Travers, R. y Hammond, R. (2015). Intervenable Factors Associated with Suicide Risk in Transgender Persons: A Respondent Driven Sampling Study in Ontario, Canada. *BMC Public Health*, 15: 525–540. http://dx.doi.org/10.1186/s12889-015-1867-2.

Lasser, J. y Tharinger, D. (2003). Visibility Management in School and Beyond: A Qualitative Study of Gay, Lesbian, Bisexual Youth. *Journal of Adolescence*, 26(2): 233–244.

Moody, C., Fuks, N., Peláez, S. y Smith, N.G. (2015). Without This, I Would for Sure Already be Dead: A Qualitative Inquiry Regarding Suicide Protective Factors Among Trans Adults. *Psychology of Sexual Orientation and Gender Diversity*, 2(3): 266–280. http://dx.doi.org/10.1037/sgd0000130.

Morrow, D.F. (2004). Social Work Practice with Gay, Lesbian, Bisexual, and Transgender Adolescents. *Family in Society*, 91.

Riggle, E.D.B., Rostosky, S.S., McCants, L.E. y Pascale-Hague, D. (2011). The Positive Aspects of a Transgender Self-Identification. *Psychology & Sexuality*, febrero.

———— y Mohr, J.J. (2015). A Proposed Multi Factor Measure of Positive Identity for Transgender Identified Individuals. *Psychology of Sexual Orientation and Gender Diversity*, 2(1): 78–85.

Sánchez, F.J. y Vilain, E. (2009). Collective Self-Esteem as a Coping Resource for Male-to-Female Transsexuals. *Journal of Counseling Psychology*, 56(1): 202–209.

Singh, A.A., Hays, D.G. y Watson, L.S. (2011). Strength in the Face of Adversity: Resilience Strategies of Transgender Individuals. *Journal of Counseling & Development*, 89: 20–27. http://dx.doi.org/10.1002/j .1556-6678.2011.tb00057.x.

————.y McKleroy, V.S. (2011). Just Getting Out of Bed Is a Revolutionary Act: The Resilience of Transgender People of Color Who Have Survived Traumatic Life Events. *Traumatology*, 17: 34–44. http://dx .doi.org/10.1177/1534765610369261.

Testa, R.J., Sciacca, L.M., Wang, F., Hendricks, M.L., Goldblum, P., Bradford, J. y Bongar, B. (2012). Effects of Violence on Transgender People. *Professional Psychology Research and Practice*, 43: 452–459.

————, Jiménez, C.L. y Rankin, S. (2014). Risk and Resilience During Transgender Identity Development: The Effects of Awareness and Engagement with Other Transgender People on Affect. *Journal of Gay & Lesbian Mental Health*, 18: 31–46.

————, Habarth, J., Peta, J., Balsam, K. y Bockting, W. (2015). Development of the Gender Minority Stress and Resilience. *Psychology of Sexual Orientation and Gender Diversity*, 2(1): 65–77.

Travers, R., Bauer, G., Pyne, J., Bradley, K., Gale, L. y Papadimitriou, M. (2012). Impacts of Strong Parental Support for Trans Youth: A Report Prepared for Children's Aid Society of Toronto and Delisle Youth Services. http://transpulseproject.ca/wp-content/uploads/2012/10/Impacts-of-Strong-Parental-Support-for-Trans-YouthvFINAL.pdf.

White Hughto, J.M. y Reisner, S.L. (2016). A Systematic Review of the Effects of Hormone Therapy on Psychological Functioning and Quality of Life in Transgender Individuals. *Transgender Health*, 1(1): 21–31. doi:10.1089/trgh.2015.0008.

Recursos adicionales

Para acceder a una serie de recursos relacionados con la información de *Adolescentes trans*, visita la página web de Gender Spectrum, www.genderspectrum.org. Allí encontrarás contenido relacionado con una variedad de temas, folletos útiles, herramientas y fuentes de apoyo. Tanto si buscas material para compartirlo con tus familiares o amigos, como ideas para trabajar en campamentos y otras organizaciones, o las ideas de jóvenes que comparten sus propios caminos de género, este sitio te servirá para seguir construyendo tu propia comprensión sobre el género de tu adolescente.

Además, Gender Spectrum ofrece grupos de apoyo en español, conferencias, capacitaciones profesionales y otros eventos con interpretación simultánea.

Organizaciones y grupos de apoyo para personas transgénero y no binarias

Argentina
SECRETARÍA DE INFANCIAS Y ADOLESCENCIAS TRANS Y SUS FAMILIAS
Organización. Asesoramiento y acompañamiento a niñes
y adolescentes trans y sus familias
🌐 www.falgbt.org/nineces-y-adolescencias-trans/
✉ iinfanciasyadolescenciastrans@lgbt.org.ar

Chile
FUNDACIÓN JUNTOS CONTIGO, A.C.
Organización. Capacitación en temas clínicos, médicos, jurídicos
y sociales de infancias trans
🌐 www.fundacionjuntoscontigo.org
✉ info@fundacionjuntoscontigo.org

EDUCACIÓN PARA UN CHILE INCLUSIVO
Organización. Capacitación en temas clínicos, médicos, jurídicos,
y sociales de infancias trans
🌐 www.identidadymas.cl
✉ info@identidadymas.cl

Colombia
FAUDS
Organización y grupo de apoyo. Capacitación en temas clínicos,
médicos, jurídicos y sociales de infancias trans
🌐 www.fauds.org
✉ grupodeapoyo@fauds.org

Costa Rica
GAFADIS
Grupo de apoyo. Espacio seguro y confiable para apoyar a familias
con hijxs trans o de género no binario
✉ gafadis.grupo@gmail.com

Ecuador
FUNDACIÓN AMOR Y FORTALEZA
Organización y grupo de apoyo. Asesoramiento y acompañamiento
a niñes y adolescentes trans y sus familias
🌐 www.amoryfortaleza.org

España/Cataluña
EUFORIA FAMILIAS TRANS ALIADAS
Organización y grupo de apoyo. Espacio seguro y confiable para
apoyar a familias con hijxs trans o de género no binario
🌐 www.euforia.org.es
✉ info@euforia.org.es

Guatemala
FAMILIAS POR LA DIVERSIDAD GT
Grupo de apoyo. Espacio seguro y confiable para apoyar a familias
con hijxs trans o de género no binario
✉ familiasporladiversidadgt@gmail.com

México
TRANSFORMANDO FAMILIAS
Grupo de apoyo. Espacio seguro y confiable para apoyar a familias
con hijxs trans o de género no binario
✉ transfamilias@gmail.com

TRANS INFANCIA
Organización. Capacitación en temas sociales de infancias trans
✉ transinfancia@gmail.com

ASOCIACIÓN POR LAS INFANCIAS TRANSGÉNERO, A.C.
Organización. Asesoramiento y acompañamiento a niñes
y adolescentes trans y sus familias
✉ hola@infanciastrans.org

ASOCIACIÓN INTERNACIONAL DE FAMILIAS POR LA DIVERSIDAD SEXUAL
Organización. Asesoramiento y acompañamiento a niñes
y adolescentes trans y sus familias
🌐 www.familiasporladiversidad.org
✉ fds.familiasdsx@gmail.com

Panamá
PFLAG PANAMÁ
Grupo de apoyo. Espacio seguro y confiable para apoyar a familias
con hijxs trans o de género no binario
🌐 www.pflagpanama.wordpress.com
✉ pflagpanama@gmail.com

Perú

ASOCIACIÓN DE FAMILIAS POR LA DIVERSIDAD SEXUAL PERÚ
Grupo de apoyo. Espacio seguro y confiable para apoyar a familias
con hijxs trans o de género no binario

Uruguay

TRANS BOYS URUGUAY
Organización. Asesoramiento y acompañamiento a niñes y
adolescentes trans y sus familias
🌐 www.transboysuruguay.org
✉ transboysuru@gmail.com

Estados Unidos

AMERICAN CIVIL LIBERTIES UNION (ACLU)
Organización y grupo de apoyo
🌐 https://www.aclu.org/

CAMPUS PRIDE INDEX (ÍNDICE DE ORGULLO UNIVERSITARIO)
Organización y grupo de apoyo
🌐 https://www.campusprideindex.org/

CONSORTIUM OF HIGHER EDUCATION LGBT RESOURCE PROFESSIONALS
(CONSORCIO DE EDUCACIÓN SUPERIOR PROFESIONALES LGBT)
Organización y grupo de apoyo
🌐 https://www.lgbtcampus.org/

GAY, LESBIAN, STRAIGHT EDUCATIONAL NETWORK (GLSEN)
Organización y grupo de apoyo
🌐 https://www.glsen.org/

GENDER SPECTRUM
Organización y grupo de apoyo
🌐 https://genderspectrum.org

HUMAN RIGHTS CAMPAIGN (HRC)
Organización y grupo de apoyo
🌐 https://www.hrc.org/

NATIONAL CENTER FOR TRANSGENDER EQUALITY (NCTE)
Organización y grupo de apoyo
🌐 https://transequality.org/know-your-rights/schools

PFLAG
Organización. Asesoramiento y acompañamiento a niñes
y adolescentes trans y sus familias
🌐 www.pflag.org
✉ lgaleano@pflag.org

SOMOS FAMILIA
Grupo de apoyo. Espacio seguro y confiable para apoyar a familias
con hijxs trans o de género no binario
🌐 www.somosfamiliabay.org
✉ info@somosfamiliabay.org

TRANSFAMILY
Organización y grupo de apoyo
🌐 https://transfamilysos.org/services/insurance-assistance/

Agradecimientos

Este libro no estaría hoy en tus manos si no fuera por las familias pioneras que se reunieron para apoyar a sus hijos a principios de la década de 2000. Sin saber si sus hijos eran transgénero, no binarios o de algún tipo de género expansivo, nos reunimos en el grupo de apoyo que yo, Stephanie, dirigía, con el doctor Herb Schreier, en el Hospital Infantil de Oakland. Aunque ya había impartido cursos de formación en toda la zona de la bahía de San Francisco sobre cuestiones de diversidad de género para centros preescolares, escuelas primarias, escuelas religiosas y organizaciones de la ciudad y el condado, fue realmente este grupo de apoyo original el que me impulsó a iniciar Gender Spectrum. Esas familias entrañables, su amor, sus luchas y sus increíbles hijos son la verdadera inspiración de todo lo que hace Gender Spectrum. No mencionaré a ninguno de ustedes por su nombre para proteger la privacidad; ustedes saben quiénes son y nunca olvidaré a ninguno. Todos y cada uno de los niños de aquellos primeros días del grupo pueden saber con certeza que han cambiado el mundo y han ayudado a convertirlo en un lugar mejor para todos.

También queremos reconocer a los miles de jóvenes y sus familias con los que hemos trabajado desde entonces, así como a los valientes y progresistas profesionales de atención médica y de salud mental, trabajadores sociales, líderes religiosos, profesores y administradores, consejos escolares, abogados y otras personas que se esfuerzan por crear un mundo en el que todos sean vistos y valorados por lo que son.

Hay una serie de personas con las que tenemos una enorme deuda de gratitud. Al increíble personal de Gender Spectrum, especialmente a Joel Baum, Kim Westheimer, Pamela Wool y Mere Abrams: gracias, gracias, gracias. Apreciamos profundamente sus incansables esfuerzos, además de su exigente carga de trabajo; el libro es mejor gracias a ustedes. También nos gustaría ofrecer nuestro agradecimiento a las siguientes personas que han contribuido a la redacción de este libro: Aarezu Rezai, Asaf Orr, abogado, la doctora Diane Ehrensaft y todos los miembros de Cleis Press. Un agradecimiento especial a los muchos padres que revisaron los capítulos y proporcionaron información a lo largo de nuestro proceso de escritura. Su perspectiva y su voz son inestimables.

Para la edición en español, queremos agradecer a todo el equipo de Editorial Terracota por estar dispuestos a asumir este importante proyecto y manejarlo con tanto cuidado. Asimismo, agradecemos profundamente su dedicación para hacer que el libro esté disponible en español. También nos gustaría agradecer a todos los proveedores y familias que entrevistamos de América Latina por permitirnos compartir sus profundas experiencias personales para que el material pudiera ser tan cultural y geográficamente relevante como fuera posible. Sin su voluntad de compartir, este libro sería simplemente una traducción; con sus voces se ha convertido en una nueva edición. También nos gustaría honrar a Eduardo Cheda y a la doctora María Fernanda Castilla Peón por escribir tan considerados prólogos para esta edición.

Queremos honrar especialmente a una persona importante, sin ella este libro no habría sido traducido al español: Isolda Atayde. Isolda, eres una verdadera heroína. Eres una madre increíble y una persona asombrosa de conocer. Ha sido un placer trabajar contigo. Eres un regalo para tantas familias que crían niños con diversidad de género en todo el mundo de habla hispana. Gracias.

Por último, este libro no estaría aquí sin el increíble amor y apoyo de nuestras propias familias. Gracias por permitirnos dedicar el tiempo necesario para escribirlo. No podríamos haberlo hecho sin ustedes porque son nuestra más profunda inspiración y cualquier diferencia que este libro signifique para el mundo es también suya.

Acerca de las autoras

Stephanie Brill es una de las expertas en diversidad de género e infancia más importantes y reconocidas en el mundo. Es fundadora y directora de Gender Spectrum, la organización líder en Estados Unidos dedicada a niños, jóvenes y género. En 2020 cofundó Reimagine Gender, agrupación hermana que colabora con empresas, ONG, legisladores y promotores de políticas públicas para impulsar una comprensión más amplia de la cultura de género en todos los ámbitos. El modelo de enseñanza de Brill se ha convertido en el más importante referente sobre diversidad.

Stephanie es autora y coautora de algunos de los libros fundamentales sobre género e infancia, entre los que destacan *The Transgender Child* (2008), con Rachel Pepper, y *The Transgender Teen* (2016), con Lisa Kenney, ambos títulos publicados en español bajo el sello Pax de Editorial Terracota.

www.genderspectrum.org

Lisa Kenney es directora ejecutiva de Reimagine Gender y exdirectora ejecutiva de Gender Spectrum, . Escritora, oradora destacada y consultora de organizaciones en la comprensión cambiante del género y sus implicaciones sociales, con el propósito de lograr el bienestar de las empresas, las comunidades y las familias, antes de ingresar al mundo de las organizaciones sin fines de lucro, Lisa ocupó varios puestos operativos y de *marketing* en empresas de tecnología y ciencias de la vida.

Además de ser coautora de *The Transgender Teen* (2016), es autora de varios artículos sobre género publicados en *Harvard Business Review*, *USA Today*, *Campaign*, *Fast Company*, *Fortune* y *Quartz at Work*. Ha compartido sus conocimientos en conferencias y pódcasts en *The Economist*, SXSW y *Techonomy's Health + Wealth in America*, entre otros importantes espacios de difusión.

www.reimaginegender.org

Adolescentes trans
se terminó de imprimir en la Ciudad de México
en enero de 2024 en los talleres de Impregráfica Digital,
SA de CV, Av. Coyoacán 100-D, Col. Del Valle Norte,
Alcaldía Benito Juárez, 03103 Ciudad de México.
En su composición se utilizaron tipos
Bembo Regular y Bembo Italic.